Georg Lohmeier

Bayrisches für Christenmenschen

Ehrenwirth

CIP-Kurztitelaufnahme der Deutschen Bibliothek

Lohmeier, Georg:
Bayrisches für Christenmenschen / Georg Lohmeier. –
München: Ehrenwirth, 1984.
ISBN-3-431-02665-6

ISBN 3-431-02665-6

Satz: FotoSatz Pfeifer, Germering
Druck: Pera-Druck, Gräfelfing
Printed in Germany 1984

Bayrisches für Christenmenschen

Nicht nur ein Christ soll der Mensch sein, auch ein Mensch muß er bleiben dürfen. Oder klingt es umgekehrt besser? Nicht vor lauter Menschsein das Christliche in uns ganz vergessen!

Der Christenmensch hat es getroffen in der Zeit und in der Ewigkeit. Natürlich weiß man nie nichts Gewisses. Aber vieles wollen wir gar nicht wissen, »dös glaabn mar a so«.

Am gesündesten lebt man nach dem Kirchenjahr und feiert die Heiligen, wie sie fallen. Auf Martini die Gans nicht hintlassen, am Ostermontag das Eierabtragen am Kammerfenster nicht, nicht die Mettenwürst, nicht den Weihnachter und nicht den Johanneswein! Auf Jakobi werden die Frühäpfel zeitig, um Margaret schon die Ernt angeht, gen Allerheiligen gibt's den Armenseelenwecken, in den Wirts- und Bräuhäusern gar die Armenseelenmaß, und Kathrein stellt den Tanz ein. Das fette Kirchweihessen muß man als Christenmensch halt auch vertragen können, dann ist's eine Freud, ein Christ zu sein. Sechs Tage dauert der Fasching allein mit seinen närrischen Tagen, kirchlich abgesegnet und erlaubt!

Nur mit der Fastenzeit vertut man viel Zeit, denn man kann nicht schnell fasten. Auch nicht einer, der gern schnell arbeitet, schnell ißt und trinkt, kaum Zeit hat, um geschwind einmal eine Hl. Meß mit Predigt zu hören, und schon gleich gar nicht einer, der schnell fährt, schläft, schreibt, telefoniert, liebt und stirbt.

Zum Fasten braucht der beste Christenmensch viel Zeit. Denn man kann nicht sagen: »Gestern hab' ich geschwind einmal eine Stunde lang gefastet und heut schon zweimal eineinhalb Stunden lang.« So hat auch der Christenmensch seine Grenzen. Und seine Grenzen muß der Mensch kennen und sich eingestehen. Das geschwinde Fasten ist nicht christlich, es ist kaum menschlich. Vierzig Tage hat man früher mäßiger gelebt. Aber nicht nur wegen der menschlichen Gesundheit, sondern weit eher aus christenmenschlicher Buß, Trauer, Mitleid und Vorbereitung auf das Oster- und Weihnachstfest.

Von den gern trinkenden Heiligen Drei Königen, dem verbotenen Kammerfensterln in der Fasten, über das Ostergelächter zu den Pfingstochsen, zum Fronleichnamstag steuern wir die Armenseelenmaß an, und die liebe, heimelige Adventszeit bereitet uns mit vielen Geschichten vor auf den Weihnachter, auf die Mettensau, auf »Kaiberlheu und Mettensuppen«, bis wir dann endlich mit dem Hl. Papst Silvester das Neujahranschießen erleben.

Eine freundliche Religion, denn bei uns sind die höchsten Feste des Kirchenjahres nie nur christlich allein, allerweil auch a bisserl menschlich, halt christenmenschlich. Haec et plus benedicat Dominus, dieses und noch mehr segne Gott der Herr, heißt das kürzeste kirchliche Tischgebet. – Zum Wohlsein! Sollst auch wissen, was wohl und weh tut! Vergelt's Gott und Gsegn's Gott! Freundlichen Umtrunk, und seids mir nicht traurig, Freunde, denn die Lustigen dürfen auch sterbn! Auf zu Gott, nachand geht's den Teufel einen Dreck an! Pax tecum, ora et labora und Bavaria terra benedictina, sonst hätt' ma no mehrer Schlawina ...

Es ist eine Freud, ein Christenmensch zu sein.

Zeit ist Geld

Glücklich sein heißt viel Zeit haben: Besonders für die Liebe braucht der Mensch Zeit – verschwiegene, glückliche Stunden, ja ganze Tage und Nächte. Was sind schon glückliche Minuten? – Glückliche Stunden zählen.

Keine Schmerzen haben, sagt Cicero, sei das wahre Glück. – Aber auch Zeit mußt du haben in deinem schmerzlosen Zustand, Zeit, um Gutes zu tun. Gutes noch über die maßlosen Steuern hinaus? Wer hat dazu schon noch Zeit? Kaum die höchstdotierten Ministerialbeamten. Ohne Zeit bist du ein Narr, auch wenn die Steuerschulden im Augenblick nicht gar so heftig auf deine Bandscheiben drücken. – Dein Terminkalender ist für das kommende Jahr schon wieder ausgebucht. Am 9. Januar Kappenabend, am 10. Mehrwertsteuer, am 14. Ball der Steuerberater, am 16. Orgeleinweihung mit Weißwurstessen usw. Wann kommt der Höhepunkt deiner Karriere, der erste kleine Herzinfarkt? – Unterwegs. In deinem Hotel finden sie lange keinen Arzt, da in der Nachbarstadt ein Internistenkongress tagt. – Endlich kommt ein alter Medizinalrat und verschreibt dir als Arznei eine große, goldene Taschenuhr mit Sprungdeckel, die du täglich aufziehen mußt und die obendrein noch jeweils um eine Dreiviertelstunde nachgestellt werden muß. – Und genau nach dieser Uhr, sagt der alte Sanitätsrat, sollst du künftighin leben. – Du besorgst dir eine Weste mit Uhrkette und kommst prinzipiell zu spät. Und tatsächlich, du wirst gesund, denn das Leben mit einer altmodischen Taschenuhr ist von Haus aus schon beruhigend und verströmt einen Hauch der überflüssigen altmodischen Zeit.

Glücklich sein heißt Zeit haben, Zeit für die große Liebe, net bloß für d'Weiberleut! Musizieren kost a Geld, s'Liabn a Vermögen.

Die schönste Zeit war einmal die Freizeit, wenigstens solang man ledig war. Dann sind es die Stunden mit Weib und Kind, die gar so glücklich sind. Aber deine Gleichberechtigte seufzt vielleicht schon manchmal: »Es is ja grad, daß d'Zeit vergeht!« – Soll die Zeit wenigstens zünftig vergehn mit Essen und Trinken und Wirtshaussitzen, mit Kartenspielen und Geschichtenerzählen, mit Schlafen und Lesen und Musizieren, mit Museumbesuchen, mit Malen und Schnitzen und Dichten. Oder noch glücklicher in endlosen Autokolonnen, mit dem Anstehen vor dem Skilift, dem Warten auf den Kellner, auf den Abflug, auf die Landung, auf das Taxi, auf den Anruf, auf den Drink.

Die Urlaubszeit vergeht sauber z'schnell. Und die Arbeitszeit hebt se ein wia narrisch. 35 Stunden in der Woch, Vater, du hast koan Ahnung, wie lang die sein könnan!

Was muß das erst früher für eine Plag gewesen sein, wie man noch die 60-Stunden-Woche gehabt hat in der Christenheit. Am Samstag erst frei nach dem Feierabendläuten! Das waren sklavische Zeiten, Arbeitsmoral aus dem Mittelalter! Und kein Urlaub das ganze Jahr! In einer solchen Gesellschaft ist dir als Sklave natürlich alles wurscht, da lebst du grad, daß die Zeit vergeht und du endlich stirbst und in den Himmel kommst. Freilich, es gab die christbarmherzige Frau Meisterin mit ihren Küchenmägden, und ganz besonders hat die Gewerkschaft der Heiligen die Arbeitszeit verkürzt.

Man hat mehr Feiertäg kennt im Jahr wie heut Urlaubstäg! Bis 1642 hat's in der Christenheit, also in Europa, 87 heilige Feiertäg gegeben. Mit den Lokalheiligen manchenorts noch mehr. Und das waren dann lauter Fest- und Freßtage gewesen, wo's a besseres Essen gebn hat müaßn und gnua' Wein und Bier dazua. Zu den 52 Sonntagen dazu also noch mindestens 87 arbeitsfreie Festtage, Duplex oder zunächst semiduplex, je nach der Größe und Würde der Heiligen mit Kirchgang und Nachmittagsvesper, Prozession und Böllerschiaßn, öffentlicher Tafel und Umtrunk.

Wer hat denn heut schon 87 Urlaubstage? Kaum ein Ministerialdirigent. Trotz der bürgerlichen und trotz der sozialen Revolution niemand sonst. Aber in der Feudalzeit habns die Bauernknecht und Handwerksgselln, die Mägde und Knechte ghabt, diese 87 arbeitsfreien Festtage. Wieder ein Beweis, daß die Zeiten nicht besser, sondern schlechter und heilloser geworden sind. Leider hat man früher dafür 52 Samstage arbeiten müssen. Jeden Samstag bis drei Uhr nachmittag! Erst dann hat der vorsonntägliche Feierabend begonnen. Aber auch vor jedem Festtag war ein Vigiltag und ab drei Uhr heilige Freizeit. So gleichen sich die Samstage wieder aus. – Und was haben sie an den Samstagen schon Schweres gearbeitet? Die Werkstatt haben sie aufgeräumt und den Hof zusammengekehrt. Die Zeiten sind vorbei, die Welt denkt rationeller, elektronischer. Angefangen hat das bereits 1642, wo Papst Urban VIII. mit der Bulle »universa per orbem« die auf die Wochentage fallenden Festtage auf sechsunddreißig reduziert hat! Jener Urban VIII. Barberini, der den barberinischen Faun ausgraben hat lassen und ein von seiner Intelligenz überzeugter, aufgeklärter Herr war.

Im 18. und 19. Jahrhundert hat man dann die Festtage allerweil noch weniger gemacht. Und heut sind es nur noch die hochheiligen Zeiten zu Ostern, Weihnachten und Pfingsten und nomal vier dazu, kaum ein Dutzend bringt man zusammen.

Die Katz springt wieder auf den alten Füßen. Es is ja grad, daß d' Zeit vergeht! – Irrtum, meine Herrn Revoluzzer, die Zeit, die bleibt, der Mensch vergeht!

19 – K + M + B = ?

Vidimus stellam eius in oriente! Wir haben seinen Stern gesehen im Morgenland! – Et venimus cum muneribus adorare Dominum, und sind mit Geschenken gekommen, den Herrn anzubeten!

Sie habn an weiten Weg ghabt, die drei Weisen aus dem Morgenland, die Drei Heilign Kini oder no besser, die Heiligndreikini. – Verfahrn habn sie sich freili' net kinna, weil eahna der söl helle Stern von Bethlehem gleicht hat. Vidimus stellam eius! Sein Stern, dem Kindl der seine. – Es hat ja an jeder Mensch sein Stern, aber »stellam eius«, dem Christkindl sein Stern, war schon bsonders hell. Der hätt' die ganze Welt ausleichtn könna. Und dengascht habn ihn grad die Heiligndreikini gsehgn. Gscheite, brave und guate Kini müaßn dös gwen sein. Indem eahna der Weg net zweit wordn is, obwoihl daß sie no koan Auto ghabt habn und koan Flugzeig. Ja net amal mit der Eisenbahn habns fahrn könna. Sie san eahnane Weg grittn, auf Roß und Kamel und Elefant.

Man sagt zu einem, der zuviel gegessen hat: Du bist ein rechter Fraßkini. A Fraßkini oder ein Dreikini – dös is grad gleich, indem es ja schon in dem uralten Dreikönigslied heißt: »Die Heilign Dreikönig mit ihrigem Stern, sie essen, sie trinken und bezahlen nicht gern!« – Und hat das Gedicht Joh. Wolfgang von Goethe anno 1781 bei einer Weimarer Hofredoute am 6.1. schön aufsingen lassen.

Natürlich, die Sternsinger oder Heiligndreikini mögns lustig und naß! Dös san junge Leut und könnan was vertragn.

Kaiser Barbarossa hat ihre Gebeine – ein Geschenk des Kaisers an Rainald von Dassel – anläßlich der Eroberung Mailands anno 1162/63 nach Köln bringen lassen. Aber wia sans nach Mailand kemma?

Wias wieder hoamkomma san von Bethlehem, san sie

große Heilige wordn und sind verstorben und begraben worden in der Stadt Sewa im Orient. Unter Kaiser Zeno von Ostrom sind sie dann nach Konstantinopel übertragen worden, und von dort hat sie die Stadt Mailand erworben. Nix Gwiß woaß man nimmer. Aber die Reliquien im Kölner Dom sollen in dem goldenen Schrein – trotz des hohen Alters – noch recht gut erhalten sein. Sie gehören drei Männern von sehr unterschiedlichem Alter an. Weshalb also es gar nichts ausmacht – im Gegenteil, es ganz gut getroffen ist –, wenn unter den Hl. Dreikönigen einer ein großer ist, einer ein kleiner und einer eine mittlere Statur hat.

Für die Weihnachtskrippen ist heute, am Dreikönigstag der letzte große Aufzug. Da dürfen sie, die sich ja schon lange allmählich nähernden Weisen, ganz nahe ans Kripperl hin. Heut gehört ihnen die Szene. Die Hirten müssen zurück zu ihren Schafherden, und auch die Jäger und Holzknecht sind schon wieder im Wald. Heut ist der Auftritt der Könige mit ihrem bunten Gefolge. Das ist oft ein Glanz! Es gibt Krippen in Bayern, wo ein solcher Heiliger Dreikönig gleich zwanzig und dreißig Mann im Gefolge hat. Kamel- und Eseltreiber agieren im Hintergrund, Läufer und Trabanten geben das Geleit, Kammerdiener und Adjutanten sind geschäftig, tragen Baldachine oder halten die üppigen Kleider. Und die weisen Monarchen selber erst! – Wie die ihre kostbaren Geschenke vor der Krippe niederlegen, Gold, Weihrauch und Myrrhen! Wie sie mit unsagbarer anbetender Geste königlich das Knie beugen. Das ist eine Anbetungsszene, wie wir sie in der heutigen, geschäftigen Frömmigkeit nicht mehr erleben. Es ist die Frömmigkeit der Könige, es ist die Anbetung jener, die sonst sich meistens selber anbeten lassen.

Ja, ja, die Heiligen Dreikini sind hochgeborn! Sie reiten daher mit Stiefel und Sporn. Sie reiten vor des Königs Herodes Haus – der Herodes schaugt eben zum Fenster heraus … Venimus adorare Dominum!

Der Kaspar, der Melchior und der Balthasar! Woher weiß man denn das, daß die drei so geheißen haben? Im Evangelium findet man ihre Namen nicht. Aber sie sind uns von alters her überliefert worden. Jedenfalls liegen die drei im Dom zu Köln begraben. In einem wunderschönen und kostbaren Schrein. Der Kölner Dom ist ja ihretwegen überhaupt erst gebaut worden. Und sie sind große Heilige, die Heiligen Dreikönige. Alle drei. Nicht daß jemand glaubt, der Kaspar waar ebba mehrer heilig wia der Balthasar oder der Melcher! – Der Balthasar ist der würdigste Greis mit dem schlohweißen Bart. Melchior ist der arabische Sterndeuter mit dem ganz gescheiten Gschau, und der Kaspar ist der brave Afrikaner mit seine krausetn Haar. Der Herr ist allen Völkern erschienen.

Drum hoaßt ja dös heutige Fest »Erscheinung des Herrn oder Epiphanie«. Und ein gewisses juristisches Odium ist dem Tag geblieben. Wie es ja in allen Urkunden beim Notari heißt: Erschienen sind mir, dem kgl. bay. Notar N. N. in meiner Kanzlei und mir selber persönlich bekannt: die Herren Kaspar, Melchior und Balthasar Hinteregger, Brüder zu Hinteregg etc.

Ein juristischer Klang ist dem Dreikönigstag seit alter Zeit zu eigen. Besonders die germanischen Stämme, sobald sie zum Christentum übergetreten, haben am Dreikönigstag ihre Rechtsgeschäfte datiert und versiegelt. Die deutschen Könige haben noch im Mittelalter ihre Urkunden gerne am 6. Januar ausgestellt. Oder auf den Königstag anfangen lassen. Gesetze, Übergaben und Verkäufe wurden gerne auf den 6. Januar gesetzt.

Denn noch früher, heißt es, soll am Dreikönigstag das neue Jahr angefangen haben. Das Anschreiben dieses neuen Jahres auf die Stubentüre, früher auch auf Tisch und Bettstatt, ist noch der Brauch. 19 – erschienen ist dem Kaspar, dem Melchior und dem Balthasar der Stern von Bethlehem – anno Domini 85.

Oder wia die frechn Münchner Lausbubn gsagt habn, wenn sie mit der Kreidn die Zeichen Epiphanie auf die Türen geschrieben haben: 19 – K + M + B – 85. Sie haben das respektlos so gelesen: 19 kalte Münchner Bratwürst kosten 85 Pfenning. Vorigs Jahr habns grad 84 kost. – Und im Jahr 2000 kostens dann nix mehr.

Der Dreikinitag war allerweil schon ein Rauchtag. Geradeso wie der Heilige Abend oder der Neujahrstag. Rauhnächte gibt es, glauben manche Volkskundler, schon länger als zweitausend Jahre. Mag sein und auch nicht. Ich bezweifle es, daß die Kelten den Weihrauch schon gekannt haben. Diese uns gelegentlich heidnisch anmutenden frommen Bräuche haben eher christlichen Sinn. Zu den Gesten der Anbetung gehört der Weihrauch und gehört das Weihwasser. Und an die Stelle der Myrrhe setzen wir die dicke Kreiden, die an die Türen, durch die wir ein und aus gehen, die Chiffren der dahineilenden Zeit schreibt, der Vergänglichkeit.

Die Dreikönigsweihe, wo der Weihrauch, die Kreide und vor allem das Dreikönigswasser geweiht werden, verursacht heute noch in vielen, vielleicht sogar in den meisten Pfarreien, einen Konkurs des Volkes. Und man muß die Packerl, den Weihrauch und die Kreiden, vorher beim Kramer bezahlen, nicht nach der Weih, denn die Weih läßt sich nicht kaufen. –

Das Dreikiniwasser hat die stärkste Weihwasserweihe des Jahres. Dagegen kann nicht einmal das Osterwasser an.

Mein Muatter hat no jeds Jahr mehrer Liter Dreikiniwasser hoamtragn laßn. Und hat dös houchgweichte Weihwasser extrig in ihrm Kostn aufgspart. Is a neus Stück Vieh aufn Hof kemma, hat sie dös Kuli oder die Kalbn mitm Heiligdreikiniwasser besprengt – no eh dös Stückl hat in Stall gweist werdn derfn. Außerdem hats no a Stückl Brout mit gweichtm Salz kriagt. Aber dös Salz war a halbwichtige Dreingab. Das wichtigste war das Dreikönigswasser.

Aa dös erste Fuader Troad, dös in Hof gfahrn ist, hat d'Bäurin mit etli Tropfa hl. Dreikiniwasser angspritzt, daß dergibt, daß bei der Ahnt nix passiert, daß a guats Mehl werd, daß halt die Fuatterei und die Strah glangt.

Hat der Bauer in d'Stadt fahrn müassn – zum Advikatn oder aufs Gricht –, hat 'hn sein Bäurin zerst mit hochheiligem Dreikönigswasser gründlich besprengt. Jetzt hat eahm nix mehr passieren könna. – Denn dieses Weihwasser hatte den höchsten und hatte die meisten Exorzismen bekommen bei seiner Weich. D. h., die meisten und stärksten teufelsbeschwörenden Gebete wurden über dieses Hl. Dreikönigswasser am Tag der Erscheinung des Herrn gesprochen. – Natürlich auf lateinisch: Exi immunde spiritus! Weiche du unreiner Geist! – Ja, gegen die deitschen Betereien is der Teifi nimmer empfindlich.

Verglichen mit den anderen Weihwassern hatte das Dreikönigswasser doppelt soviel Prozent, pflegen alte Dreikönigswasser-Verehrer zu sagen.

An alte Bäuerin, tiaf drin im Wald, hat ihren Weichbrunn allweil selm gweicht. Durch eine Magd is dös dem Hochwürden Herrn Pfarrer zu Ohren gekommen. Der hat den weiten Weg auf den Prackenberg nicht gescheut und hat die Bäuerin, kaum bei der Tür herein und geringschätzig nach dem Weihbrunnkessel greifend, gleich scharf angredt: »Mein liabe Bäuerin, hat er gsagt, was is denn dös für a minderwertiger Weihbrunn?!« – Und er hat an etli Tropfa aufn Stubnbodn gspritzt. – »Wie ich erfahrn hab müassn, habn Sie dös selber gweicht? Hm?!« – Aber die kuraschierte Placknbergerin hat dem Herrn Pfarrer ungenant ins Gsicht gschaugt und hat gsagt: »Ja, Hochwürdn, dös han i selm gweicht. Den weitn Weg zu üns aufa verschütt i mit der altn Weihbrunnkann allweil dös mehrist. Dös is ma z'dumm wordn, und drum weich i's iatz selm!«

Der Pfarrherr schüttelte mißbilligend den Kopf. »Aber, aber, eine christliche Bäuerin tut so was net«, brummelte er.

»Ja mein, Hochwürden, mit acht Deanstbotn, fünf Kinder und 42 Stuck Vieh im Stall brauch ma mir oanmal z'vuil Weihbrunn.«

»Ja, und wie vollziehen Sie diese Weich?«

»Ganz oanfach: I nimm auf an Eimer Quellwasser an Liter Dreikiniwasser. – Und 's Glück im Stall laßt net nach!«

Wer am 6.1. nicht alles Namenstag hat? Die Kasperln, die Melcher und die Balthes! – Der heilige Balthasar ist bei uns ein gestandener Namenspatron. Balthes, der Schmied von Kochel. Balthes, der kräftige Held, Holzknechte, Jäger und Wilderer können so heißen. Aber will sich schon einer mit dem heiligen Kaspar zufriedengeben? Kennen Sie keinen Kaspar? – I schon. Und man nennt ihn hierzulande den Kaschbe, den Meier-Kaschbe z. B. oder den Angermeier-Kaschpar. Daß der heilige Kaspar auch einen so lustigen und hintertriebenen Gesellen als Patenkind haben muß, wie es der Kaschperl ist, das hat schon auch seinen Sinn. Da sagt nämlich in einer Kaschperlkumödie der Kasperl: »Was, i, der Kasperl soll net gscheit sein? Wo doch mein Namenspatron schon ein Weiser aus dem Morgenlande gewesen ist?«

Aber wer tauft heutzutag seinen Sohn schon noch Melchior? – Das klänge unseren Ohren zu altmodisch, zu winkeladvokatisch. Gerade darum ist der Melchior empfehlenswert, er ist mit seinem Patronat nicht so überladen wie der Hl. Josef oder der Hl. Michael. Er würde sich seines Schützlings wahrscheinlich besonders sorgfältig annehmen.

Und als sie im Traume die Weisung bekamen, nicht mehr zu Herodes zu gehen, kehrten sie auf einem anderen Wege heim. –

Sie haben sich nicht ausfratscheln lassen! Sie habn halt an Stern ghabt. Und einen Stern haben heißt in alter Redensart soviel wie »ein Glück haben«! Wie wieder ein anderes Sprichwort sagt: »Man nennt koan an Blasl, er hat denn an Stern!« – Der Blaß oder die Bläß, das ist ein Pferd, ein Fuchs oder ein Brauner mit einem weißen Sternfleck auf der Stirn.

A Stern auf der Stirn! Dös is a glücklichs Vieh. Und wenns grad a Hunderl waar – oder a Katz. A Blaßl is'! Und man nennt koan an Blaßl, er hat denn an Stern.

Und weils gar so hohe und frühe Heilige des Neuen Testamentes sind, haben sie noch ein Patronat übernommen, zum Reisepatronat dazu: Sie sind die Helfer auch noch der Epileptiker. – Eine merkwürdige Doppelfunktion: Patrone der Reisenden und der Epileptiker zu sein! In der heutigen reisewütigen Zeit schwinden aber auch diese Unterschiede. Und singt heut manch einer ein Solo, ein Dreikini allein, dann klingt das ungefähr so und ist auch keine direkte Geschichtsfälschung.

I bin a Dreikini
A Dreikini bin i
Und i folg' halt meinem Stern
Bsunders hoamzu recht gern.

Fasten an der Kgl. Bayerischen Hoftafel

In der Zeit der Monarchie und der gepflegten Observanzen mußten die Fastengebote noch streng und wortwörtlich erfüllt werden. Und der König hatte ein Beispiel gegeben. Das höfische Zeremoniell berücksichtigte die Fastengebote nicht nur in aller Gewissenhaftigkeit, es zelebrierte sie sogar mit Aufhebens. Besonders bei den öffentlichen Hoftafeln und Marchalltafeln. Die großen Hoftafeln wurden ja in aller Öffentlichkeit angerichtet. Nicht nur die Diplomaten und die höchsten und hohen Beamten durften die Kordons durchschreiten. In München war es auch dem Publikum gestattet. Man hatte sich nur früh genug einzufinden. – Ludwig II. ließ bei öffentlichen Hoftafeln bekanntlich die Blumenvasen und den kostbaren Tischschmuck so stellen, daß er von dem vorbeidefilierenden Publikum nicht »direktement in das Gesichte angestarrt« werden konnte.

Das Zeremoniell bei solchen öffentlichen Hoftafeln war besonders feierlich und streng. Der Hofmarschall, der Zeremonienmeister, der Generalkapitän der Hartschiere, die Inhaber der allerhöchsten Erbämter der bayerischen Krone traten in Funktion, und der Herr Hofbischof sprach das Tischgebet.

An Abstinenz- und Fasttagen hat man natürlich auch bei Hof eine Fastenspeis' gegessen. Wenn aber ein evangelischer Fürst zu Gast war, hat man im 18. und 19. Jahrhundert bereits von Rom eine Fasten- und Abstinenzdispens bekommen. Bald hat jeder Diözesanbischof dispensieren können.

»An einem Freitag Rehrücken? – Ohne Abstinenzdispens Seiner Eminenz ist es unmöglich, an einem Freitage Seiner Majestät Fleisch zu servieren. Natürlich also Fisch zum dritten Gang. Und abends eine Mehlspeis! – Und ja net wieder unter der Hand eine Fleischbrühe! Wir können net jeden Freitag um eine Abstinenzdispens nachsuchen. In der Fastenzeit zweimal net. Da tät sich ja das gesamte Hofmarschallamt lächerlich machen. Seine Majestät, der König von Bayern, ist ein katholischer Monarch. Fallen eh genug öffentliche Hoftafeln auf einen Freitag.«

So jammert der ganz auf seine hohe Würde bedachte allerhöchste Hofbeamte und schreibt an den Erzbischof. Und schon drei Wochen später hat er die Dispens.

»Der Erzbischof von München und Freising an Seine Exzellenz, den Obersthofmarschall Graf Seinsheim! – Wir beehren uns ergebenst, Euerer Exzellenz davon Kenntnis zu geben, daß der Apostolische Stuhl, unter dem 14. Februar 1911, unserer Bitte entsprechend, für die Teilnehmer an der am 12. März dieses Jahres, dem zweiten Fastensonntag, zur Feier des Geburtstages Seiner Königlichen Hoheit des Prinzregenten, veranstalteten Hoftafel und alle öffentlichen Festessen im ganzen Königreich Bayern rechts und links des Rheines die Dispens im kirchlichen Verbote der Mischung von Fisch- und Fleischspeisen erteilt hat ...«

»Also Fisch und Rehrücken, Exzellenz?«

In der Fastenzeit durfte man früher – d. h. bis Ende der zwanziger Jahre hinein – niemals Fisch und Fleisch zusammen essen. Zudem war nur die einmalige tägliche Sättigung erlaubt. – Im Laufe der Jahre lockerte die Kirche ihre Fastengebote. Erst fiel das Mischspeisenverbot, dann bekamen alle Esser an fremden Tischen eine generelle Fastendispens und schließlich die Kranken und Schwachen, die Rentner und Kinder, die Jugendlichen und die Schwerarbeiter, die werdenden Mütter und die zur Kur Weilenden etc. etc. Endlich definierte man das Fasten als eine übertragbare Verzichtleistung. Wer weniger raucht, weniger trinkt, vielleicht sogar derjenige, der sich Mäßigung in seiner Arbeitslust auferlegt, genügt heute dem kirchlichen Fastengebot.

Öffentliche Hoftafeln mußten abgehalten werden zu Ehren in München anwesender Regierungshäupter, bei den alljährlichen großen Stiftungsfesten des Hubertus- und Georgiritterordens, anläßlich des Geburtstages Seiner Majestät des deutschen Kaisers sogar!

Marschalltafeln zelebrierte man, wenn der König einem Brautpaar der allerhöchsten Verwandtschaft zu Ehren zu Tische bat oder wenn ein wichtiger Diplomat, ein Kardinallegat z. B., in München weilte. An den hohen Namensfesten der Monarchen mußte selbstverständlich auch öffentlich gespeist werden. –

An der Königlich Bayerischen Hoftafel wurde von den diensthabenden Zeremonienmeistern selbstredend ungemein präzise sowohl das Fasten als auch das Abstinenzgebot eingehalten. Dazu kam noch das Quatembergebot, das Verbot, während der Fastenzeit gemischte Tafeln abzuhalten, also Fisch- und Fleischspeisen gemeinsam zu servieren. – Der Oberhofmarschall persönlich bemühte sich um notwendig werdende Dispensen. Er schrieb z. B. mit eigener Hand:

»Der Königlich Bayerische Obersthofmeister, Graf Seinsheim, an Seine Exzellenz, den Hochwürdigsten Herrn Erzbischof von München und Freising, Franziskus Ritter von Stein! Anläßlich des Geburtstagsfestes Seiner Majestät des deutschen Kaisers und Königs von Preußen sieht sich auch der Königlich Bayerische Hof veranlaßt, eine Hoftafel abhalten zu sollen. Seine Königliche Hoheit, der Prinzregent Luitpold, hat nun den Termin für diese Hoftafel, zu der auch der preußische Gesandte geladen werden wird, auf den 14. Januar gelegt. Da dieses jedoch ein Freitag, stellen wir an Sie, Exzellenz, ergebenst die Bitte, die Königliche Hoftafel an diesem Tage vom Abstinenzgebote befreien zu wollen. In ausgezeichneter Ehrerbietung haben wir die Ehre zu grüßen: Graf Seinsheim, Obersthofmarschall.«

Es wird noch die Bemerkung hinzugefügt, daß Fastenspeisen allein zu servieren gewisse Kreise in Berlin vielleicht als eine bayerische Wunderlichkeit ansehen könnten. Aber dem Akt der erzbischöflichen Dispenssachen für die Königlich Bayerische Hoftafel ist anzusehen, daß viele Marschall-, Hof- und Familientafeln, also offizielle Galatafeln, häufig dann auf einen Freitag verlegt worden sind, wenn man der Großartigkeit und Auszeichnung dennoch einen kleinen Schatten überziehen wollte. Man hatte dabei doch noch die Möglichkeit, ein großes Aufhebens zu machen. Man konnte darauf hinweisen, daß der Erzbischof die Dispens nur ungern gewährt habe, da man ja derzeit besonders streng am Abstinenzgebot hänge. Auch mußte vor dem Tischgebete der Oberstzeremonienmeister in feierlicher Form das Dispensschreiben des Erzbischofs der Tafel vorlesen. Das war ein Akt, der bereits ein eigenes Tableau machte. Der Zeremonienmeister, begleitet von Adjutanten, trat vor die Hoftafel, entfaltete ein Schreiben und las in feierlichem Tone vor:

»Majestäten, höchste und hohe Herrschaften, Exzellenzen! – Der Hochwürdigste Herr Erzbischof von München und Freising übersendet der Königlichen Hoftafel in großer Ehrerbietung dieses väterliche Schreiben: Da in der ganzen katholischen Christenheit heute, an einem Freitage, der Genuß von Fleischspeisen verboten ist, eingedenk des Leidens und Sterbens unseres Herrn und Heilandes Jesus Christus an jenem schrecklichen Karfreitage zu Jerusalem, hat die Königliche Hoftafel für ihr heutiges Festessen durch den Obersthofmeister um die erzbischöfliche Dispens vom Abstinenzgebote höchstgefällig nachgesucht. Seine Exzellenz, der Hochwürdige Herr Erzbischof Ritter von Stein, hat nun kraft seiner Autorität und kraft der ihm vom Papst verliehenen Vollmachten die Königliche Hoftafel für den heutigen Freitag von dem Abstinenzgebote befreit.«

Erst jetzt wurde das Tischgebet gesprochen, und dann begann das Auftragen der Speisen. Trotz der Erzbischöflichen Dispens soll Seine Königliche Hoheit der Prinzregent einmal nur Mehlspeisen gegessen haben.

Anläßlich des Besuches Seiner Majestät des Königs von Spanien tafelte man am Freitag, den 17. November 1905. Der spanische König hatte seine eigene Dienerschaft dabei. Darum heißt es in dem erzbischöflichen Dispensschreiben:

»... Desgleichen wird Dispens vom Fleischgenusse am genannten Freitag sowohl für die spanische Dienerschaft als auch für das diensthabende Personal des hiesigen königlichen Hofes hiermit gewährt.« Es gibt eine Menge Dispensgesuche und Dispensgewährungen.

»Anläßlich der silbernen Hochzeit ihrer Königlichen Hoheiten Prinz und Prinzessin Arnulf von Bayern findet am Freitag, den 12. eine Königliche Familientafel statt. Eure Exzellenz ersuche ich ganz ergebenst, für die Tafel Fastendispens geneigtest bewilligen und mir gefällige Nachricht hierüber zur Beruhigung des allerhöchsten christkatholischen Gewissens Seiner Königlichen Hoheit des Regenten zukommen lassen zu wollen. Genehmigen Eure Exzellenz zugleich die Versicherung der ausgezeichnetsten Hochachtung und Verehrung, womit ich bin Eurer Exzellenz ganz ergebenster Graf Seinsheim.«

Schwieriger wird es, wenn es gilt, anläßlich einer Hoftafel die Dispens zugleich für das ganze Königreich Bayern zu bekommen. Dies war der Fall am 2. Fastensonntag 1911, am 12. März. Seine Königliche Hoheit der Prinzregent feierte an diesem Fastensonntage seinen 90. Geburtstag. Er wollte eine Fastendispens für das ganze Königreich. Aber sowohl der Erzbischof als auch der Generalvikar Neudekker sowie das gesamte Ordinariat sahen sich mit diesem Ansuchen überfordert. Vor allem machte die Dispens von dem kirchlichen Verbote der Mischung von Fisch- und Fleischspeisen Schwierigkeiten. Die Mischung von Fisch- und Fleischspeisen war in der Fastenzeit allgemein untersagt. Der Münchner Erzbischof und Metropolit von Bayern konnte davon nicht dispensieren, vor allem nicht das ganze Königreich. Der Apostolische Stuhl wurde bemüht, und

Papst Pius X., der Heilige, willfahrte der Bitte und gewährte allen Bayern zum 90. Geburtstag ihres Regenten die gewünschte Fastendispens.

Vom Ausmaße der Feierlichkeiten dieses 90. Geburtstages haben wir keine Ahnung. Es war ein großes Königlich Bayerisches Geburtstagsfest mit Festtafeln in allen Städten, Märkten und Gemeinden. Mit Festgottesdiensten, Böllerschießen und Prosittrinken auf die Gesundheit des greisen Monarchen.

Tausende von kleinen Mädchen sagten das berühmt gewordene Geburtstagsgedicht offiziell auf.

»Heil unserm Prinz-Regenten!
Laßt von den Häusern wallen
Die Banner weiß und blau,
Und Jubel soll erschallen
In Dorf und Stadt und Gau!
In unserm lieben Bayern
Wird jung und alt nicht müd,
Den Landesherrn zu feiern
Mit hehrem Wort und Lied.
Denn trotz der neunzig Jahre
Auf seiner Lebensfahrt
Hat er im Silberhaare
Sich Jugendkraft bewahrt.«

Die letzte der acht Strophen sucht einen Reim auf Luitpold – und findet ihn.

»Die alte Bayerntreue,
So echt wie lautres Gold,
Wir weihn sie heut aufs neue,
Dir, Vater Luitpold!«

Der Prinzregent ließ mehrere tausend Bayern mit den

verschiedensten Orden auszeichnen. Und er ließ durch seine Geheimkanzlei, also durch seine Kabinettssekretäre, die bayerische Staatsregierung bitten, daß möglichst alle Bevölkerungsschichten von diesem Ordensregen erfaßt werden möchten:

»Alle Berufs- und Erwerbsstände!«

Dazu die beiden Kammern des Landtags, die Beamtenschaft, die Armee, die Arbeiter, die Vertreter der Kreise und Distrikte und Gemeinden, die Geistlichkeit und Lehrerschaft, ja besonders gleichermaßen, die Künstler und Wissenschaftler, die Eisenbahner und Postler ebenso gleichermaßen: Die Vertreter der Landwirtschaft durften nicht vergessen werden. Auch an etliche Industrielle und Kaufleute solle man denken und natürlich an die verschiedensten Handwerksmeister.

Auch die Dienstboten sollten Orden erhalten und die Medizinalpersonen und die freiwilligen Krankenpfleger. Am Schlusse denke man auch noch an die Feuerwehr, an die Veteranen, an die Bayernvereine im Ausland und ganz am Ende an die Rechtsanwälte. Darüber hinaus hat der Prinzregent auch noch eine eigene Medaille prägen lassen, die »Prinzregent-Luitpold-Medaille«. Sie trug mehr den Charakter einer Erinnerungsmedaille und konnte jeder erwerben oder geschenkt bekommen.

Und der Papst also dispensierte an diesem Festtage alle Bayern vom Fastengebot! – Welch ein Fest! Der Bierverbrauch schwoll an diesem Tag höher an als an einem heißen Julitag, denn überall trank man auf die Gesundheit des rüstigen Neunzigjährigen, in Schwaben und in Unterfranken, in Niederbayern und in der Oberpfalz, in Mittelfranken und in Oberfranken, in Oberbayern und in der Rheinpflaz, im gesamten Königreich Bayern rechts und links des Rheines.

Fastendispense wurden auch in der Presse veröffentlicht. Ohne Fasten- und Abstinenzgebote gibt es natürlich keine

Dispens von diesen Geboten. Um die Königlich Bayerischen Hofzeremonien wieder ordentlich einführen zu können, müßte die Kirche erst wieder strenge Fastengebote einführen. Welch eine Einflußmöglichkeit der Bischöfe auf die Politik! Da könnte es dann eines Tages in einem erneuerten bayerischen Königreich zu dieser aufregenden Kontroverse kommen:

Seine Eminenz, der Hochwürdigste Herr Kardinal und Erzbischof von München und Freising, Metropolit von Bayern, hat das Gesuch des Obersthofmarschalls um Dispens vom Abstinenzgebot für die Königliche Hoftafel, anläßlich des Besuches des zweiten Sekretärs des Zentralkomitees der Kommunistischen Partei Chinas, am Freitag der kommenden Woche abgelehnt. Der Oberzeremonienmeister Graf Fürstenfeld zeigt sich darüber sehr bestürzt und – da eine Verschiebung der Galatafel zu Ehren des chinesischen Staatsmannes und Politikers nicht mehr möglich sein wird – erschreckt von den dann zu servierenden Fastenspeisen. Wenngleich man Chiemseerenken, Donauwaller, oberfränkische Karpfen, einen Hecht aus dem Lech und Forellen aus einem niederbayerischen Bauernbächlein anbieten wird, werden doch die obligaten bayerischen Mehl- und Fastenspeisen dem Gast aus China womöglich sehr fremd sein. Man denke zwar an die Lieblingsspeise Seiner Majestät, Dampfnudeln mit Zwetschgenbrühe, jedoch sehe man sich wegen der wieder einmal völlig unerwarteten Härte des Kardinals außerstande, Kronenfleisch mit Kren, Tafelspitz, Schweinebraten mit Knödel und ähnliches auftragen zu können. Ja, man werde den hohen Gast an der Königlichen Ehrentafel nicht einmal Königlich Bayerische Weißwürste versuchen lassen können.

Der Obersthofmarschall überlegt bereits, ob man die Königliche Hoftafel an diesem Freitage nicht im Schlosse zu Neuschwanstein abhalten könne, da Seine Exzellenz, der Hochwürdigste Herr Bischof von Augsburg, wie Weihbischof Schmidt mitteilte, der Königlichen Hoftafel auf dem Schlosse Ludwigs II. sehr wohl und von Herzen gern die notwendige Dispens vom Abstinenzgebote geben würde.

Nach längeren Hinundherverhandlungen zwischen dem Oberhofmarschallamt und dem Erzbischöflichen Ordinariate kam es dann doch zu einer Einigung. Der Kardinal dispensierte zum Teil und genehmigte eine Fleischspeise. Der Zeremonienmeister ist mit dieser Lösung, wie er gestern dem Königlich Bayerischen Fernsehen in einem Interview mitteilte, gar nicht glücklich. Er verlangte zumindest noch die Zulassung der Weißwürste. Der Kardinal erklärte in einem energischen Statement, daß die Abstinenz- und Fastengebote nun im Zuge der vierten nachkonziliaren Epoche mit aller Feste und Energie gehalten werden müssen. Der wahre Christ zeige sich darin, daß er am Freitag kein Fleisch esse, erklärte der Kardinal in strenger Unerbittlichkeit. Auch Könige und Kommunisten aus China seien von diesem Gebote nicht zu dispensieren. In der großen Roundtablediskussion »Europa und die Welt« wird sich das Königlich Bayerische Fernsehen morgen mit dem Streit um die Dispens von dem Abstinenzgebote für die Königliche Hoftafel befassen. Unter den Gesprächspartnern werden wir den Königlichen Oberzeremonienmeister Graf Fürstenfeld und Seine Eminenz, den Hochwürdigsten Herrn Kardinal, erleben können. Ferner wirken mit die Dekane der theologischen, medizinischen, philosophischen und tierärztlichen Fakultäten und, für die Gewerkschaften, der Vorsitzende der Königlichen Gewerkschaft ÖTV, Seine Exzellenz der Graf von Dachau. Der Königlich Bayerische Außenminister wird ein Schlußwort sprechen.

Man glaube nicht, das sei ein bedeutungsloses Thema! Dispense sind es wert, so ernst genommen zu werden wie Staatsbesuche und Paraden. Und wer sich nicht an das Fastengebot hält, stirbt früher.

»Rom, den 18. April 1913. Euer Exzellenz, hochgeborener Herr Graf! – Auf Euerer Exzellenz höchstgefällige Anfrage, deren Beantwortung sich zu meinem lebhaften Bedauern durch das Nachsenden nach Rom um zwei Tage verzögert, beehre ich mich ergebenst zu erwidern, daß für die Teilnahme an den während des Allerhöchsten Aufenthaltes in der Pfalz in Aussicht genommenen Tafeln sowie für das Dienstpersonal von dem Abstinenzgebot, das an den Quatembertagen die Mischung von Fleisch- und Fischspeisen verbietet, für den Umkreis meiner Diözese dispensiert ist.

Indem ich die Versicherung ausgezeichnetster Hochachtung wiederhole, habe ich die Ehre zu geharren Euerer Exzellenz ganz ergebenster Michael von Faulhaber, Bischof von Speyer. An die Adresse des hochgeborenen Herrn Grafen von Seinsheim, Obersthofmeister Seiner Majestät des Königs von Bayern, Exzellenz in München.«

In der kgl. bay. Zeit war die Zeremonie der Kgl. Bay. Fußwaschung die aufregendste Zeremonie der ganzen Karwoche. Seine Majestät haben sie allerhöchsteigenhändig vorgenommen an zwölf armen alten Greisen, ausgewählt vom Hofmarschallamt aus allen Regierungsbezirken Bayerns und vorgenommen von Seiner Majestät am Gründonnerstag. Die zwölf würdigen Apostel-Fußwascher-Großväter wurden in St. Peter in wallende rote Gewänder gekleidet und von ebenfalls zwölf ausgesuchten Mädchen, die auch neu eingekleidet wurden in Grau, geführt. Und zwar nach dem Amt durch die Diener- und Residenzstraße in den Hartschiersaal, dort gab es ein Kgl. Frühstück. Anschließend ging der Zug – wieder unter Vorantritt der Kgl. Hartschiere – in den Herkulessaal, wo vor einem aufgebauten Altar auf zwölf Podesten zwölf prächtige Stühle standen. Auf ihnen nahmen die Opas Platz, und die Mädchen entblößten ihnen die zwölf rechten Füße. Dann wurde das Evangelium gesungen. Hernach goß Seine Majestät über die zwölf rechten Füße der Greise etwas warmes Wasser. Der Kronprinz wischte mit einem Handtuch darüber, und dann kam die Hauptsache. Der König nahm von dem goldenen Tablett, das der Finanzminister ihm jeweils hinhielt, zwölfmal einen neuen Lederbeutel mit je zwanzig Zweimarkstücken herunter und hing ihn dem Greis um den Hals. – Auch die zwölf Mädchen bekamen je eine solche Börse. – Das diplomatische Corps war anwesend und der ganze Hof. Und auch das Publikum durfte in den Saal – gleichmäßig ruhig durch die Hartschier-Kordons passierend. – Und auch schon in der Dienerstraße standen zahlreiche Neugierige. 1918 wurde die Fußwaschung zum letzten Mal vorgenommen. 1919 peitschten am Gründonnerstag noch Kugeln durch München. Eben am 14. April war von der Roten Armee der Sieg von Dachau errungen worden. – Trotzdem fanden sich – der uralten und angeborenen Zeremonienfreudigkeit folgend – etliche hundert Personen ein und warteten auf die zwölf Greise und die zwölf Mädchen. Und ein gewisser Huber Martl, ein alter Münchner Bräuknecht, verlangte die Fußwaschung von den die Wartenden vertreibenden Gendarmen. Mit den Worten: »Vorigs Jahr hat mas der Hofmarschall versprocha, daß i heuer drankimm!«

Der Bayern Herz seufzt nach einem schönen König, nach der Festlichkeit königlicher Zeremonien, nach dem Symbol der Krone, des Reichsschwertes und des so milden Szepters! Gott sei Dank gibt es noch Völkersymbole – Hammer und Sichel –, die sehr in Ehren gehalten werden.

Der Speispfinstag

Das Letzte Abendmahl oder die Einsetzung des Allerheiligsten Sakraments des Altares ist die Hauptsach vom Gründonnerstag oder Speispfinstag. – Speispfinsta' ist eigentlich der grechte Name für den Tag. Denn beim Letzten Abendmahl hat der Herr die zwölf Apostel abgespeist. In dem ältesten deutschsprachigen »Meß- oder Kelchbuch samt Erklärung Heiliger Meß« des Bischofs Berthold Pierstinger vom Chiemsee – um 1520 – heißt es in einer ziemlich altbairisch gefärbten Schriftsprache: »Wie der Herr hat abgespeist die zwölf Poten indeme er ihnen gegeben hat sein Fleisch und sein Bluet!« – Pierstinger gebraucht auch öfters den Namen »Speis-Pfingstag« für den Tag der Erinnerung an das Letzte Abendmahl.

Pfinztag hieß im Mittelalter der fünfte Wochentag, der Donnerstag. In Bayern und Österreich heißt er heute noch so. Barocke Prediger leiten seinen Namen vom Pfingstfest her und nennen den Donnerstag gar den Pfingsttag, eine Erinnerung an den fünften Tag nach Ostern, ein Anklang also an das griechische Pentekoste.

Is' wias mag, der Speispfinstag is a wichtiger Tag. Da hat der Herr net grad seine Jünger abgspeist mit'm »Allerheiligsten Altarsakrament«, heut heißt es Eucharistiefeier oder Erinnerungsmahl – na, am Speispfinsta' hat unser Herr aa seine Jünger d'Füaß gwaschn – aar an Judas und net grad an Petrus und an Johannes. Aar an Judas. – Und dös is dös Auffälligste am Speispfinsta', daß der Herr an Judas aa no abgspeist hat, obwohl er doch gwußt habn muaß, daß 'hn der Lump heut no verratn werd.

Um dreißig Silberling verkaafa werd! – Dös is an echter Judaspreis: Dreißg Silberling! Und kost seit dera Zeit, seitm Speispfinstag, koan War in der ganzn Christenheit dreißg Mark oder dreißg Schilling oder dreißg Guilden oder dreißg

Pfenning. – Na, um dreißgtausend oder dreißg Millionen gibts aa nix. Es muaß entweder 29ge oder 31ge kostn. Dös liest man bei manchen altn Traktatschreibern. –

Da hat einmal ein schwedischer Feldherr im Dreißigjährigen Krieg ein bayerisches Kloster besetzt, der Abtei Geld und Gut requiriert, etliche Tag Einlager gehalten und dann dem Herrn Abt voller Übermut gesagt: Hochwürdigster Herr, ich geb' Ihnen ein Rätsel auf, wann Ihr mir das lösen könnt, zieh' ich morgen mit meinen Soldaten ab und erpress keine Kontribution mehr, wenn nicht, nehm' ich den ganzen Konvent mit und verlang' für einen jeden Mönch oder Bruder dreißig Silberlinge Lösegeld, zahlbar in rheinischen Gulden oder in Gold. – Das Rätsel des Herrn Generals lautet: »Nenn mir die Summe, die ich, ein so tapferer und glücklicher Feldherr, Eurem Kurfürsten wert wäre! Nennt sie mir binnen 24 Stunden, oder es ergeht euch schlecht!«

Der Vater Abt denkt nicht lang nach, schickt auch keinen Boten an den Kurfürsten, sondern sagt frisch heraus: »29 Silberlinge, gestrenger Herr Feldhauptmann, seid ihr wert! Denn für unseren Herrn und Heiland haben die Hohen Priester dreißig bezahlt. Ihr wollt doch um einen weniger wert sein!«

Diese Antwort hat den Herrn Kommandanten so beeindruckt, daß er trotz seiner kriegerischen Roheit sogleich hat zum Aufbruch blasen lassen und ohne Geiselnahme abmarschiert ist.

Es hat auch niemals ein Knecht einen Lohn von etwa dreißig Mark gehabt früher, wie die Leut vor dem schrecklichen Judaslohn noch einen furchterregenden Abscheu gehabt haben. – Nicht einmal die Advokaten haben ein Honorar von dreißig Talern oder dreißig Scudi, Franken oder Pfund genommen. Ein Doktor der Medizin, der von einer jungen Witwe einmal – für geleistete ärztliche Bemühungen, Besuche am Krankenbett, Pulsfühlen, Aderlaß und Totenschein an dem verstorbenen Mann – der dafür also genau dreißig

Kronen haben wollte, erlag binnen weniger Tage der nämlichen Krankheit wie sein Patient.

In einem süddeutschen Parlament hatten die Herren Abgeordneten einmal die Höhe ihrer Sitzungsgelder für den kirchenpolitischen Ausschuß auf genau 30 Mark festgesetzt. – Was geschah? – Alle ihre Absprachen und Pläne wurden auf geheimnisvolle Art, gerade in den peinlicheren Details, sofort der liberalen Presse verraten und standen – noch ehe sie beschlossen werden konnten – den anderen Tag bereits, mit den boshaftesten Bemerkungen versehen, in der Zeitung.

Wer wird sie wohl verraten haben?

Der Judas Ischariot, der Erzverräter in eigener Person. Er treibt sich ja gern herum in den politischen Ausschüssen der Parteizentralen und Parlamente, der Zentralkomitees und Ministerratssitzungen, der Europaräte und Außenministerkonferenzen. Da taugt es ihm. Er tut höchst brüderlich und genossenhaft, läßt sich das Mahl reichen, trinkt den Wein und läßt sich gar auch noch die Füße waschen, derweilen er schon den Verrat beschlossen hat. – Für dreißig Silberlinge freilich nicht mehr. Schon eher für ischariotische Beraterverträge mit Dotationen von 30.000 D-Mark, von dreihunderttausend und mit Spezialprovisionen von vielleicht gar dreißig Millionen. – Denn Judas, der Erzschelm, studiert die Wechselkurse genau; er kennt die Inflationen und Währungsreformen, die Diskonterhöhungen, Auf- und Abwertungen auf ein zehntel Prozent. – Und er läßt sich nicht nur die Füße waschen, er wäscht sich selber die Hände dazu.

Denn der Judas richtet sich nicht nach dem Beispiel, das der Herr seinen Jüngern gegeben, da er ihnen die Füße gewaschen; als Beispiel der Liebe, daß sie einander die Füße waschen. – In aller Demut! Er und seinesgleichen waschen einander die Hände in Profitgier – manus manum lavat, eine Hand wäscht die andere! Das ist ihr Judas-Exemplum.

Darum hat der teuflische Apostel Judas Iskariot jetzt

auch das Patronat über alle geheimen Staats- und Sicherheitsdienste übernommen und verrät zusätzlich die Verräter. Und doch ist die Effizienz dieser Staatssicherheitsdienste gering, denn viele Geheimagenten, die sich hüben wie drüben vor ihren Regierungen als unentbehrlich geben, stecken die dreißig mal dreißig Millionen beutegierig in die eigenen Taschen, lancieren dann dumme und angsterregende Nachrichten von Zeitung zu Zeitung, organisieren geschwind mit dreißig wohlfeilen Berufsdemonstranten für die Massenmedien eine Massendemonstration von Zehntausenden, belegen so ihre Abrechnungen und legen die Gelder luxuriös in den kapitalistischen Zentren der Lustbarkeiten wieder an. Und alles bleibt streng geheim, denn der Verrat ist zur geheimen Reichssache avanciert.

So könnte man weiter predigen wie Abraham a Sancta Clara. Aber helfa taats nix. Gottseidank ist der Speispfinsta' net grad an Judas sein Tag!

Am Speispfinsta' oder Gründonnerstag is der Mensch ehnder aufgregt und traurig wia lustig und gmüatlich. Iatz fangt dös Leiden von unserm Herrn an, dös Bluatschwitzn aufm Ölberg, die Verlassenheit und Todesangst Christi. Wie man es dargestellt sieht auf den ergreifenden Ölbergbildern. Jesus ist todschwermüetig. »Meine Seele«, sagt er, »ist betrübt bis in den Tod.«

Die heutigen Psychologen und Psychotherapeuten haben viel zu tun mit der Angst, mit den Urängsten der Menschheit. Ja, sagen sie, die Angst hat ein jeder Mensch, und sie gehört zum Leben wie das Sterben. Die Alimentationsangst und die Disgregationsangst, die Aggressionsangst und die Todesangst. Immer wieder werden neue Urängste erlauscht und benannt. Die Existenzangst kennt ein jeder. Gegen sie hilft nur Fleiß und eine gerechte soziale Gesellschaft mit gesunder Wirtschaft und Vollbeschäftigung. – Und trotzdem kann von ihr wie von einer entsetzlichen Krankheit auch ein Millionär betroffen werden.

Z.B. der Herr Andreas Winklmoser. Ein Mann mit sechsundsiebzig neuen Hausstöcken, auf denen keine Schulden liegen. Ein Mann mit über achtundsechzig Millionen Wertpapieren, mit über hundert Tagwerk Bauland, mit einem landwirtschaftlichen Großbetrieb, einem eigenen Sägewerk usw. All sein Vermögen hat ihn nicht beruhigen können. Es hat ihn die Angst geplagt, er würde eines Tages total verarmen und verhungern. – – Natürlich hat er sich mit dem Verstand sagen müssen: »Dös kann net stimma, mir feit nix!« – Aber die Existenzangst war stärker als sein rechnender Verstand. »Was tua i, wenn i koan Pfenning Geld mehr hab? – Koan Stückl Brot mehr? – Koan Unterschlupf mehr? –«

Und er hat no mehrer Geld zsammgscharrt. Allweil nomal a Million. In Bayern und in Österreich, in der Schweiz und in Schweden, in Kanada und in Australien. Überalln hat er Häuferln gmacht. Und trotzdem ist seine Angst vorm Derhungernmüaßn allerweil größer wordn. –

Da hat er sich gar nix mehr vergönnt vor lauter Existenzangst, keine Krankenkasse und keinen Doktor, kein Auto und keine Villa, kein Bier und keinen Schweinsbraten, keine Zeitung und kein' Radio. – Er ist in eine ganz kleine Einzimmerwohnung eingezogen, ganz auf d'Letzt gar ins Obdachlosenasyl. – Und schließlich hat man ihn tatsächlich entkräftet und halb verhungert auf einer Bank im Englischen Garten gefunden. – Ihn, den Millionär und Realitätenbesitzer, der jedes Jahr ein paar Millionen Steuern hat zahlen müssen! –

Die Doktoren haben ihn im Krankenhaus wieder ein bisserl zsammgricht, und als man wußte, wer er war, hat man ihn in die psychiatrische Abteilung verlegt, wo er nach einem halben Jahr wieder für gesund ist entlassen worden. – Er ist wieder zu seiner Familie gezogen. Aber die Existenzangst hat ihn nicht losgelassen, hat ihn Tag und Nacht verfolgt, bis er verzweifelt sich selber das Leben genommen hat vor lauter Angst.

A gräußliche Gschicht. Und a dumme dazua. Und aufs Speispfinsta' wuills gar net recht passn. Obwoihl, daß man sagn kannt: Koaner braucht vorm Derhungern an Angst habn, net weil er vielleicht zum Derstößn ghört, nein, weil er sich nur mit dem Abendmahl abspeisn lassen braucht, mit dem Brot des Lebens, das einem die Alimentationsangst nimmt. Und dengascht wieder: Unser Herr Jesu Christ hat am Ölberg Bluat gschwitzt, hat für uns allsamt glittn – hat uns an Himmi derstrittn! –

Habts koan Angst vor der Angst, weil Angst hat an jeder Mensch, und nur wer hier und da Angst hat, hat a diam an Humor. Man darf nicht verzweifeln vor lauter Angst. Man muß sie ertragen können, die Angst und das Finanzamt. Und wenn es sein muß – mit etwas Humor, mit Freunden, mit denen man sich ausreden kann, mit einer Freundin gar, mit einer guten Musik. – Und die beste Musik, die einem die Angst ganz und gar nehmen kann für eine Zeit, das ist eine schöne Kirchenmusik. – Da vergeht's oan – sogar die Angst vorm Jüngsten Gericht kann einer mit einer solchen Musik ertragen!

Warum der Speispfinsta' auch Gründonnerstag heißt? Weil die Meßgewänder im hohen Mittelalter immer grün gewesen sind. Bis zum großen Laterankonzil Innozenz' III. 1215. Barocke Traktatschreiber sagen, das Grün komme vom Greinen, was angeblich soviel heißt wie weinen und sich ängstigen.

Es war auch der Brauch, daß man gesagt hat: Am Gründonnerstag müsse der Mensch etwas Grünes essen: einen Feldsalat, eine Brunnenkress' oder aber auch an Kren – einen scharfen Meerrettich –, weil der einen an das Leiden Christi erinnert. Wenigstens kriaget da der Gusto an Ahnung von der Karwocha.

Die Traurigkeit der Karwoche verspürt ein jedes Gemüt. Leit, lusts auf, morgn is' der Karfreitag! –

Es geht mit der Feldarbeit schon gar nimmer so vuil

zsamm. Und machet oans ’s Hobernbaun aa no so vuil Freid, die Natur kennt aa ebbs. Die Baam kriagn langsam Blattln. Die Trauerweiden san schon ganz grün, überalln treibts an Saft in Stamm. Alls werd rogli’, und dengascht schmeckt der Auswärts iatz für zween, drei Tag nachm Ölberg, nachm Erbärm-di-Christus, nach Calvaria.

Laßts es riachen die Roß, wenn man Hobanbaun tean – sie kennas woihl aa iatz die Leiden des Herrn!

Die Bäuerinnen werken im Haus, richten die Ostereier her, und die Mägde müssen wiedhacken – Reiset oder Reisigbündl machen. – Scheint die Sonn, gehts zum Strahrechen. –

Überall arbet man aufn Oustertag hin.

Die Metzger und Bäck, die Kondita und Kramer wollen die Tag a Gschäft macha. Sogar der Bräu laßt die Bierfaßen neu pecha. Der Oustertag steht vor der Tür, a jeder möcht firti werdn. Die drei letztn Kartäg werdn glei vorbei sein.

Aber sie dauern länger die drei Leidenstäg wie andere. Es geschieht einfach zuviel zwischen Abendmahl, Fußwaschung, Gethsemane, Gefangennahme, Aburteilung, Calvaria, Grablegung und Auferstehung. Für drei Tage ist das zuviel. Und wenn man die Tag ein bisserl grad mitdenkt, nachand kemmans oan vür wia drei Wocha.

Und mitdenka sollt man! Net daß oan a so geht wia der Dielerin von Diela hinterm Holz, einer abgelegenen Einödbäuerin. Sie steht am Karfreitag nachmittags am Hackstock hinterm Haus beim Wiedhocka, also Reisig machen. Da kommt der Oberholzer von Hinterdiela daher, ein noch abgelegenerer Bauer. Er hat sein schwarzes Gewand an. – Verwundert schaut die Dielerin auf und fragt: »Ja, Oberholzer, wo aus denn? – Gehst auf a Leich? Wer is denn gstarbn?« – Da sagt der Hinterdieler Bauer unwillig zur Dielerin: »Wer werd denn schon gstarbn sein heut? Unser Herr halt!«

Die fleißige Wiedhackerin schaut verwundert auf und meint gedankenlos: »So, unser Herr is gstarbn? Was d’net sagst! In dem abglenga Nest werd man schon gar nix inne!«

Wer koan Mitleid hat, der hat aa koan Liab! Ein traurig-seliges Mitleiden ist eine Wohltat für ein verzagtes Gemüt.

Als Ministrant hat man früher – in der alten Speispfinstag-Liturgi noch den ganzen Tag intensiv erlebt. Es war eine andere Messe wie sonst. Der Herr Pfarrer hat's weiße Gewand angelegt, und wir haben bereits die Klappern herrichten müssen. Weil ab heut hat mit den Ministrantenglöckerl niemand mehr läuten dürfen. – Nach der Meß sind die Altäre entblößt worden. Zuerst der Hochaltar, nachand die zwei Seitenaltäre. Dös hat a Weil dauert. Der Herr Pfarrer hat die weißen Altartücher abgenommen, daß man die Altartischplatten gesehen hat. Dazua hat der Herr Oberlehrer die Antiphon gesungen: »Dividerunt sibi vestimenta mea ...« Sie haben meine Kleider ausgeteilt und über mein Gewand das Los geworfen.

Dös is oan schon fast a weng durch und durch ganga.

Zuvor schon hat man das Allerheiligste und alle Hostien in die Armen-Seelen-Kapelle hinübergetragen, außerhalb der Kirche. Und zu dera Prozession habn mir bereits die Klappern geschlagn. Dös hat an Krach gmacht wiar a holzers Holz. Dös oane Schläglholz hat a weng höher klunga, dös ander a weng tiafer. Eine denkwürdige Leere und unmusikalische Trockenheit ist von diesem Holzgeklapper ausgegangen. Eine uralte bittere Traurigkeit, die wahrscheinlich noch aus einer Zeit stammt, wo man noch keine Trommeln gekannt hat. Und dienten die Trommeln doch auch, um das Geschrei der zu Folternden zu übertönen.

I habs heut no im Ohr. Und bereits als Bua hab i mir denkt: Iatz gehts an die Leidensgeschichte, iatz hat 'hn der Judas verratn. Gnedda zahln eahm die Hohen Priester die dreißig Silberlinge aus. Der Herr aber steigt mit den Aposteln gerade den Ölberg hinauf. Jetzt grad, indem wir Ministranten und der Herr Pfarrer die geweihten Hostien in die Armen-Seelen-Kapelle hinaustragen.

Wia ganz anders rattert dieses Klappern wie das schöne Klingeling von den feinen Ministrantenglöckerln, die man sonst läutn darf, wenn a Prozession is' und 's Allerheiligste daherkimmt! Am Fronleichnamstag oder gar unterm feierlichen Te Deum, wenn die Orgel braust und alle Leut lauthals mitsingen! Dös san Freudenklänge! Aber so was wüasts wia so a Karfreitagratschn stimmt oan traurig. Und die große Karfreitags-ratschn erst!

Zwei Mann habn die grouße Ratschn drahn müaßn, auf daß die Holzstift an der dicken Holzachs die Hammer ghebt habn und wieder falln habn laßn auf den Resonanzbodn von einer Holzkistn. Durchs ganze Dorf hat dös gschebbert. – Die Passion von unserm Herrn werd allweil ürger.

Und dann hat er im Garten Gethsemane auch noch den Judaskuß erleben müssen. – »Den ich küssen werde, der ist's, den ergreifet!«

O Judas, mit einem Kusse verrätst du den Menschensohn!

Und allweil wieder! Weil den Judaskuß, den gibts heute auch noch. Öffentlich, vor den Blitzlichtern der Pressefotografen und Kameraleute. – Und wia s' es kinnan, gleich drei- und vier Umarmungen gibts! – Dös Abbußln is gottseidank in Bayern net der Brauch. Man gibt sich bei uns mit harter Müh' die Hand. Und wenn man einen net mag, sagt man zu ihm nicht einmal grüß Gott ohne Handschlag.

Diplomatisch ist das gewiß nicht. Und taktisch natürlich ganz schlecht. Der Judas hat's besser können. Er war ein großer Taktiker, eine politische Erzbegabung.

Da wirst du mit einem Menschen bekannt. Er ist besonders nett zu dir, ruft jeden dritten Tag an, besucht dich, lädt dich ein, jammert dir vor, lobt dich fleißig, möcht von dir was haben, möcht durch dich was werden. – No, denkst dir, der Mann waar vielleicht gar nicht schlecht für dös Geschäft, und du schaugst, daß er mit dir dös und dös also toan derf. – Der Mann kriegt die Rolle und spielt mit dir, und das Stück wird sogar ein Erfolg. – Jetzt aber dreht er den Spieß um, hetzt gegen dich, macht dich schlecht, lügt.

Und das so geschickt, daß die Herren Intendanten dem neuen Mann mehr glauben wie dir. – Ja, du selber weißt noch gar nicht, daß dein Protegé bereits so fleißig gegen dich gearbeitet und intrigiert hat, daß du im nächsten Stück keine Rolle mehr kriegst, dafür aber er als großer Star dasteht. – Und er ist aber allweil noch nett zu dir. Wenn er dich trifft, lacht er, bedauert dich ein bisserl, schimpft über dein Unglück. Und nachand aber schaugt er dich allweil weniger an, ruft dich nimmer an, lädt dich nimmer ein, kennt dich nimmer.

Judasküsse gibt's in allen Preislagen. Die eine wird poussiert, die andere geküßt, die dritte getätschelt, die vierte gehätschelt.

Judas, »der Erzschelm«, wie ihn Abraham a Sancta Clara genannt hat, er ist der geschickteste Taktiker der Welt. Der Teufel ist kein besserer.

Ein echtes Judasstückl ist dem Hauzbergerbartl passiert, der hat seinen guten Freund Irschlberger, dem seine Frau durchgebrannt ist, aus Mitleid in sein Haus aufgenommen, hat ihm gar auch noch eine neue Arbeitsstelle verschafft. Aber der Judaskuß der Freundschaft des Irschlberger hat für den gutherzigen Hauzbergerbartl üble Folgen gezeitigt. Es kann nämlich nichts Schlimmeres geben als einen hinterhältigen Freund im Haus. Der Irschlberger ist über die Hauzbergerin gekommen, und dem guten Bartl sind mordsmächtige Hörner gewachsen. Der Judasfreund hat ihn auch noch im Betrieb angeschwärzt, daß er sogar entlassen worden ist. Er hat ihn zum Alkohol verführt, zur Trunkenheit am Steuer, hat ihn auf ganz gemeine Aussag hin auch noch ins Gefängnis gebracht – und schließlich ins Grab. Weil ein gutmütiges Herz auch nicht alles aushalten kann. – Jetzt hockt er, der aufgenommene Freund Irschlberger, im Hauzberger Häusl und im geschändeten Ehebett. Wie schon ein alter Spruch sagt: »Ein Judasfreund in der Not bringt dich ums tägliche Brot.« – Ave Rabbi! Sei gegrüßt, Meister! – Es taktiert und paktiert die Welt unter fortwährendem Judasküssen. Laß dich umarmen, Freund, auf daß ich dir das Messer leichter in den Buckl stechen kann.

Gott sei Dank san mir in Bayern a gröberer Schlag und mögn die Umarmerei net. – Mir sagn liaber glei: »Servus, alter Batzi! Du werst a so a Lump sein, a so an adrahter!«

So ein Gruß ist freundlich genug – und er ist die Wahrheit.

Liaber a Petrus wiar a Judas, liaber an Knecht Malchus 's Ohrwaschl abgschlagn und an Herrn dreimal laut verratn wiar hinterrucks eahm um dreißg Silberling verkaafa!

Ja no, Menschn san mar alle. Aber a Judas is dengascht net an jeder. Es gibt auch grobschlächtige, aufrecht ehrliche Neidhammeln und stille Egoisten.

Die Haptsach vom Speispfinsta' is' dengascht die Heilige Eucharistie. Dös is dös größte Geheimnis, was mir habn: Unter der Brotgestalt der Leib des Herrn! Man muaß glaabn ... Tausend Jahr lang haben unsere Prediger über das Allerheiligste Altarsakrament geredet, haben Wunder erzählt, die sich zugetragen haben. Wia daß aus einer Hostie a Bluat is aussertröpfelt, wia daß eine gestohlne Hostie hat nimmer weiter tragn werdn können, net mit sechs Roß! Wia daß a geraubte Monstranz ausm Dieb seinm Sack ist rausgfahrn und ist eine ganze Stund lang in der Luft geschwebt...

Solche Hostienwunder sind allein in Bayern einundvierzig vorgekommen. Also haben wir heut noch 41 Bluthostien und Hostienwallfahrten. In Andechs und in Deggendorf, in Beilngries und Betbrunn, in Eschenfelden und Naabsiegenhofen, in Altenerding und Sankt Salvator in Regensburg, in Augsburg Hl. Kreuz und in Sankt Salvator in Nördlingen, in Heilig Blut bei Spalt und in Sankt Salvator in

Mainburg, in Binswangen, Gundelfingen und Lauingen usw. Im ganzen sind's halt mindestens über vierzig! – Von Pfaffendorf bei Lichtenfels bis auf Passau. Hostienwunder, Hostienraub, Hostienfrevel!

Die Barockprediger zählen oft gleich drei Dutzend solche Hostienwunder in einer einzigen Predigt auf. – Und sie rufen nach jedem wunderbaren Hostienblut auf der Kanzel aus: »Wers jetzten noch nit glaubt, ist ungläubiger wie der Hl. Thomas!« – Oder noch drastischer sagen sie in großer rhetorischer Phrase: »Wer dem noch zweifelt, der is verteifelt!« – »Von Deggendorf laßt uns geraden Wegs gehen nach Tirol. Alldorten zu Seefelden zeigt man eine allerheiligste Hostie, welche allbereits noch rot ist und mit großen Wunderzeichen leuchtet. Denn ein Edelmann in seinem aufgedunsenen Hochmuet wollt nit haben wie die Gemein'n eine kleine Hostie, sondern hat vom Pfarrer verlanget, mit der großen auf dem Altar abgespeist zu werden. Der eingeschüchterte Herr willfahret dem großen Herrn und reicht ihm den Heiligen Leichnam in der großen Hostiengestalt. Da aber versinket der stolze Edelmann bis in die Knie in den Kirchenboden, kann sich auch am Altar nit festhalten, dermaßen alles, was er angreift, wachsweich wird und nachgibt. – Daß also der Edelmann geschwind die Straf Gottes erkennet, seinen Frevel bereit, der Priester aber die Heilige Hostie wieder zurückgezogen, so noch bis auf den heutigen Tag mit höchster Andacht aufgehoben wird. – Es ist der wahre Leib Christi unter der Gestalt des Brotes, ob die Hostien groß oder klein!

Wer dem noch zweifelt, der ist verteifelt! Von Tirol schlagen wir uns hinüber nach Oberbayern auf den Hl. Berg Andechs, wo drei heilige Hostien verehret werden, von denen zwei der Papst Gregorius, eine der Papst Leo consecrieret haben, und ist eine, wegen Mißglaubens einer vornehmen Matron zu Rom, ganz blutrot, die andere aber in pures Fleisch verkehret worden. Und die von Papst Leo consecrierte zeigt den roten Jesus-Namen. Glückselig derjenige, der dieses Allerheiligsten Altargeheimnisses teilhaftig wird! – Wer aber dem noch zweifelt, der ist verteifelt! Von Andechs gehen wir geradenwegs zum Heiligen Bluet nach Altenerding ...« Usw. Vierundzwanzig wunderbare Hostien stellt der Prediger vor. Und er erzählt auch anschaulich die gräßlichsten Hostienschändungen.

Es ist bekannt, daß diese eucharistischen Verbrechen in gewissen Städten nicht selten den Juden in die Schuhe geschoben worden sind. Ja, eigens zum Zwecke einer Judenverfolgung erfunden worden sind. – Judas ist nicht zurückgeschreckt, er hat sich auch abspeisen lassen.

Es geschahen diese entsetzlichen Anschuldigungen aber nur in einzelnen wenigen Städten, deren christliche Bürger über die Maßen verschuldet gewesen sind. – Und die Bankgeschäfte durften damals nur von den Juden betrieben werden. – Zum Ärger auch Herzog Ludwigs des Reichen in Landshut. Und auch er hat das Vermögen der Juden in seinen Landen großenteils beschlagnahmt. Es sind aber nicht alle diese Judenpogrome auf grausame Hostienschändungen zurückzuführen. Von den 41 nachgewiesenen Bluthostien in Bayern nicht einmal ein Drittel. – Die meisten Hostienschändungen sind von plündernden Soldaten, unbekannten Monstranz- und Kelchdieben, also von Tabernakelräubern und von einfältigen Bauern und Bäuerinnen, nicht selten auch von nachlässigen Priestern begangen worden. – Eifrige Prediger schmückten sie aus, sprachen von mirakelhaften Erscheinungen, und ein wallfahrerwilliges Volk pilgerte zu den neuen Gnadenstätten. Die eucharistische Verehrung und Andacht hatte wieder ein kräftiges Exempel einer vorweisbaren Wirklichkeit!

– »Wer annoch zweifelt, der ist verteifelt!«

Wie z. B. jenes österreichische Bäuerlein, das sich eine Hostie in seinen offenen Fuß hat hineinheilen lassen, damit nicht nur der Fuß ist geheilt worden, nein, damit der fleißige Kartenspieler auch mehr Glück im Spiel gehabt hat! – – Oder jene holländische arg verschuldete Bäuerin, die auch zur Osterzeit kommuniziert hat, den hl. Hostienleib aber gleich heimlich aus dem Mund heraus in ein Tüchlein gewickelt hat, um trotz ihrer Armut stets das höchste Gut bei sich tragen zu können. – »Wie sie aber heimwärts geht und sich in ihrer Einfältigkeit reicher vorkömmt wie ein Gastwirt und Bierbrauer, da wurde ihr aus der Hl. Hostie auf einmal ein kleines Kindl, das da leuchtend in seinem Tüchlein gewickelt gelegen und von Hl. Engeln gen Himmel getragen ist worden! – Es ist der Leib des Herrn in der Brotgestalt verborgen allezeit! Wer das bestreit, bei dem fehlts weit!«

Von den schönen Monstranzen und kostbaren Kelchen brauchen wir gar nicht anfangen mit dem Aufzählen. Unsere Goldschmiedemeister haben über ein Jahrtausend hinweg die großartigsten Kunstwerke geschmiedet zu Ehren der Heiligen Eucharistie. Und es sind viele unter diesen Kostbarkeiten, die kunstvoller und prächtiger sind als die Kirchen und Dome, in deren Tabernakel sie aufbewahrt werden. Z. B. die Ingolstädter Türkenmonstranz.

Die Sakramentshäuschen und Tabernakel hätten wieder eine eigene Kunstgeschichte. – Des Aufzählens wäre kein Ende. – Die liebende Verehrung vor dem Allerheiligsten war über ein Jahrtausend hinweg unendlich fein und zart – und scheu – und voll der demütigsten Anbetung. »Wir beten an dich wahres Himmelsbrot ...«

Heut dürfen Laienhände die Kommunion austeilen. – Und die Tradition eines Jahrtausends ist vergangen.

Über die alten Hostienwunder schüttelt man nur noch die Köpf. – Tantum ergo sacramentum – veneremur cernui! Laßt uns tiefgebeugt verehren dies so große Sakrament!

Nicht der Judaskuß und nicht die Gefangennahme, nicht das Blutschwitzen und nicht die Todesangst ist die Hauptsach. Das wichtigste bleibt das Abendmahl. Und nachand aber darf man auch die Fußwaschung nicht übersehn. – Ubi caritas et amor, ibi Deus! – Wo a Liab is, da is der Herrgott! – Und is' aa grad a Zeremonie, wenn der Herr Pfarrer oder gar der Hochwürdigste Herr Bischof und Kardinal etlichen zwölf alten Herrn d'Füß wascht, es is' an Exemplum zum Nacheifern, hoaßts im Evangeli.

Sogar am Königshof hat die Majestät in eigener Person früher zwölf alten Großvatern d'Füaß gwaschn. – In der Residenz, im Herkulessaal! Und der Kronprinz hats mitm Handtuch abtrocknet. Und die würdigen Greise san ausgsuacht gwen von alle Bay. Regierungsbezirke. Und zwölf unschuldige Maderl habns gführt. Dös war a Buidl. Der ganze Hof is dabei gwen und dös diplomatische Corps.

Aufbracht hat die Fußwaschung an Königs- und Kaiserhöfen unser Herzog Wilhelm, der Fromme, der aa das Hofbräuhaus gstift hat. –

A schöns Buidl muaß dös gwen sein, wenn der König in eigener Person zwölf arme alte Männer d'Füaß gwaschn hat! An echte Zeremonie! – Und mehrer kannt man dem Evangelium gar net nacheifern, wenn mas wörtlich nimmt.

Der Herr Ministerpräsident tuats nimmer und der Herr Bundesminister aa net. – Exemplum dedi vobis, ut et vos ita faciatis – Ein Beispiel hab' ich euch gegeben, damit auch ihr also tuet!

Aber die Demut ist nicht mehr gefragt. Bei den Politikern zweimal nicht! – Dabei würd' das ganz gewiß im Fernsehen übertragen! –

Es müßten ja nicht arme alte Väter sein, es könnten ja die Herren Parteivorsitzer auch den Hinterbänklern der Opposition die Füße waschen. Und net allerweil grad den Kopf.

Exemplum dedi vobis! – Es waar koan zwidener Brauch, wenn er aufkaam! –

Beim Letzten Abendmahl habn die Jünger net grad gessn, sie habn aa trunka. – Und es hat eahana gschmeckt, sagt der große Prediger Abraham a Sancta Clara! – Wie sie auch uns schmecken soll, die göttliche Speisung. Ja, es soll heilige Frauen gegeben haben, denen nach glaublicher Aussag das Himmelsbrot so wunderbar geschmeckt haben soll wie den Israelitern das vom Himmel herabgeregnete Brot in der Wüste. – »Es war der Geschmack aller Speisen der Erde darin«, meint Abraham a Sancta Clara: »Ein Schokoladengeschmack aus Spanien, ein Fricassee aus Frankreich, ein Stuffada aus Italien, ein böhmisches Gulasch, ein westfälischer Schinken, eine pommersche Knackwurst, ein holländischer Käs, ein Züger aus dem Schweizerland, ein Pfannzelten aus Schwaben, ein steyrmärkischer Kapaun und ein Lercherl aus Österreich.«

Alle diese Geschmäcker tät man in dem Himmelsbrot finden, so man würdig kommuniziert.

Süß und sauer, gsalzn und gschmalzn, gsottn und braten, gwürzt und pfeffert! –

Es gab an einer hohen Schul in Bayern einmal einen Theologen – er stammte aus einem Bräuhaus –, und der hat schon als Bub einen fast ketzerischen Gedanken gehabt. – Was wär, hat er sich gefragt, wenn beim Letzten Abendmahl unser Herr statt Wein seinen Jüngern ein Bier vorgesetzt hätte? – Ja, wenn der Herrgott in Bayern gelebt hätte, dann gewiß! – Und dann hat er seine abwegigen Forschungen angestellt und hat auch die Archäologen befragt, die im Heiligen Land allerlei Ausgrabungen angestellt haben. – Und tatsächlich! – Sie haben ihm gesagt, daß zur Zeit Jesu in Palästina die Leut mehr Bier als Wein getrunken haben sollen, da sie eine regelrechte Braugerste gefunden hätten und auch Krüge mit Bierresten.

»I hab mir ja allweil schon denkt, bei der Hochzeit von Kana, was denn die groußn Wasserkrüag bedeutn solln? – Am End is dös bereits an Art Braugschirr gwen?« –

Es verzeih mir den Gedanken der liabe Gott, es waar net zum Ausdenka, wia die ganze Theologie umgschmissn werdn müaßt – besonders die Liturgie –, wenn tatsächlich beim Letztn Abendmahl der Herr seinen Aposteln a Bier z'trinka gebn hätt! –

Freili, habn die englischen Archäologen gsagt, 's Bier war den Juden z. Zt. Jesu ein Alltagsgetränk. Für bessere Anlässe habns an Wein trunka. – Die Babylonier gelten als die ältesten Bierbrauer. Und in der babylonischen Gefangenschaft haben die Juden ganz gewiß die Geheimnisse des Biersiedens ausgekundschaftet und san mit etlichen guatn Bräumoastern wieder hoamkemma.

Liaber net. Dös wuret ja a direkte Revolution. – Da müaßts ja sogar vereidigte Meßweinlieferanten gebn, also Meßbierlieferanten! Und dann die Brauereien untereinander! Welches Bier wird der Herr Pfarrer am Ostertag aufwandln? – Und welches am Pfingsttag? – Dös stand nachand protzig auf dene Etiketten drobn, wenn es nicht gar an der Kirchentüre angeschlagen würde. – Es waar net zum Ausdenka!

Der besagte Theologe aus einer hohen bayerischen Schul – ein gebürtiger Bräusohn – ist mit seinem Thema nicht durchgedrungen. Kein Doktorvater hat ihm seine Arbeit angenommen, keine Fakultät hat ihn promoviert. – Er ist, glaub' ich, als alter Frühmesser und Altarpriester in einer oberpfälzischen Kleinstadt im hohen Alter kürzlich verstorben. – Er war zwar ein origineller, aber doch nicht ernst zu nehmender Theologe gewesen, ein lokalpatriotischer. – Und dennoch darf man über ihn nicht zu sehr lachen. Denn zwei Dinge waren ihm besonders heilswürdig: seine heimischen Trinkgewohnheiten und die Heilige Eucharistie.

Auf was für Gedankn oan der Speispfinsta net alls bringt?! –

Man kanns nicht genug verehren, das hochheiligste Altarsakrament. Und sie haben's laut verehrt, unsere bayerisch-bäuerlichen Vorfahren. Über ein Jahrtausend lang galt ihnen als die innigste Frömmigkeit das ganz gewaltig laute Beten, ja fast das Schreien. –

Ich hab' sie noch im Ohr, die alten Bauern, bei den Prozessionen, bei denen das Allerheiligste mitgetragen worden ist, besonders bei den Feldprozessionen! – Da wenn man in einen Hohlweg gekommen ist, daß es ein Echo geworfen hat vom nahen Wald, haben sie laut gebetet: »Hochgelobt und gebenedeit sei das Allerheiligste Sakrament des Altares!«

Auch wenn man wieder in die Pfarrkirche zurückgekehrt ist, hat es besonders laut gehallt: »Von nun an bis in alle Ewigkeit, amen!« – Und wir Ministranten haben dazu geschellt, und die Orgel hat eingesetzt, und die Glocken haben geläutet. –

Das hat einen Furm gehabt und eine fromme Harmonie. Die war so sinnlich-heilig, daß sie schon wieder geistlich-geistig-abstrakt geworden ist.

Eigentlich war diese Lautstärke so innig herzlich demütig und verehrend gemeint wie dieser eucharistische Anbetungshauch eines alten Hostienliedes: Wir beten an, dich wahres Himmelsbrot!

Risus paschalis

Kein' Freud ist aequalis
Dem risus paschalis,
Dem Ostergelächter.
Es schlummern die Wächter.
Schon backen die Bäcker,
Es krachen die Äcker:
Die Sonne aufgeht,
Und Jesus ersteht.
Juch' Alleluija!

D'Apostel, sie rennen,
Jetzt gackern die Hennen,
Die Singerl ausschlüpfen,
Die Schafböcklein hüpfen,
's ist Ostertag früh.
Frauen melken die Küh,
Machen sich auf den Weg –
Und der Stein, der ist weg!
Juch' Alleluija!

Ein Engel in Weiß
Singt die glorreiche Weis:
Er ist nicht mehr da,
Juch' Alleluija!

Und juchezend weint er.
Der Maria erscheint Er.
Nennt sie gar beim Namen:
Schreck – Seligkeit – Amen.
Juch' Alleluija!

Jetz' werd Oar schiebn und peckt,

Nesterl gsuacht und gschleckt,
Gfensterlt, busselt, gliebt,
Daß den Leiterbaum biegt.
Jetz' kälberts und füllets,
Jetz' katzelts und wüllets,
Steigt der März oanm ins Hirn.
Gar die braviste Dirn
Fallt ihrm Buabn um an Hals.
Auf d'Welt möcht iatz alls.
Juch' Alleluija! –

Fastenzeit

Die lustige Frühjahrszeit und die traurige Fasten – die zwoa ghörn zsamm! – Der März treibt den Saft in Stamm, aber das Fastengebot hält dich im Lot! Das sind alte Weisheiten, voll der menschlichen Gebrechlichkeiten, aber sie stimmen, und wenn der Herrgott auf der Stelle das sechste Gebot aufheben tät. – Weil: Allerweil kann der Mensch nicht lustig sein, allerweil kann er nicht demmen und schlemmen, nicht hupfen und dupfen, nicht saufen und raufen, nicht toben und tappen, nicht tanzen und ranzen: einmal braucht das Gemüt etliche vierzig Tage der Läuterung und Buße und des traurig-seligen Mitleidens. Ohne Buße wird die kranke Seele nicht so leicht gesund. Nur Fasten und Büßen können das Leben versüßen. Wie ungeschickt von uns, daß wir die Fastenzeit nicht mehr so streng einhalten brauchen wie unsere Großeltern noch! Obschon die damals noch nicht Auto gefahren sind und Auslauf genug gehabt haben. Kein Bischof, kein Pfarrer verlangt von uns übersatten Erfolgreichen ernsthafte Enthaltung von Speisen in der Fastenzeit. Heute ist man großzügig vernünftig, und es genügt eine abstrakte »innere Bußgesinnung«. Wirklich gefastet wird in den Sanatorien während der ärztlich verordneten Kur.

Wie schwer hat man dagegen noch vor dreißig, vierzig Jahren gefastet! Nur eine einmalige Sättigung war jeden Tag erlaubt. Und noch eine Generation früher wurde während der ganzen Fasten kein Fleisch gegessen. Am Aschermittwoch hat die Bäuerin gar den Fleischhafen ausgesotten! Das wäre aber alles noch nicht so strapazierend gewesen, wenn man nicht jeden Sonntagnachmittag in die Fastenpredigt hätte gehen müssen. Da donnerte der Hochwürdige Herr Kooperator gegen jede Fleischeslust. Es genügte ihm nicht, daß man sich mit Hasenöhrln, Rohrnudeln und Schucksen, mit Buttermilch-, Brot- und Zwullsuppe, mit Kartoffelpuffern und Fingernudeln, mit Strudel, Auflauf und Milchnudeln nur sättigte, er verhängte dazu auch noch ein striktes Kammerfensterverbot.

»Wehe euch, ihr leichtfertigen Burschen, wehe euch, wenn ihr während der strengen Fastenzeit vor dem höllischen Laster des Gasselgehens oder gar Kammerfensterln euch nicht in die acht nehmen könnt! Ihr werdet es zeitlebens mit einem bitteren Eheleiden büßen müssen. Denn da drauf ist kein Segen. In der Fastenzeit betet man den Kreuzweg und geht nicht an ein Fenster, sondern eilet lieber gen Kalvaria! – Und ihr, liebe Jungfern und unschuldigen Mädchen, machet die Fenster nicht auf jetzt! Haltet die Rieglein fest verschlossen und gebt niemandem an! Schlupft unter die Zudeck, hört nicht auf, betet, bis der Schlaf kommt! Denn es geschieht Fürchterliches, wenn auf einem Hof eine Dirn während der Fastenzeit einem Burschen heimlich das Fensterl öffnet. In so ein Haus wird das Unglück einkehren, und der Blitz wird einschlagen den kommenden Sommer, und es wird zumindest ein verheerendes Hagelwetter niedergehen! –«

Da hörten die schläfrigsten Burschen andächtig zu, und kein einziges Bürschlein hat in der Fastenzeit den Frevel herausgefordert. Man verfiel damals auf das Briefeschreiben oder begnügte sich mit den zahlreichen Ölbergandachten, schmerzhaften Rosenkränzen, den Predigten am Sonntagnachmittag und anderen frommen Bräuch. Man war froh, wenn man den Schatz auf dem Kirchweg von weitem sah, warf gar in der Kirche selber ein Auge hinüber auf die Weiberseite, begegnete sich auf dem Friedhof geschwind in der Enge der Gräberreihe, oder es schickte sich gar der glückliche Zufall, daß man beim Eintritt in die Kirche zusammen in den Weihbrunnkessel die Hand eintauchte. Die Liebe in der Fastenzeit begnügt sich mit wenigen Zeichen und Blikken und lodert doch hell und herzlich und vorösterlich.

Freilich, wenn draußen dann das schönste Märzwetter

staubt, trocken und warmlüftig, daß es zum Habernbaun gerade recht ist, dann verspürt ein kräftiger junger Bauernbursch eine kräftige Freude aufsteigen, und der Übermut erdrückt ihn schier mitten in der Fastenzeit. Dann ist gottlob nicht der Sonntag Judica oder Okuli, dann ist halt Lätare. Und das ist ein Tag des Rastens während des Fastens. Am Lätaresonntag darf die Orgel lauter spielen, und die Gesänge der Messe erinnern bereits an die Auferstehung.

Ein schöner Tag. Der Sternecker Wastl wird von der Mutter in die Kreuzwegandacht geschickt. Sie muß etwas gemerkt haben, denn der Postbote hatte dem Wastl einen Brief zugesteckt. »Und wennst dreimal an Liabsbriaf kriagt hast, du gehst in die Fastenpredigt auf Kirchnzell! Da predigt heut a Kapuziner. Da mirk auf, nachand vergehn dir die Gschichtn!«

Der Wastl macht sich gemütlich auf den Weg. Überall um ihn regen sich die Lebensgeister. Bei den Weidenstauden am Waldrand spitzen schon etliche Palmkätzchen heraus. Es sind die »Palmmantschi« für den Palmsonntag, mit denen unser Herr begrüßt wird, wenn er feierlich in Jerusalem einzieht, und die dann an die Äckerränder gesteckt werden, wenn man am Ostermontag um die Felder geht. In der Hinterleiten blühen gar schon einige Schneeglöckerl. Da sieht das Auge des jungen Bauern ein ausgewintertes Korn und dort einen zu dicken Weizen. Im Wald selber ist es von unter her naß und von oben her still. So ein Wetter mögen die Holzbäum', da wachsen sie jeden Tag um einen Millimeter. Der Wastl begreift die Widersprüchlichkeit der lustigen Frühjahrszeit und der traurigen Fasten und schreitet munter vorwärts. »Von mir aus«, denkt er ihm, »nach der Predi' führ i mein Babettl übers Ötz-Hölzl zum Schneeglöckerlbrocka. Die kemman an Herrgottswinkl, da konn unser Herr nix dagegn habn.«

Mit so ernsten Gedanken kommt der Wastl auf die Vorderleite, wo die Sonne warm ansteht und sich der Leitnerhof ausbreitet. Der alte Austragler, der Leitnervater, hockt auf der Gredbank und wärmt sich ein wenig auf.

»'s God, Leitnervater! Laßt dir von der Sunn' oan aufspuiln?

»O mein, Wastl, d'Mirz-Sunn dergeit bei mir nimmer.« Der Wastl setzt sich für einen Plausch auf die Bank. Er weiß von seinem eigenen Großvater, daß der alte Leitner in seiner Jugend ein ganz ein Wilder gewesen war und daß er seinen Großvater einmal am Kammerfenster in Nialing mit dem Heuseil unterlaufen hat. Eine gefährliche Sache war das Unterlaufen am Kammerfenster. Die Rivalen scheiteln dich von der Leiter, und du ergreifst die Flucht, denn die Rivalen sind immer in der Überzahl. Aber flüchtend heißt es jetzt erst recht aufpassen, denn zwei der Angreifer halten in der Dunkelheit ein gespanntes Heuseil auf und versuchen dich damit zu unterlaufen, daß du nur so purzelst und dir einen Schreck von der Gefährlichkeit der Liebe für ein ganzes Leben holst. – Gewiß dachte der Leitnervater jetzt in der Märzensonne an jene dunkle Episode. Der Wastl sah nämlich seinem Großvater sehr ähnlich. Aber der alte Austragler ließ sich sein Erinnern nicht anmerken.

»Die hoaß Juni-Sunn' wenn i no derlebat, nachand kunnt i's nomal a Jahrl aushaltn auf dera Welt.«

»Mögst hundert Jahr alt werdn, Voda? – Gfallts dir allerweil no so guat, han? –«

»Was hoaßt da gfalln? Übergebn und nimmer lebn. – Alls wia's oan aufgsetzt is.« Er schüttete eine Prise Schnupftabak auf seinen Handrücken, schnupfte aber noch nicht.

»Was anderst: Hätts ös koan Kuahkaibe' zon hergebn? Mir brauchetn oans, weil ünserne Küah heuer lauter Stierkaiben bringan.«

»Da muaßt mitm Bauern redn, Wastl, i bin grad der Vater.« Es schmerzte ihn das Alter, obwohl ihm nichts weh tat.

»A Mirzkaibe' war halt dös recht. Weil: Was da Mirz auf

d'Welt bringt, dös steht auf feste Füaß.« Der Wastl wunderte sich selbst über seine gescheiten Aussprüche, die er doch alle von seinem Großvater her hatte. Und der Großvater war seit drei Jahren schon gestorben. Erst jetzt fiel ihm immer wieder ein Spruch von ihm ein. »Kunigund bringt d'Wirm von unt.« Oder: »Der heilige Benedikt diam schon die erstn Schwaiberl schickt.« – Er hatte keinen Ärger auf den alten Leitner, denn siegreich auf dem Nialingerhof war schließlich doch sein eigener Großvater gewesen. Und so schöne alte Spruch wie der Opa weiß der alte Leitnervater halt doch nicht. –

Der Leitner mußte die Gedanken des Sternecker Wastl geahnt haben. Er ließ die stattliche Prise auf seinem Handrücken gehörig von der Märzsonne bescheinen und meinte dann: »Ja, der Mirz! An Mirz solln d'Sau facke'n, d'Stuatn füllen und d'Küah koilbern.«

»Was soll na' i toan an Mirz? – Geh weiter, Leitner, gib mir an Ratschlag!«

»Sticht di der Habern, Wastl? – Dös waar sauber z'früah. Der Habern werd ja jetz' erst baut. Und mir schreibn erst die heilige Fastn. Da is' gscheiter, man halt se' zruck bis nach der Auferstehung an Karsamstag. Dös bringt an Segn.« Er wollte den Schnupftabak in das Nasenloch schieben, da fiel ihm noch mal etwas Wichtiges ein: »Und mirk dir dös, Bursch, je fleißiger du di Fastenzeit haltst, um desto a bravers und bessers Weib kriagst amal!«

Der junge Sternecker verwunderte sich. Der alte Hallodri redet wie die Mutter. Am End ist an dem Satz doch etwas Wahres. »A so moanst? Nachand waar's ja glei' gscheiter, i aß überhaupts nix mehr bis auf die Auferstehung. Weil: Böse Weiber gibts mehrer.«

»Wenn a junger Mensch fleißig in sein Fastenpredigt geht, na' kriagt er amal a brave Hauserin, dös hab i schon in der Feiertagsschul glernt.« Er zog den geschmalzenen Brasiltabak gierig in seine Nasenlöcher. Gleichzeitig öffnete sich das Stubenfenster, und eine böse alte Frauenstimme geiferte heraus. »Glei' machst, daß d' einer kimmst, süst werst wieder krank, du alter Haderlump! – Hockt se' er im Mirz schon auf d'Gred aussi! – Daß d' krank wirst und man mit dir a rechts Gfrett kriagt! Alter Depp, alter!« –

Der Vater schnupfte seelenruhig zu Ende und reagierte auf die böse Stimme mit keiner Miene. Nach einer Weile meinte er in dem weisen Ton eines alten Sprichwortes: »Dös ganze Lebn is a Buaß und a Fastn.« – Da machte sich der Wastl wieder auf den Weg, und vergnügt fiel ihm ein, daß eine jede ordentliche Fastenzeit den Sonntag Lätare kennt. Und er zimmerte sich ein paar lustige Schnaderhüpferl zusammen, weil er sich schon so auf sein Dirndl freute – aufs Babettl beim Schneeglöckerlbrocka – gleich nach der Fastenpredigt.

Wann da Auswärts gen kimmt,
Werd mein Zithern neu gstimmt,
Werdn die Pfluag-Greta gricht,
Werdn die Bier-Faßen picht.

Werd a Dirndl aufganga
Und a Liabschaft angfanga.
Is da Mirz aa no kalt,
Der Liab is nix z'bald.

Die Ölbergandacht

Heit gibts ja koane Ölbergandachten nimmer. Die neumodischen Bischof und Pfarrer habns abgschafft. Aber bis Ende der fuchzger Jahr san sie fleißig im Brauch gwen.*

I woaß no, als wanns heier gwen war: All Johr in da Fostnzeit hob i mit da Muatta an Ölberg gehn derfa. Mia, in unserna Pfarr', mia habn koan ghot, aba z'Greanwang obn, da is da schönst Ölberg dagwen weit und broat. Und alle Pfinsta- und Sunnta'namittag, vo Invocabit bis zon Palmsunnta', is z'Greanwang an Ölbergandacht varricht wordn.

An Pfinsta noch Reminiscere – anan Sunnta' waar ja mein Muatta nia net furt, und unter da Wocha is für a Bäurin aa rara – also a den Pfinsta san mia auf Greanwang aufe. Z'Fuaß natürle und quer übas Moos neba da Bahn.

Daß i's glei sag, wia's is: Mia hat de Ölbergandacht gfalln. Net grad zwengan Einkehrn danach, na, na! Aa weil ma d'Muatta vasprocha hat, daß i an Engl z'sehgn kriag, wann i brav bi. – Wia ma a d'Kircha einkemman, is da drin ganz finster. D'Ki'rafenster san mit schwarze Tüacha vahengt. Und vorn am Altar, dös hoaßt, vom Houchaltar hat ma net vuil gsehgn, da is da Ölberg gstandn, a mordsmächtige Bühne, houche Kulissn mit Ölbaam drauf gmaln und mittn drin unser Herr selm. Weiter hint san de Apostl glegn – auf an O'wendl söl – und habn gschlofa. Aba no is de ganz Szene vo Gethsemane net feinla beleicht gwen. – Zerscht is d'Fostn-Predi' kemma.

De hat mia natürle z'lang dauert, und i hab an d'Muatta hinbenzt und habs gfragt: »Kimmt denn der Engl no net bald, Muatta, densd' vasprocha hast? Der unsern Herrn an Kelch bringt, auf daß er se' kräftign kon in seiner Todesangst?«

Und d'Muatta hat ma zuagwischbat:

* Anmerkung: Noch 1954 wurde in einer bayerischen Pfarrei für siebentausend Mark eine neue Ölbergkulisse angeschafft.

»Sei stad, Bua, und schaug schön vüre! Da Engl kimmt schon no!«

Aufamal hats amen ghoaßn, und vorn san d'Liachta aufganga! – Iatz hat ma erscht gsehgn, wia scheen daß der Ölberg is! Bsundas da Herr Jesus: A ganz a weiß Gwand hat er onghot, und a routa Umhang is eahm um d'Schultern gschlogn gwen. Hintn de Apostl habn gschlofa, daß ma moan hätt mögn, ma hörts schnarcha! Es ist ebbas bet wordn, und nachand hat am Chor obn a tiafe Stimm 's Singa ongfangt mit da Urgl, daß oan glei zwoaraloa wordn is. »Vater, sieh, es ist dein Sohn!« Da hat se de Christusgestalt aufamal zum rührn ongfangt, is an etli Schritt vüre und hat se' tiaf vaneigt. Und s'Liacht is dazua rout wordn. Nach ara Weil, wia de erscht Stroph vo dem Liad is z'End gwen, hat se da Herr wieda aufgricht und is zruck.

No, und dös söl hab i aus da biblischn Gschicht schon gwißt, daß de Apostl glei wieder weiter gschlofa hobn. Daweil is wieder bet' wordn und vürglesn aus da Passion. – Und i – bsundas wiar i no kleana gwen bi – »geh, Muatta«, hab i wieda benzt, »kimmt denn da Engl no net?«

»Psst! Sei stad, Bua, und schaug schön vüre! Da Engl kimmt schon no!«

D'Urgl hat nomal ongfangt mit da tiafn Baßstimm, und es hat se' am Ölberg vorn des nämli wiedaholt. Aba da Engl ist no net kemma.

Erscht beim drittn Mal: Da Herr is tiafbeigt vorn kniat, und aufamal – zerscht a schneeweiße Wolkn und na a funklnda Engl mit zwoa weitmächtige Flügl – is ganz langsam vo obn gfahrn, in de Händ an guildenen Kelch.

Da hat se' da Herr aufgricht, und da Engl is wieda furt, an Himmi aufe, wia ma d'Muatta gsagt hat. Na is aus gwen. Und mia san ganga.

»So, Bua, iatz weilsd' so brav gwen bist, iatz gehn ma zon Lebzelta einkehrn! Trink ma en Met, und du kriagst an Lebzeltn.«

Und es hat oan gebn, an Met, beim Lebzelter in da schwarzaustaafetn Stubn, an guatn, an süaßn. Grad weni' hab i halt trinka derfn. Dafür hab i fünf Lebzelten gessn und na' san ma hoam.

Und an Moos oba no is ma allweil de tiaf Stimm eingfalln: »Vater sieh, es ist dein Sohn!« und natürle da Engl aa. Was er in dem Kelch drin ghot hat, an Met oder ein Wein? Und bsundas dös han i gfragt, warum daß er grad oanmal kemma is und net dreimal?

»Mei, Bua, dös woaß i aa net. Freili hätt er dreimal kemma kina. Und er hätt aa gar net kemma kinna. – Wia Er zerscht so lang alloan gwen is in da Angst. 's erschte Mal und 's zwoate Mal, da is er net kemma, da Engl. Erscht wiar Er schia fast vazweifelt ist, na erscht ... Dös is da Beweis dafür, daß ma net glei verzweifelt! Daß ma net moant, man is alloan! Man is gar nia net alloan ... Und wenn man fleißi bet', na kimmt oan aa da Engl in da Angst und stirkt oan. Und schon ganz mit ebbas andan als wia mit an Met oda Wein!« –

Ja, ja, mein Muatter! Wenns aa grod a Bäuerin war, sie is net dumm gwen. – Schön langsam is Nocht wordn. Iatz is d'Muatta voraus und i hübsch nah drauf, daß i ihr schier bin auf d'Fersn gstiegn. Na' san de drei Birkan kemma, und übas Bergl aufi bin i wieda voron. Weil: Iatz hat uns da Bello schon ghört, unser Hofhund.

Wann da Giß-Vogel schreit,
Is' 's Fruajohr net weit.
Waht a lauwarma Wind,
Bruadaherz, iatz gehts gschwind!

Unsa Schmied hats schon gspitzt
De Pfluagschaar, daß' blitzt
In da Mirz-Sunn, da schau,
Is da Himmi so blau!

Üban Berg, übas Moos
Hearst es riachen de Roß',
Tean ma Hoban baun heit,
Daß' na' wieda dageit!

Aa da Bräu tuat sein Pflicht,
Bal er d'Bierfaßen picht.
Ja, alls werd nei gstimmt,
weil da Auswärts gen kimmt!

Und mein Oustabeicht bring i
Recht zeitbald ein,
Auf de Weis do zwing i
De grouß Liab a weng ein.

Ja, an Fruajohr muaß sein
De Heili Fost'n;
Süst, Deandl, kunnt sein,
Müaßt mi eini loss'n.

Die Osterbeicht

Der Frühling wäre schon eine schöne Jahreszeit! Die Schneeglöckerl kommen daher, die Vogerl pfeifen wieder, und das Starkbier wird angezapft. Wenn nur justament in diese regsamen Tage hinein nicht die Osterbeicht fallen tät! – »Himmel-Alleluija, wo alles so frisch und roglig wird, kommen die mit dem Beichten daher! – No dümmer hätt's eahna net einfalln könna. Im Winter, wenns no koan Schnee hat und man eh net woaß, was man toan soll, da waars recht die saudumme Gewissenserforschung. Oder no frührer, auf Allerheiling-Allerseeln, da gang die Traurigkeit in oanm Trumm dahin. – Aber na, auf Oustern muaß' sein! – Gwiß hats aa der Kaiser Karl der Große gsetzmaßig eingführt, die Ousterbeicht, weils gar a so weh tuat!« – Der junge Knecht des Jakob Viehböck von Unterrossing, der Valentin Tafelmeier, kurz der Vale geheißen, erst seit Lichtmeß eingestanden, flucht heimlich im Roßstall draußen, weil ihn die Bäuerin zum dritten Male nach dem Beichtzettel fragt.

»I beicht schon no. – Wenn aa net bei ünsern Herr Hochwürden. Und beim Koprater aa net.«

»An Palmsonntag auf d'Nacht, wenn i dein Beichtzettel net hab, nachand konnst gehn und dir um an andern Deanstplatz umschaugn. Bei uns is' der Brauch, daß der Bauer am Speispfinster im Pfarrhof die Beichtzettl abliefert.« Die Bäuerin schlug die Häusltür zu. Dieses herzbehaftete Häuschen stand etwas windschief am Ende der Roßstallmiststatt, schnurstracks der Stalltüre gegenüber, auf daß es ein leichtes Ausmisten war beim Viehböck in Unterrossing, wo man einen sehr großen und guten Pferdestall hatte.

Es ist bekannt, daß das »Herzerl im Häusltürl« zu den speziell derb-fröhlichen Witzeleien zählt. Wie die Franzosen sich über die Hörner des Ehemannes zu Tode lachen können, obschon das Thema bei anderen Völkern eher ein Weinen auslöst, so belächeln die alten Bayern das Häusl mit dem herzförmigen Türausschnitt. Durch dieses Fenster kann man halt hineinsehen, ob besetzt ist oder nicht. Und selbstredend freut sich der Bauer, wenn die junge Mitterdirn da gerade drinnen hockt. Derlei unkeusche Harmlosigkeiten waren kurz erlaubt. Und daß sie nicht allzu unfreundlich ausfielen, hatte das unanständige Guckloch die Form eines liebenden Herzens bekommen. Als wollte ein uralter Zimmermann sagen: »Ins Herz müßt ihr den Menschen schauen, nicht in das Häusl!«

Der Valentin also weiß seine Bäuerin, die ehrengeachtete Cäcilia Viehböckin von Unterrossing, mit ihrer fleischlichen Körperlichkeit, unten gut durchwachsen und oben beinah korpulent, in dem herzhaften Häusl auf seiner Roßstallmiststatt. Obschon sie beim Viehböck zwei Häuschen hatten, ein weiteres nämlich in der Kuhstallmiststatt für die weiblichen Ehehalten, bevorzugte die Bäuerin doch das näher gelegene Roßstallhäusl. Der Valentin, der in seinem Herzen dem Büßergedanken noch sehr ablehnend gegenüberstand, hatte eben die letzte Radltrage Pferdemist aufgeladen und rollte nun die kleine Fuhre auf die Miststatt. Er kippte sie ganz in der Nähe des Häuschens um, dabei stemmte er sich gegen das windige Bauwerk, in dem seine Bäuerin saß. – »Scheißbeichtn, verreckts! I mag net!« –

Obschon er die Worte nur für sich geflüstert hat, hat ihn die Viehböckin genau gehört. Eine zornige Erregung erfaßte sie, und trotz des delikaten Augenblicks fing sie erneut zu schimpfen an: »Heut no beichtst! Und wenns dir in der Pfarrei zwider ist, na' fahrst auf Wendling umi!« Ihre Stimme klang laut und deutlich vernehmbar. »Mi greits aa z'Wendling net. Weil mi 's Beichtn überhaupts ärgert.«

»Und warum? Weilst o Loder bist, a recht a verkemmener!« Ihr war der neue Knecht gleich als ein besonderes Früchtchen aufgefallen.

»Na, Bäurin, weil ünseroans dös ganz Jahr schuftn und arbetn muaß wiar a Viech, und wenns Oustern werd, na hast no nix z'beichtn aa!« Der Valentin war über die Verhältnismäßigkeit seines eigenen Lebenswandels enttäuscht. »Koan oanzige gscheite Sünd han i, Bäurin! – Koan oanzige! – Zefixbeichtn verreckts!« – Er stieß die Mistgabel tief in den festgetretenen Misthaufen, daß die ganze Miststatt bebte.

So seltsam der Diskurs auch war, die Großbäuerin von Unterrossing, schon beinah am Ende ihres Aufenthaltes in dem wackeligen Gebäude angekommen, blieb hartnäckig bei ihrer christlichen Ermahnung. Das war ja auch ihre Pflicht. Man muß die Ehehalten, in der Stadt auch bloß Dienstboten genannt, mit aller Liebe, Härte und Strenge auf den Weg der Wahrheit und des ewigen Glückes führen. Darum heißen sie auf dem Lande ja auch Ehehalten, weil sie die Ehe erhalten und auch zur Ehe gehören. Sie erinnerte sich an die große Predigt des Pater Placidus von Kloster Wendling am Notburgafesttag genau. Sie würde am Jüngsten Tag selbst für das Heil ihres geringsten Knechtes verantwortlich gemacht werden. Sie, die Viehböckin von Unterrossing. Darum sprach sie besonnen die geflügelten Worte: »Larifari, Vale, a paar Sünd' hast gwiß, weil Sünder san mir alle.« Da kam sie aber bei dem über sich selbst erzürnten Valentin schlecht an. »A paar kloane Sünden hab i freili'. Aber koan gscheite! Woaßt, Bäurin, koan söllane, die 's Beichtn wert waar! Und aa koan söllane, daß oan 's Beichtn a Freud machet!« Er zog die Mistgabel wieder heraus, schleuderte mit ihr noch mal ein kleines Böllerl Roßmist aus der Radltruhe und rammte die Gabel dann erneut kräftig in den Misthaufen. – »Iatz bin i bereits oanazwanzg Jahr, hast ghört, und hab no gar nixn net zum Beichtn. – Die Herrgottszaggaramentweiber, die verrecktn! Koane hat mir aufton, koane is mir stehnbliebn. Bin i denn so gräußlich? Was mach i denn falsch?« Cäcilie Viehböck verließ das beherzte Häusl und stand nun vor ihrem jungen Roßknecht. Die Ehrlichkeit machte sie ein wenig verlegen.

»Sölla Gschichtn kümmern mi nix, mir san an anständiger Hof, und bei üns werdn die Beichtzettl seit Menschengedenken am Gründonnerstag in den Pfarrhof getragen, basta.« –

»Woaßt, Bäurin, i schaam mi' vorm Herrn Hochwürden und vor die Pater z'Wendling zwoamal. Und lüagn mag i im Beichtstuhl aa net.«

Und weil die Bäuerin ihm keine Antwort mehr gab und auf das Haus zuging, rief er ihr noch nach: »Wenn i so ebbas beichtn kannt wia der Girgl, der Mitterknecht, nachand hätt' i mein Ousterbeicht aa schon einbracht.« Er nahm die leere Radltruhe und verschwand mit ihr im Roßstall.

Auch die Viehböckin hantierte nun wieder in der Küche. Aber was ihr da der junge Drittlknecht eben nachgerufen hatte, das machte sie giftig. »Ist dir dös a Kreiz mit die junga Mannsbuilder! Laß dich nur mit keinm ein, Monika, geh liaber ins Kloster, den Rat gib dir i!« Sie schüttete den Milchhafer in den Kälbereimer und redete mit ihrer Kucheldirn, einer jungen Feiertagsschülerin. Am End brachte sie der geschwätzige Knecht Girgl in ein Gerede. Der kleine Bub in der Wiege fing zu schreien an, und der Bauer schaute in die Stube hinein, denn es war bald Zeit zur Morgensuppe.

Der Viehböck war ein sparsamer Bauer, nicht gerade geizig, aber unnachgiebig in der Handelschaft und sehr säumig im Geldausgeben. Den Gehorsam seiner Ehehalten war er gewohnt; nur die Hartmäuligkeit seiner Bäuerin verdroß ihn, dabei war er erst drei Jahre verheiratet. Die Suppe war also noch nicht fertig, und es schlug die Uhr schon sieben. »Is denn no net zu der Suppn?« Es kam zu einem kleinen Wortgefecht, und der Bauer ging aus der Küche. Seine Leidenschaft waren nicht die Pferde und nicht die Kühe und nicht die Äcker und nicht die Wiesen und nicht der Wald. Er liebte seine Ochsen. Den ausgewachsenen Stierkälbern nahm er eigenhändig die Kräftigkeit des Geschlechts und spannte sie an schwere Holzprügel, damit sie, immer noch übermütig und jung, das Joch ertragen lernten und die Arbeit als Zugochsen. Prächtig fütterte er sie heran, und seine Ochsen waren bald berühmt bei allen Viehhändlern. Zweijährig verkaufte er sie und freute sich an dem Erlös. So brachte er jedes Jahr zwei, drei behäbige, abgerichtete und kräftig-gesunde Ochsen an den Mann. Nicht zu billig selbstverständlich, denn handeln ließ der Viehböck nicht. – Eine sonderbare Leidenschaft für einen großen Pferdebauern, diese Ochsenzüchterei! Sie war zu Unterrossing noch nie üblich gewesen. Erst der jetzige Bauer betrieb das merkwürdige Geschäft mit Anstrengung und Geduld. – Er also ging in den Ochsenstall und putzte und striegelte seinen Lieblingsochsen, den Schecki. Dieser Schecki stand bereits im dritten Jahr und wog gute sechzehn Zentner. Er war ein besonders prachtvoller Ochs und konnte wegen geringer Preisdifferenzen mit den Händlern immer noch nicht verkauft werden. Einen Ochsenhändler erwartete der Viehböck jeden Tag. Darum striegelte und putzte er den Schecki auch jeden Morgen und steckte ihm auch besonders viel Heu auf. Unter siebenhundertundfünfzig Mark würde er den Schecki niemals verkaufen. –

»Was er no grad allweil mit seine Ochsndeifi hat, der Bauer! – Mit acht Roß im Stall ist dös koan Umgang für a Mannsbuild«, seufzte die Bäuerin. Während die Ehehalten um den Tisch herum saßen, die sechs Mägde auf den rücklehnenlosen Vorderbänken und die sechs Knechte, Mitter- und Drittelknechte samt dem Saububen auf der umlaufenden Wandbank, und ihre aufgeschmalzene Brotsuppe aus einer riesigen Schüssel herauslöffelten und die Großmutter mit der Bäuerin am kleinen Ofentischerl das gleiche tat, blieb der Platz des verärgerten Bauern in der Stube leer. Nur in der Wiege, hinten beim Kanapee, strampelte der Sohn.

»Ah was, ess' ma's zsamm, die Broutsuppn, Muatter! –

Warum geht er net einer? – I schlag eahm nachand vier Ochsnaugn eini ins Pfandl. Die mag er am liaban.« – Mit mehr Berechtigung hätte man die Spiegeleier in der Pfanne nirgendwo Ochsenaugen nennen dürfen als auf dem Viehböck-Hof zu Unterrossing, Gemeinde Dürling.

Als man mit der Suppe fertig war und der Engel des Herrn gebetet wurde, stand plötzlich auch der Bauer in der Stube. Er betete laut mit und fing dann gleich nach dem letzten Kreuzzeichen, wo es heißt: »In Ewigkeit, amen!«, das Anschaffen an. Jedes der sechs Ehehalten bekam genaue Anweisungen für den ganzen Tag. »D'Res und d'Rosl derfan Mist broatn in der Hinterleitn. D'Mare und d'Fanny und 's Liese und der Ludwig tean Mist aufladen. Der Saubua spannt vür mit die zween Fuchsn, i tua's, wenns noutwendig werd mitm Ochs. Der Ludwig und der Peter spannen eahnane Roß ein. Und der Girgl und der Vale tean Gsott schneidn.« Er warf den Hut auf das Kanapee, ging zur Wiege und fragte den kleinen Buben in herzhaft-kindlichem Ton: »Ja und was tuast du? Du Schlawuzi-wuzi? Magst du no gar nix toan?« Er wartete wie selbstverständlich auf seine Ochsenaugen.

Da die Viehböckin dem Bauern die letzten vier Eier aus der Speisekammer eingeschlagen hatte, wollte sie selber nach dem Rechten im Hühnerstall sehen. Denn das war außer der Art und Weis, daß die vierzig Hühner vierzehn Tage vor Ostern so wenig Eier legten! Gewiß haben sich im Stadel und auf dem Heuboden etliche Bruthennen selber angesetzt. Und vielleicht kann sie da und dort im Heustock noch ein verlegtes Nest aufstöbern. – Sie stieg also den Leiterbaum hinauf und schloff im Heu herum. Da traf sie auf den Vale, der zum Häckselschneiden schwitzend Heu hervorzog und zur Schneidmaschine hinunterwarf. »Suachst a Bruathenn, Bäuerin, han?« Der Valentin zog einen kräftigen Anstich Heu dicht an der Viehböckin vorbei. »Da hintn, ganz im Altheu hintn, da bruatn glei' zwoa Henna.«

Die Bäuerin schloff mühsam den langen Heustock hinter. »Von selm kinnts ja ös nixe sagn, ös Oaraussaufer, ös gschleckign!« Der Stockübergang vom Krummet aufs Altheu war etwas steil, und die Bäuerin rutschte aus. Da warf der Valentin die Gabel weg und stürzte sich helfend herbei. Er half ihr eine Zeitlang mit Eifer und erregten Griffen, wobei er selbst ins Heu sank. Die Viehböckin schimpfte und schnaufte. »Du Loder, du dreckiger, iatz, moan i, hast z'beichtn gnuag!« Und weil dieses laute Geschimpfe der Girgl unten bei seiner Gsottmaschine jetzt erst hören konnte und weil ihm auch bereits das Heu ausgegangen war und der Valentin nicht mehr zu sehen war, stieg er geschwind den Heustock hinauf, erkannte die Situation und fing mit dem jungen Knecht auf der Stelle das Raufen an. Die Bäuerin aber besah sich die Bruthennen, beäugte die Zahl der Eier und ließ die eine von den beiden wilden Brüterinnen hokken, während sie die andere kurzerhand aushob und unterm Arm mitnahm. Sie würde sie in den Wassertrog tauchen, da würde ihr der Brut schon vergehen.

Die beiden Ehehalten rankelten unterdessen im Heu weiter, und der Girgl riß dem Valentin ein Büschl Haare aus. Da schickte aber die Bäuerin ihren Mann auf den Heustock, und die Rauferei fand rasch ein Ende, denn der Viehböck war eine Respektsperson. »Wer angfangt hat mit dem Streit, der kriagt sein Lohn, und er kann morgen gehen, basta!« – Es half dem Valentin kein Auspacken und Reden, der Girgl und die Bäuerin beschuldigten ihn aufs heftigste. Angesichts des herannahenden Osterfestes, einer hochheiligen Zeit, durfte der Jungknecht noch bis zum Osterdienstag bleiben, in der Knechtkammer schlafen und am Tisch mitessen. Lohn bekäme er keinen mehr und lieber wäre es dem Bauern freilich, er würde sich so schnell wie möglich weit weg einen neuen Dienstplatz suchen.

Zunächst machte sich der Valentin am hellen Werktag auf nach Kloster Wendling zum Beichten. »Sei froh, daß i di net bei die Gendarm verklag, Stierbeutl dreckiger«, schimpfte ihn der Viehböck zusammen. »Dafür bringst du mir heit no dein Beichtzettl! Geh no' umi auf Klouster Wendling! Die zwoa Stundn Fußmarsch und dös Beichtn dazua, dös macht di' wieder nüachtern!«

Der Valentin ging mit gesenktem Kopf die Bauernstraße gen Wendling, die bald in die alte Wallfahrerstraße einmündete. Etliche fromme Leute begegneten ihm, aber keine Wallfahrerprozession. Wendling ist eine große und stattliche Benediktinerabtei mit einer Brauerei und zwei Meierhöfen, einem Sägewerk und etlichen tausend Tagwerk Wald. Er kannte die Stiftsökonomie, denn er war zwei Jahre lang Stallbub gewesen, und der Pater Otloh, der gewichtige Stiftsökonom, ein Mann von drei Zentnern, hatte ihm schon einmal aus seiner Tabaksdose eine Prise Schnupftabak angeboten. Er würde nicht nur beichten, er würde auch die Ställe aufsuchen. Es war grundfalsch von ihm gewesen, von der Klosterökonomie auf einen gewöhnlichen Bauernhof überzuwechseln. Denn auch auf den Meierhöfen gibt es Mägde, und vielleicht wäre er schon lange nicht mehr so unerfahren als zweiter Pferdeknecht seiner Gnaden, des hochwürdigsten Herrn Abtes. – Vielleicht wäre er gar in den Orden eingetreten und ein ehrwürdiger Bruder Schweinemeister geworden. Oder er wäre der Nachfolger des Bruder Meinrad geworden, des Baumeisters der oberen Ökonomie? – Als Mönch könnten einen die Weiberleut ohnehin alle miteinander gern haben, diese langhaarigen, bockigen Geißen, die einem Knechtl die Liebschaft verweigern.

Ein Automobil ratterte vorbei, eine Benzinkutsche aus der Stadt. Das sind halt noble Herrschaften, denkt sich der büßende Valentin, weicht einen Schritt zur Seite und zieht grüßend seinen schäbigen Hut. – So einer müßte man sein! Ein Stadtfrack mit einer wohlschmeckenden Madame an der Seite. Dagegen sind alle Weibspersonen auf dem Viehböckhof gräußliche Stalldirnen. – Ach, was heißt schon

Stalldirn? – Ihm gefielen die Mädchen im Stallgewand gerade am besten. Und heißt nicht auch ein uralter Bauernspruch: Heiret koan Modepuppn, a saubers Weib muaß dir aa im Stallgwand gfalln!

Er kam mit seiner Gewissenserforschung rasch vom Fleck, und schon wuchsen zwei kleine Turmzwiebelchen aus dem Rübenacker der oberen Klostermeierei. Mit jedem Schritt wuchsen die Zwiebelhauben höher. Bald sahen sie nicht mehr aus wie die Türmchen einer kleinen Bauernkapelle, denn jetzt saßen diese Laternenzwiebeln auf einer größeren Haube, und nach weiteren zehn Schritten trieben zwei rundliche Kuppeln aus dem Feld, daß man schon an eine überirdische Erscheinung glauben hätte können. Aber es strebte das Wunder noch großartiger empor. Die beiden vielfältig geformten Zwiebelhauben bekrönten die Doppeltürme der Stiftskirche des heiligen Benedikt zu Wendling. Von der Sonne bestrahlt, erglänzte die Fassade der barokken Himmelspforte weitaus herrlicher und bezaubernd menschlicher als der rote Feuerball einer aufgehenden Sonne, einer Aurora. Zwischen den Türmen leuchtete in seiner speziellen Milde die kostbare Figur des Ordensgründers. Ein gewaltiger Gebäudekomplex breitete sich aus: der Konventbau, das Refektorium mit der Bibliothek im Obergeschoß, die Prälatur, der Konviktbau mit dem Gymnasium, die Brauerei daneben, die Klosterwirtschaft, die Sägmühle dahinter und die vierfirstige Klostermeierei mit den Kuh-, Ochsen- und Pferdeställen. Alle Dächer überragte selbstverständlich die weltberühmte Barockkirche. Herrgott, ist das eine runde Welt! »Und ich Rindviech bin hier schon einmal zwei Jahre lang Stallbub gewesen und nicht dageblieben!« Er blieb ein Vaterunser lang stehen und lüpfte seinen Hut. Dann lief er den Berg hinunter und suchte als erste Lokalität die Klosterwirtschaft auf. Kloster ist Kloster, sagte er sich, ob Bräuhaus oder Stiftskirche, und ließ sich von der Kellnerin eine Halbe dunklen Gerstensaft bringen. Er war ein Weltkind und hatte keine Begabung für den geistlichen Stand. »Ehvor i mein Ousterbeicht verricht, brauch i a bisserl a Schneid. I schaam mich ja direkt vor dem Pater Placidus, dem Herrn Subprior.« – Nur bei ihm wurde er beichten, das stand von Anfang an fest, denn der Pater Placidus war ein nachsichtiger Beichtvater und berühmt wegen seines herzerfrischenden und milden Zuspruchs. Gewiß, er nahm es ernst, ein jedes Bekenntnis, und ging gründlich vor mit dem Beichtkind, aber er ließ überall die göttliche Verzeihung durchblicken, und auch die menschlichen Schwächen waren ihm nicht fremd. Am End würde ihn der Placidus gar trösten und ihm vielleicht sogar einen Rat geben und ihm sagen, was er bei den Dirndln so grundfalsch mache? – Wer weiß? – Umbracht hat er keinen, und gestohlen hat er auch nichts. »Es is' ja grad für d'Katz, daß i beicht! Und a so hätt' d'Bäurin aa net glei' schreia braucha!« – Er trank sein Bier und aß eine Semmel.

Da ging die Tür auf, und der dicke Pater Otloh trat ein, begleitet vom Held Korbinian, dem bekanntesten Viehhändler in ganz Niederbayern. Pater Otloh suchte sich mit Kennerblick einen festen Stuhl aus und setzte sich, daß sich ein Bodenbrett leicht einbog. Der schlanke Korbinian rief in seiner lauten und stets optimistischen Viehhändlerstimme: »Man lernt nie aus im Leben. Bis jetzt hab i nämli' gmoant, im Klouster gibts wenigstens koane altn Bräutküah. An Dreck! Aa gibts es. Ja, no alter sans die Viecher und zager! Die kauft ja net amal a Münchner Hofmetzger, die derf i ja glei' zum Gerber Drexlberger führn.«

Der Wirtschaftsminister der Abtei war aber nicht in Verlegenheit zu bringen. »Ja no, mein lieber Herr Held, der Deifl holt net bloß die Fetten, hier und da braucht er auch einen Dürren. Dann brennts wieder besser! – Grad a so muaß es dem Viehhändler aa recht sein. Und überhaupt, Korbinian, ich mach mit Ihnen kein Handlschaft mehr, wenn du mir net auf der Stell einen schönen, jungen und kräftigen Zugochsen herbringen kannst! Wir habn vorgestern einen notschlachten müassn. Was ist denn, hast denn kein' braven Ochs bei der Hand?« Der Viehhändler jammerte nun über die Schlechtigkeit des Ochsenhandels. Die Bauern, die Zugochsen verkaufen, seien die allergrößten Spitzbuben, und wenn er nicht zum heiligen Sankt Wendelin eine Novene abhalte, dann wäre derzeit einfach kein Ochse aufzutreiben. Bei ihm nicht und bei den anderen Viehhändlern des Königreiches Bayern zweimal nicht.

Der Valentin hörte aufmerksam zu. Er kannte den Viehhändler Held von dessen häufigen Besuchen im Ochsenstall des Viehböck zu Unterrossing. Und er erinnerte sich an die gestrige Handelschaft, die er mit seinem Bauern gehabt hatte. Und wie der Held nur sechshundertachtzig Mark geboten hatte für den prächtigen Ochs, worauf ihm der Viehböck den Stall verwiesen hat.

Der Valentin verfiel in Gedanken und träumte vom Viehhandel. Das wäre ein Beruf für ihn! Am Tag einmal gehandelt wäre lohnender als ein Monat lang als Bauernknecht gearbeitet.

»Ausgeschlossen, Pater Otloh, völlig ausgeschlossen! – Unter achthundert Mark kann ich Ihnen nicht den Ochs bringen, der Ihnen a Freud macht!« – Der Korbinian redete ganz nach seinem Kopf. Die Verlockung im Herzen des armen Valentin steigerte sich in eine beinah für überirdisch empfundene Eingebung. Er war entschlossen, dem Pater Ökonom den Ochsen des Viehböck zu verkaufen. Mit diesem Geschäft würde er sich zugleich das notwendige Handelskapital beschaffen. Das würde dann immer mehr werden. Erst mit Schweinen anfangen, dann mit Kühen und Ochsen weiterhandeln, und schließlich gingen schneidige Rösser durch seine Hände. Er würde in die Stadt ziehen und dort eine große Agentur aufmachen, eine Ochsen- und Pferdeagentur. So etwas wäre ein Leben, da würde sich keine mehr sträuben und wehren, da würde ihm eine jede stehenbleiben, sogar die ernste, brave und schöne Mitterdirn, die Marie. – Er trank sein Bier aus und rannte in die Kirche, um die Osterbeichte abzulegen. In der österlichen Zeit saßen immer ein paar Beichtväter in den Stühlen, ältere Mönche, die sich abwechselten. Und weil er heute schon einmal einen Glückstag hatte, fand er auch den begehrten Pater Placidus. Er saß in dem Beichtstuhl, der das betrübte Englein mit dem schlechten Gewissen oben aufgesteckt hatte. Auf der einen Seite seufzte dieser Putto, auf der anderen aber jubilierte ein von jeder Trauer und Sündenlast befreites Englein. Die Beichtstühle trugen auch, in goldenen Lettern jeder, eine Aufschrift. Da hieß es in alter Wendung: »Erforschung, Rey und Leid, Steiffer Vürsatz, Bekanntnis und Bueß.« Über des Herrn Subprior Beichtstuhl, zwischen den beiden seelenvollen Putten, prangte in der kleinen Rocaille der »Steiffe Vürsatz«. Gewiß, einen sehr steifen Vorsatz hatte der Valentin.

Es war ihm jetzt plötzlich eine Lust zu beichten. Zwar schüttelte der Pater Subprior bei dieser und jener Sünde leicht den Kopf, fragte auch nach einer heimlichen Herzallerliebsten und hörte sich geduldig die Vorwürfe an, die das Beichtkind den Frauenspersonen an den Kopf warf. Schließlich gab er ihm den Rat der Geduld. Um ein liebes Weib zu finden, dürfe man vor allem keine Eile haben, sagte der Mönch. Zehn, ja fünfzehn und zwanzig Jahre auf die rechte zu warten sei keine Seltenheit. Und manch einer wartet ein Leben lang auf das Wunder vergebens. Auch so einer dürfe sich nicht unglücklich und verstoßen vorkommen, indem ein jeder Stand sein Renommee habe, auch der Ledigenstand. Und Jesus sei selber ledig geblieben. Er hätte ja auch sich verheiraten können. – Nicht auszudenken, was das dann den gelehrten Theologen für eine schwierige Arbeit und Müh gekostet hätte. Und Zölibat gäbe es dann wahrscheinlich auch keinen. – Aber nein, gottlob ist der

Heiland ledig geblieben, um allen einschichtigen Mannspersonen einen Trost zu geben. – Also redete der Pater und schloß mit den Worten, daß es allgemein feststünde, wie die Verheirateten meistenteils sich viel unglücklicher fühlten als die Junggesellen. Als Buße nannte Placidus fünf Vaterunser samt Ave Maria. Und er schob ihm den Beichtzettel zu. Valentin legte diese begehrte Quittung vorsichtig in sein Meßbüchl und verließ den Beichtstuhl. »Gott sei Dank, die Osterbeicht hab ich hinter meiner, jetzt fehlt grad noch der Ochs!« – Er eilte zur Klosterpforte und verlangte den Pater Ökonom. Der hielt sich aber gerade im Bräuhaus auf, weil dort die Binder eben die großen Lagerfässer pichten und herumrollten wie Elefanten. Auch der schwere Pater Otloh rollte ein Faß über die Wiese, auf daß das warme Pech in dem Faß sich gleichmäßig niedersetzte. Valentin näherte sich dem Pater ehrfürchtig und redete ihn an. »Hochwürdiger Herr Pater Ökonom, mein Bauer hat ghört, daß die Klostermeierei an Zugochsn brauchet, und mein Bauer, der Viehböck von Unterrossing, der hätt' a so an Ochs, an schön' aa no. Schecki hoaßt er, dreijährig ist er, sechzehn Zentner hat er bereits, und abgricht is er als Sattlochs.«

Pater Otloh ließ das Faß davonrollen und blieb hörbar aufschnaufend stehen. »Ja, du Lumperbua', warum sagst mir dös net schon gestern? – Her mit dem Ochs, der is kauft, und wenn er achthundert kost.«

So geschwind hat der Valentin schon lange keinen Weg mehr zurückgelegt wie an diesem seinem ersten Handelstag. Er lieferte bei der Bäuerin den Beichtzettel ab, bat sie um Verzeihung wegen des morgigen Vorfalls und erzählte dann dem Bauern, wie notwendig das Kloster Wendling einen kräftigen Sattelochs sofort bräuchte und daß der Pater Ökonom den Schecki so gut wie gekauft hätte um runde siebenhundert Mark. Er möge den Ochs doch morgen gleich hinbringen lassen, denn die Klostermeierei von Wendling sei für den Schecki ein hervorragender Platz.

»Unter siebnhundertfuchzge geht nix.«

»Ja no«, erwiderte der Vale wie ein alter Ochsenhandler, »am End kannst den Pater Ökonom morgn no naufhandeln auf siebenhundertzwanzge-dreißge!«

»Dös huilft mir nix. Unter siebnhundertfuchzg Mark is mir der Schecki net feil.« Das war der Viehböck schon seinem Ruf schuldig, daß er mit sich niemals handeln ließe. Aber bei einer Differenz von nur noch zwanzig Mark konnte man auf einen guten Kaufabschluß hoffen. Und das angesehene Kloster Wendling war für seinen Schecki gerade gut genug.

Also zogen den andern Tag in der Früh der Viehböck, der Schecki und der Valentin auf der alten Wallfahrerstraße gen Kloster Wendling. In feierlicher Prozession begegneten ihnen die Reamadinger. Der Viehböck nahm seinen Hut vom Kopfe und hielt seinen Ochs an. Die Wallfahrer beteten in ihrer langen Zweierreihe über den Ochs, den Bauer und den nachtreibenden Knecht hinweg. Das war ein Bild des Segens und der Fruchtbarkeit. In der Mitte der Straße stand der schwere, kräftige Zugochse, und links und rechts, am Straßenrand, wallfahrteten die Beter. Auch Hochwürden, der Herr Pfarrer von Reamading, wich dem unschuldigen Tier aus.

Gegen Ende der Schlange redete der Viehböck ein altes Muatterl an, das als letzte daherhumpelte: »Wo bets denn ös schon hin heit?«

»Zum heiligen Sankt Florian auf Wendling halt!« antwortete die alte Bäuerin. Da mußte der Viehböck staunen.

»Ja, ös seids guat! Ös habts ja selber an Florian in der Kircha z'Reamading!«

»Söl schon, aber der ünser is guat für d'Küah, für d'Roß ist der Wendlinger bei weitem besser!« Sie eilte mit wehen Schritten ihrer Wallfahrerprozession nach, die da friedlich die geschlungene Straße emporbetete. Der Bauer, sein Ochs und sein Knecht sahen ihnen nach.

»Ja, ja, die Heiling! An jeder hat sein Tugend!« –

Endlich war man auch mit dem braven Ochs in Wendling. Der Viehböck kannte sich mit den Herren Patres nicht aus, darum schickte er den Valentin zum Pater Ökonom und wartete mit dem Ochs einstweilen vor der Klosterkirche.

Der junge Viehhändler war innerlich sehr erregt, und seine Gedanken waren schon unterwegs sehr rege gewesen. Ein habgieriger Plan ist ihm eingefallen, und während er an der Klosterpforte läutete, entschloß er sich, den Plan auch durchzuführen. Er fragte den Bruder Pförtner, einen überaus liebenswürdigen Mann, ob er nicht den Pater Placidus, den Herrn Subprior, im Beichtstuhl antreffen könne. Selbstverständlich, Pater Placidus säße gerade in seinem Beichtstuhl.

»Alsdann ist's gut«, meinte der Valentin. »Jetzt bräuchte ich dann nur gleich den Pater Ökonom, indem der Ochs bald kommt.« Der Ökonom befände sich vormittags immer in seinem Büro hinten im Bräuhaus. Blitzschnell kehrte der Valentin zu seinem Bauern zurück. »Es derf net alls glattgehn, Viehböck! Der Pater Ökonom is' krank wordn, und die Gschäfter führt heut der Herr Subprior. Der aber sitzt grad im Beichtstuihl. Er woaß Bescheid, hat der Bruader gsagt, und er muaß den Ochs kaafa. Aber der Subprior derf im Augenblick net vom Beichstuihl aufstehn. Wart ma a weng. Dös hoaßt, i kannt ja im Beichtstuihl eahm amal sagn, daß mir da san.« –

Das war dem Viehböck recht, und der Valentin ging in die Kirche und stracks in den Beichtstuhl des Pater Placidus. Er beichtete ein zweitesmal aufrichtig und setzte noch hinzu, daß er noch ein Anliegen habe. Sein Bauer, der Viehböck von Unterrossing, habe schon lange nicht mehr gebeichtet, wahrscheinlich schon zwanzig Jahre nicht mehr. Nun aber hätte es seine Bäuerin erbetet, daß er endlich sich bekehren wolle, und er, der Jungknecht, hätte ihn soweit gebracht, daß er draußen stünde und seine Osterbeicht ablegen wolle.

»Ja bringen Sie den Mann nur geschwind herein«, meinte der Subprior. »Die Stunden der Bekehrung der Sünder schlagen selten, man muß sie gleich ausnützen.« – »Gern bring ich ihn«, fuhr der verschlagene Valentin fort, »gern und sofort, Hochwürden! I muaß Ihnen nur noch die Mitteilung machen, daß mein Bauer schwerhörig ist und einen fürchterlich geldgierigen Sinn hat. Er denkt immer nur an seine Ochsen und will auch dem Pater Ökonom hier einen verkaufen, aber nicht unter siebenhundertfünfzig Mark. Dem Herrn Ökonom ist das natürlich zuviel Geld für den schäbigen Ochs. Aber mein Bauer, anstatt, daß er beichtet, wie er der Bäuerin versprochen, läßt nicht handeln und redet allerweil nur von den 750 Mark, unter denen er den Ochs, den Schecki, nicht hergibt. Ach, Pater Subprior, es ist ein rechtes Kreuz mit so einem geldgierigen Ochsenbauern! – Wie der schon die Viehhändler angeschmiert hat! Und immer mit seinen Ochsen! –«

Der Vale wußte gar nicht, daß er so ein gutes Mundwerk hatte und daß er reden konnte wie ein Hausierer. Endlich unterbrach ihn der Pater, nachdem er ihm erst aufmerksam zugehört hatte. »Jetzt verlieren wir keine Zeit! Der Bauer soll sofort kommen. Ich geh dann mit ihm in das Beichtzimmer für Schwerhörige, hinten in die Sakristei.«

Der treue Knecht Valentin rannte zur Kirchentüre hinaus und sah sich bereits im Besitz von achthundert Mark. »Bauer, der Pater Palcidus möcht den Ochs unbedingt kaafa. I hab eahm schon zehn Mark aufighandelt. Siebenhundertvierzge taat er bereits zahln. Red mit eahm! Gwiß zahlt er den vollen Preis aa no! – Red mit eahm, er hockt im mittleren Beichtstuihl, wo drauf steht: Steiffer Vürsatz, und wo obn zwoa Engerl obaschaun!« – »Is schon guat, Vale! Unter siebnhundertfuchzge geht nix. – Paß du derweil aufn Schekki auf!« Der Viehböck ging gemessenen Schrittes in die herrliche und mit dreihundertfünfzig Engerl ausgeschmückte Stiftskirche hinein. In mehreren Betstühlen verrichteten Wallfahrer ihre Andacht. In der Seitenkapelle, die dem heiligen Florian geweiht war, wurde gerade von den Dürlingern eine heilige Messe gefeiert. Aber diese Kirche war so groß, daß dies gar nicht weiters auffiel. – Der Viehböck suchte und fand den Beichtstuhl des Subpriors, ging entschlossen hinein und begann seine Rede gleich mit dem Ochsenhandel. »Hochwürden, mein Knecht is grad dagwen bei Eahna. I genier mi ja a weng da herin. Wissen S' schon, im Beichtstuihl so Sachan schmatzn ...« Der Subprior verstand den Mann nur zu gut. Die zur Buße neigende Seele sträubte sich noch. So etwas kannte er, über solche Gefühle von sich bekehrenden Sündern hatte er schon oft gepredigt und geschrieben. Der Mann war gut aufgehoben bei ihm. »Kommen Sie, wir gehen in das Beichtzimmer für die Schwerhörigen!«

Placidus erhob sich, und der Bauer Viehböck folgte ihm genant. Im Beichtzimmer nun, einem kleinen Raum mit einem Stuhl für den Pater und einer Kniebank davor für das Beichtkind, mußte sich der Viehböck auf den Schemel knien. »Na, Hochwürden, i wuil net beichtn. I mag it.«

»Mein Sohn, mein Sohn, scheuen Sie sich nicht niederzuknien! Wer kniet, hat schon die halbe Sündenlast abgebüßt. So etwas schadet nie.« – Und weil ihm der erfahrene Pater Placidus dazu eine Prise Tabak anbot, nahm der Unterrossinger das merkwürdige Angebot wahr und zwängte sich auf den kleinen Betschemel für Schwerhörige.

»Also, mein Sohn, nun reden Sie einmal frisch von der Leber weg! – Übertreiben Sie nicht mit Ihrem Bekenntnis, aber verschweigen Sie auch nichts Wesentliches!« – »Mein, Hochwürden, was soll i denn verschweigen? Meine Ochsen sind im ganzen Bezirksamt als die allerbesten und allerfolgsamsten bekannt. Da brauch i gar nix verschweigen.«

»Mein Sohn, ich glaube gern an die Kunst Ihrer Ochsenabrichterei, aber davon wollen wir jetzt nicht reden. Nicht nur die Ochsen haben ihren Preis, auch die Seele fordert ihn. Und Ihre Seele ganz besonders!«

Der Viehböck dachte, wie leicht es so ein Pater beim Viehhandeln hat. Der redet einfach vom Seelenheil, wenn es ans Zahlen geht! »Nix da, Hochwürden, von mein Preis geh i um koan Fünferl net oba! Um koan Fünferl net. –«

Und darauf versuchte der Subprior es wieder mit einer kleinen Homilie über das gewinnbringende Ablenken der Seele von den irdischen Gedanken des schnöden Geldes! »Was ist schon das gute Geld, mein Sohn? Ein ausgestreutes Teufelsgift ist es! Ein zähes Heftpflaster, womit die arme Seele an die Vergänglichkeit dieser Erden geheftet ist!«

»Hochwürden, dös mag alls stimma, aber deszwegn möcht i für mein Schecki doch unbedingt meine siebnhundertfuchzig Markl! – Und um koan Pfening net weniger.«

Der Pater Beichtvater seufzte hörbar und stöhnte schließlich laut über diese hartnäckige und ganz und gar dem Irdischen verhaftete Seele. Dieses Stöhnen aber faßte der Viehböck als ein Zeichen der Reue des Gottesmannes auf, der an lumpigen zehn Mark hängenbleiben wollte!

»Hochwürden«, sagte schließlich der Viehböck, »net i häng am Geld, Sie reuts! Sie, der Kirchenmann, der Klostermönch, Sie beten das liebe Geld an. Ihnen reuen lausige zehn Mark. Sie müssen Ihnen bekehren!«

Jetzt war man erst beim Hauptthema. Das apologetische Wissen des Pater Placidus war enorm. Er war ein glänzender Verteidiger der Kirche. Und die materiellen Vorstöße der Modernisten und Kirchenfeinde konnte er alle widerlegen.

Inzwischen zahlte der Pater Ökonom dem Knecht Valentin achthundert bare Mark auf den Tisch und ließ den Schecki in den Stall der Klostermeierei führen.

»Das ist einmal ein tüchtiges Knechtl«, meinte der beleibte Ökonom und freute sich an dem neuerworbenen prächtigen Ochs. Der Valentin aber machte sich aus dem Weg und marschierte auf die nahe österreichische Grenze zu. Er ließ seine alte Hose und seine zwei zerrissenen Hemden ruhigen Gewissens beim Viehböck in Unterrossing am Nagel des Gsottkastens im Pferdestall hängen und kaufte sich eine Fahrkarte nach Linz, wo er sich als Kaufmann niederließ. Aus den achthundert Mark Anfangskapital sind mittlerweile, nach fast vierzig Jahren, mehrere Millionen Schillinge geworden. Denn auch das unrechte Gut gedeiht manchmal auf dieser buckligen Welt. Hingegen aber verdorrt das Kapital jener Geschäftsleute häufig, die reinen Herzens Handel treiben.

Nach mehr als einer Stunde gingen der Pater Placidus und der Bauer Viehböck von Unterrossing unverrichteter Dinge auseinander. Der Viehböck fand freilich seinen Ochs nicht mehr vor der Stiftskirche geduldig warten. Und auch der Knecht Valentin war verschwunden. Es dauerte weitere acht Stunden, bis der Sachverhalt aufgeklärt werden konnte. Denn der Viehböck ging heim, in der Meinung, daß der Knecht den Ochs wieder gen Unterrossing getrieben hätte. – Die am anderen Tag vor der Gendarmerie in Wendling gemachte Anzeige führte zu keinen Ergebnissen. Man hörte kurz darauf nur noch von einem ähnlichen Gaunerstück im Kloster St. Pfunzen. Aber dabei blieb es dann, denn mittlerweile wucherte das unrechte Gut des Valentin so sehr, daß er mit legalen Bankkrediten arbeiten konnte.

Gegen Ende seines Lebens schrieb der schwerreiche Mann zweimal einen Scheck über achthundert Mark aus. Den einen schickte er dem Abt von St. Wendling, den andern aber dem Propst von St. Pfunzen.

Nichts Gewisses weiß eben der Mensch nicht, und eine einmal abgelegte Osterbeicht ist niemals ganz umsonst.

Der Palmesel

Am Palmsonntag können viele Leut ihren Namenstag feiern, ganz gleich, ob ihr Namensheiliger auf den Tag fällt oder nicht. Man braucht nur als letzter der Familie das Bett zu verlassen, schon ist man der Palmesel. Verspottet wird man dabei schon ein bisserl, aber eine Schand ist es nicht, denn der Palmesel darf auch den Palmbaum oder -buschen tragen, und das ist eine Ehr.

Wie der Pontius Pilatus ins Credo gekommen – unverdient und unverhofft –, so ist auch der Esel in der Heilsgeschichte zu großen Ehren aufgestiegen. Kein Rottaler Kutschpferd, kein Holledauer Schimmel ist dazu ausersehen worden, nur der dumme Esel. – Zu Weihnachten hat er schon an der Krippe stehen dürfen, und am Palmsonntag, da durfte er gleich gar den Heiland auf seinem Rücken tragen, wie er feierlich in Jerusalem eingezogen ist, umjubelt von dem Hosiannageschrei der Kinder Israels, der Pueri Hebraeorum. – Nur keinen Neid aufkommen lassen, ihr stolzen bayerischen Bauernrösser! Des Esels Name ist ja doch ein Schimpf- und Spottname geblieben die Jahrhunderte über, und nur am Palmsonntag darf er ein bißchen mit agieren.

In Ober- und Niederbayern ist es früher der Brauch gewesen, daß bei der Palmprozession ein Palmesel geführt worden ist. Manchenorts ist das sogar ein lebender Esel gewesen. Der Brauch ist nicht in Bayern erfunden worden – wenngleich er sich bei uns am längsten gehalten hat –, sondern er ist schon in frühchristlicher Zeit bezeugt, in Jerusalem um das Jahr 400 und in Augsburg um 890. Damals ritt der Bischof auf dem Esel in seine Kathedrale ein. Aber wie es halt mit den Eseln so ist: Auf einmal werdns bockig und setzkopfig, tun keinen Schritt mehr, ja benehmen sich sogar ungeziemend. O du störrisches »Roß Gottes«! Und das war der neue Spitzname für den ohnehin schon dummen Esel. –

Die Folgen blieben nicht aus. Schon im hohen Mittelalter wurde der echte Esel durch einen geschnitzten ersetzt.

So ein Schnitzesel wird von den Ministranten auf einem Rädergestell herumgezogen. Auch der heilige Reiter, der Heiland auf dem hölzernen Eslein, ist nun eine holzgeschnitzte Figur. In der Säkularisation hat die aufgeklärte Geistlichkeit den Brauch ziemlich verboten. Man hat sich dabei auf Auswüchse berufen, wie z. B. in Landshut, wo der Mesner von St. Martin mit seinem schönen Palmeselein ein jedes Wirtshaus heimgesucht hat, begleitet von durstigen, übermütigen Ministranten. Daß sie dabei manchmal einen Mords-Fetzenrausch zusammengebracht haben, läßt sich denken. – Heut gibt es nur noch wenige Pfarreien, wo sie einen Palmesel haben. – So z. B. in Kösslarn im Rottal. 1913 wäre der Kösslarner Palmesel beinahe zum Absterben verurteilt worden. Einmal war das Fahrgestell kaputt, und zum anderen hatte sich der lateinische Text, den die Ministranten bei ihrem Umzug vor jedem Hause aufsagen, im Laufe der Generationen bis zur Unkenntlichkeit verändert, so daß dem damaligen Pfarrer nicht mehr viel an dem Brauch gelegen war. Statt »Pueri Hebraeorum, portantes ramos olivarum«, sagten sie z. B. »Orare priorum sanctus rampus doliver«. – Trotzdem aber hingen diese Ministranten so sehr an ihrem Palmeselumzug, daß sie den Pfarrer immer wieder bestürmten und ihm einfach keine Ruhe ließen. Ihre Ausdauer war schließlich erfolgreich. Der Palmesel wurde renoviert, das Fahrgestell erneuert und der Text der Palmsonntag-Antiphon gründlich neu einstudiert. Ja, der Pfarrer, der sehr musikalisch war, war nun selber begeistert bei der Sache und schrieb den Ministranten sogar eine eigene Choralmelodie auf ihren Palmsonntagsvers. Lange zogen die Kösslarner Buben singend von Haus zu Haus. Heute ist diese Melodie wieder vergessen, und die Ministranten rasseln wieder den lateinischen Vers herunter, daß es eine Freude ist: Pueri Hebraeorum portantes ramos olivarum! –

Pater Floridus und das Fastenopfer

Das ist ein Trost für uns alle, daß auch ein heiligmäßiger Mensch ein kleines Laster haben kann. Ich erinnere nur an den Heiligsprechungsprozeß des seligen Bischofs Wittmann von Regensburg, der seinerzeit nicht weiterkam, weil der advocatus diaboli, der Anwalt des Teufels, der bei so einem Prozeß mit Emsigkeit sich bemüht, Schwachheiten und Fehler des Kandidaten aufzutischen, weil der also herausgefunden hat, daß der gottselige Bischof Wittmann jeden Samstag eine Maß Bier getrunken habe, wofür die Italiener kein Verständnis hatten. Dabei mag es in Italien gewiß Heilige geben, die mehr als einen Liter Wein pro Woche genossen haben. – Ja mein, die Enthaltsamkeit ist halt auch eine relative Tugend. – Der Pater Floridus, ein fröhlicher Kapuziner an einem altbayerischen Wallfahrtsort und ein gesuchter und milder Beichtvater dazu, hatte auch einen schwachen Punkt, obwohl er sonst wirklich ein kleiner Heiliger war. Als gebürtiger Waitler schätzte er keinen irdischen Genuß höher als den Schnupftabak. Im Schnupfen hatte er dabei eine solche Übung und Behendigkeit entwikkelt, daß die Handhabung der Tabatiere, die er im linken Ärmel seiner Kutte mit der Rechten stets griffbereit hielt, und die Kunst des Prisennehmens mit zwei Fingern bei ihm zu einer sauberen und vollkommenen Geste wurde. Kaum hatte er geschnupft, waren seine Hände schon wieder in den Ärmeln seiner Kutte verschwunden, und er hatte wieder die liebenswürdige, mönchisch demütige Haltung. – Ich hab' bei ihm einmal ministriert. Er hat sogar während der hl. Messe manchmal geschnupft. Ein bißchen nur und sehr geschwind. Und er hat sich darob sicher auch einen Vorwurf gemacht. – Bei der Landbevölkerung war er überaus beliebt, besonders als Beichtvater haben ihn die alten Bauern gepriesen. Sein Beichtstuhl stand ganz hinten, gleich neben der Eingangstür. Und wenn man seinen Beichtstuhl betrat und anfing »Meine letzte Beichte war usw.« – da öffnete er das vergitterte Sündenfensterl, streckte einem die Schnupftabaksdose entgegen und sagte: »Da nehmas a Pris! – Schnupf mar amal, nachand pack ma's!« –

In der Fastenzeit will der Mensch ein Opfer bringen. Man muß sich ja nicht gleich ganz abtöten, aber ein kleines Opfer ist ja auch schon für den Leib eine Wohltat. Und noch dazu wenn man ein Kapuziner ist. Unser Pater Floridus hat sich vorgenommen, daß er von Aschermittwoch bis zum Karsamstag abends nach der Auferstehung keine einzige Prise schnupfen will. Er hat seine Tabatiere in den Schrank gesperrt und den Schlüssel dazu versteckt. Die ersten Tage kam es ihn hart an, aber er war noch fröhlich, denn wer da fastet, heißt es, der soll ein besonders fröhliches Gesicht zeigen. Die zweite Woche begann er schon ein wenig ernster zu werden, die dritte war er manchmal schon so grantig, daß er sich sagte: »P. Floridus, vielleicht ist es dem lieben Gott lieber, du schnupfst einmal, als daß du eine so mißmutige Stimmung verbreitest!« Aber er widerstand noch. In den kommenden Tagen ist es dann passiert. Er nahm den Schlüssel, sperrte den Schrank auf und nahm eine Prise, eine kleine nur, aber schwach geworden ist halt schwach geworden. – Daß so etwas nicht noch einmal vorkommt, ist er in dem folgenden Jahr auf die Idee gekommen, die Tabatiere nicht mehr in seinem Schrank aufzubewahren, sondern dieselbe im Klostergarten zu vergraben. So hielt er es nun alle Jahre seines Lebens. Am Aschermittwoch in der Früh begrub er mit seiner Schnupftabaksdose jedes Jahr also seinen alten Menschen, und am Karsamstag nach der feierlichen Auferstehung des Herrn, schaufelte er sie frohlockend in österlicher Freude wieder aus. Im Lauf der Jahre haben das seine Mitbrüder natürlich erfahren. Sie haben gelächelt und an dem Tun des Pater Floridus ihre Freude gehabt. Schon im dritten Jahre seiner felsenfesten

Abstinenz haben sie ihn in einer lustigen Prozession in den Klostergarten hinaus mit geschultertem Spaten begleitet, haben am Aschermittwoch alle miteinander noch eine Prise genommen und den Schmai dann begraben. Aber am Karsamstag, nach der Auferstehung, bei hereinfallender Osternacht, da haben sie eine fröhliche Resurrektions-Prise genommen, und sie waren lustig. – So wurde aus der Prise Schnupftabak ein risus paschalis, ein Ostergelächter. – Machen Sie's nach mit den Zigaretten! – Es ist grad ums Vornehmen zu tun. Bittschön, da, nehmas a Pris, nachand pack ma's!

Ostergelächter

Haec dies quam fecit Dominus – Alleluija – Alleluija! Dös is a Tag! Den hat der Herrgott gmacht! Luija, sag i, heit werd glacht! Die Osterfeiertage – der hochheilige Ostersonntag und der noch lustigere Ostermontag, dös san Tag, die a ganz Jahr in d'Höh hebn. Is grad gleich, wia's Wetter is, der Auswärts is da. Auf gehts wieder! 's Leben fangt von vorn an! – Die traurige Fastenzeit is vorbei, die Leiden und Martern des Herrn san überstanden, er ist auferstanden, in der Nacht bereits, und am Ostermontag ist er gleich gar schon den Jüngern von Emmaus erschienen. Haec dies quam fecit Dominus Alleluija – Jatz derfan die Burschn aa wieder zum Fensterln gehn. –

Verschwunden sind die Fastentücher, die Kirchen erstrahlen in neuem Glanz, die Orgel darf wieder spielen, die Glocken dürfen wieder läuten: »Der Stein ist weg, das Grab ist leer, der Tod hat keinen Stachel mehr, der Heiland ist erstanden!«

Ostern kommt von der uraltheidnischen Göttin Usra, Austro, lateinisch Aurora, der Morgengöttin, der Göttin der Morgenröte. – Morgenstund hat Gold im Mund – auf Ostern wird ein jeder gsund! – Man sagt auch von einem, der ostwärts marschiert: Er geht gen Morgen. Darum ist Ostern und Osten fast das nämliche Wort. Wer z. B. donauabwärts fährt und gen Osten zieht, an Deggendorf und Niederaltaich vorbei, der kommt zum alten bayerischen Herzogshof im Osten, nach Osterhofen.

Das Osterfest ist ein altes Frühlingsfest. Im Kirchenlatein heißt es auch Paschafest und kommt aus dem Hebräischen. Die Juden haben an diesem Festtag das Osterlamm gegessen zur Erinnerung an den Auszug aus Ägypten, wo sie selbigesmal mit dem Pharao solche Schererereien gehabt haben.

Dös woaß man alls und is oan von jungauf bekannt. Bei

üns legt der Ousterhas die gfarbtn Ousteroar, und 's Ousterlampe aus Biskuittoag bringt der Göd dem Gödl und die Godn dem Godl, wenns net vergessen werd. Bei üns sans wieder anderscht, die Bräuch, wia woanderscht. Man hat überalln seine Observanzn.

Oans aber muaß überalln stimma. Z'Oustern is man guat aufglegt, da is man lustig gstimmt. Gwiß aar a weng feierlich, aber halt dengascht mehrer lustig und heiter. Ganz anders wie z'Weihnachtn, anderst aa wia z'Pfingstn. – Dös san eh die drei heilign Zeitn. Pfingstn hat ebbas Geistigs, Weihnachten ebbas Liabs – Oustern aber muaß sein voller Freid! Da derf koaner sein Trentschn hänga lassn. Was waar denn net dös?!

Leit, seids guat aufglegt heit und habts net amal vom Sterbn an Angst heit! Weil: An Himmi drobn kemma allsamt wieder zünftig zsamm – wenn a Glück dabei is! –

Da hat amal, am Oustersamstag, gnedder a Stund vor der Auferstehung, an Bauern 's Roß derschlagn. Dös Unglück, der Jammer, dös Elend! Dös laßt se denka. – Vo lautern Woana und Trenzn wollt die Bäurin net in d'Kircha gehn zu der Auferstehung. Dös hat aber der Koprata net angehn lassn, der wo an Bauern die Letzt' Ölung bracht hat. »Mitgehn S'!« hat er gsagt. »Die Auferstehungsfeierlichkeit ist gerade das Wichtigste jetzt für Sie. Es gibt auf der ganzen Welt keinen anderen Trost!« Und so weiter, wia halt a Koprater, a junger noch, redt.

Also, ist's Annamirl trenzet mitganga. Der Pfarrer hat glei' der Gemeinde dös Unglück verkündt, hat für den verstorbenen Bauern an Vaterunser bet', und nachand, unterdös daß d'Leit no nachibet' habn, hat eahm der Mesner an Rauchmantel umglegt, is hintern Altar hintere und hat den Auferstandenen mitm Siegesfahndl a d'Altar-Obern aufigstellt. Und glei' drauf hat der Pfarrer dreimal gsunga – und a jedsmal mit einer höhern Stimm – »Der Heiland ist erstaanden!«

Und da drauf hat nachand der Chor sein uralts Ousterliad gsunga: rhythmisch, melodisch und voller Schwung, mit Trompetn und mit der vollen Urgl, daß grad die Fetzn gflogn san:

»Der Heiland ist erstanden, der Heiland ist erstaanden! Befreit von Todesbanden, befreit von Todesbaaanden!« Und dann kam das feine Damensolo: »Der Tod hat keinen Stachel mehr! Der Stein ist weg, das Grab ist leer!« Und noch mal der volle Chor: »Der Stein ist weg! Das Grab ist leer!« – Und da drauf folgte jetzt noch, wie eine Jodlerfuge, das »Allelu – juhuhuhuija – Alle luija!« Da håts Annamirl für a kurze Zeit 's Trenzn aufghört und hat eahm denkt: »O mein, singts no! Mi konn nix mehr tröstn – grad no die Auferstehung – und die erst am Jüngsten Tag!« –

Am Ostermontag, da gehn die Bauern und Bürger gern auf Emmaus. A liaber, a schöner, a guater Brauch, dös Emmausgehn! Und es is allweil schon a Mords-Hetz gwen. – »Emmausgehn«, mein liaber Freind und Kupferstecher, ist nicht zu verwechsln mit dem »Nebnnausgehn«! Emmaus gehn kimmt vom heutigen Evangeli her, wo's hoaßt »... Herr, bleib bei uns, denn es will Abend werden, und der Tag hat sich schon geneiget!« – Da ist er bliebn – bei die zween, beim Wirt in Emmaus. Und sie habn gessn und trunka! – Und weil die Wirt allerweil schon bsondere Schlaumeier gwen san, habn sie frührerszeiten die Stell zu eahnane Gunstn auslegn lassn und habn den Spruch gern über die Wirtshaustür maln lassn, bsonders in Bayern. I kenn no etliche Wirtshäuser, wo in einer kleinen Lüftlmalerei Jesus mit den zwei Emmausjüngern abbuidelt is und drüber steht, brav und unschuldig: »Herr, bleib bei uns, denn es will Abend werden, und der Tag hat sich geneigt!« Fehlt nur noch der Zusatz: Doppelzimmer mit Bad und Vollpension fünfzig DM pro Person plus Mehrwertsteuer! Aber no! Solln s' den Spruch habn, ünsere Gastronomen.

Z'Weihnachten sans schlecht gnuag wegkemma bei der Herbergsuche mit eahnane grantign Hausknecht. – Und z'Pfingstn bleibt eahna fredi der Schnabel sauber. – Der heitige Emmaustag ghört einer lustigen Wanderung und der Einkehr in einem abgelegenen, idyllischen Bauernwirtshaus. Nachand is erst a richtiges Emmausgehn! –

Natürlich werds da a diam spat und später und nachand werds lusti' und lustiger. – Da derfs aa Räusch gebn, dös habn schon die ältesten bayerischen Barockprediger erlaubt. Und sie habn in eahne Osterpredigtn lustige Gschichtln verzählt, bsonders am Ostermontag: ein Ostermärl! – So eine Osterpredigt hat recht kurz sein können und hat sich fast nur aus dem Ostermärl zusammengesetzt. Etwa diese da, von einem Münchner Pater um 1750 gehalten:

»Euer Lieb und Andacht! Ihr wißt es ja eh. Gestern is der Herr auferstanden und heut nacher Emmaus gegangen. Alleluija! Das nämlich tuts ihr auch. Und jetzt wollts ein Ostermärl hören. Da ist's, ich erzähl euch eins: Es gingen einsmalen, eben am heutigen Fest, verschiedene Bauren nachmittags, wie dann viel anheut, wann das Wetter sich günstig zeiget, vermeinen, sie müssen spazieren, das ist, wie sie sagen, nacher Emmaus gehen, einer bekannten Wallfahrt zu, kehreten aber, nachdem sie ihre Andacht verrichtet, in dem Wirtshaus ein, um einen frischen Trunk zu schöpfen und sodann mit besseren Kräften den Rückweg nach Haus zu nehmen. Da sie also bei dem Tisch saßen, fangte einer an: Oh, unser Herr Dechant hat heut wohl ein holdseliges Ostermärlein erzählet. – Mein, was für eines, fragte der nächste. – Er erzählte, Gott Jupiter habe aus lauter Schelmerei ein Gastmahl angestellet, die Götter und Göttinnen durch den Boten der Götter, Mercurium, einladen lassen zu einem Osterfladen, in der Stille aber ihme befohlen, er sollte bei denen Göttinnen Meldung tun, Jupiter habe entschlossen, seine Frau, die Göttin Juno, abzudanken und eine andere aus denen Göttinnen zu nehmen, die tapfer schwätzen könne, Juno seie ihm gar zu hochtrabend und gebe wenig gute Wort aus. Da seie Mercurius herumgeflogen zur Venus, Pallas, Flora, Pomona, Ceres, Diana, Pales, Thetys und habe sein Sach vortrefflich angebracht. Eine jede wollte anstatt der Juno die vornehmste Göttin werden. Sie stellten sich alle ein und brachten Geschenke mit für den zukünftigen Gemahl. Flora brachte die schönsten Blumen von der Welt, Pomona Früchte, Ceres Brot, Thetys Fisch, Diana Wildpret; Bacchus aber führte ganze Fässer Wein mit sich: welsche, französische, spanische, ungarische. Die Tafel fangte an, da sagte Jupiter, er wollte für ein Tischgespräch eine Frag setzen, was vor eine Ehefrau, als die beste, zu erwählen seie. Da ginge es denen Göttinnen in das Herz: Pallas gab den Vorzug einer Gelehrten, Ceres einer Arbeitsamen, Venus wollte kurzum eine Schöne vorziehen. Ceres hingegen wendete ein, was nutzet die Schönheit eines Weibes, wann sie zu Haus nichts tun will als etwan nur schwätzen, plaudern und feiern. Vornehme Frauen, widersetzte Venus, sollten nichts tun, sie haben ihre Mägd darum; Bauerntrampel, wie du, Ceres, eine bist, dem Acker und Feld angewohnt, mögen arbeiten. – Wie, ich ein Bauerntrampel? Du Strohjungfer, du verschreite! – Da wurden dann die Götter auch ganz unwirsch, insonders, weilen sie anstatt des Schwätzens sich auf das Saufen geleget. Mars wollte schon den Degen zucken und Fried machen. Das beste war, daß Mercurius mit denen gewohnlichen Zeitungsblättlein angekommen und Martem abgefordert, es seie großes Kriegsfeuer auf Erden entstanden, worauf die Tafel abgebrochen worden. Jupiter aber bekennet, er wolle bei der Juno verbleiben, als welche sich noch sehr still gehalten. Nichts seie besser als ein Weib, so schweigen kann, deren finde man aber wenig. – Ja, brummelte Venus zuletzt nach, wann die Weiber geschwätzig seind, so seind die Männer versoffen. Was ist besser? Wann einer alle Tag nacher Emmaus gehet? Denkts nach, ihr Weiber! Was ist besser?«

Er war halt auch ein Mannsbild, dersöl Pater! Aber a lustigs. Und dös is d'Hauptsach für 's Ostermärl.

Was wäre Ostern ohne das Osterei? Das ganze Fest hätte kein tiefes, dunkles und dennoch auch wieder allgemein verständliches Symbol. Das Osterei ist obendrein kein heidnisch-germanisches Zeichen, sondern ein altchristliches. In der ganzen Christenheit hat man schon vor eineinhalbtausend Jahren die Ostereier geweiht. Die »benedictio ovorum« gibt den Eiern erst die richtige Kraft. Wer a gweichts Oar ißt, dem geht dös ganze Jahr über die Kraft net aus. Der dertragt alls.

Und dös is aar an alter Ousterbrauch, daß die Burschen in den Osternächten am Kammerfenster Oar kriagt habn. Hergebn hat a jeds Madl an Oar, aa oane, die oan net mögn hat. Die hat halt nachand koan routs, sondern grad a blaus, a gelbs oder a grüns spendiert.

Ist eine eine besonders aufgeweckte Dingin gewesen, hat sie einem frechen Burschen gleich gar a gstinkets Oar gschenkt. Aber der Gerechte, der Herzpeterl, der hat natürlich ein schönes, ein rotes gekriegt. Die Freid!

Diam a schneidiger Loder hat in der Ousterwoch' glei' ganze Körberl voll route Ousteroar zsamma bracht. Da hat dann sein Muatter gschaut! Und der Vater hat glacht und hat an seine schöne Jugendzeit denkt, die wo so schnell vergeht. –

Es habn aber aa die Dirndl angebn und habn gsagt: »I kunnt heuer gar net gnuag Ousteroar habn! An Karsamsta' bei der Nacht hab i schon siebne braucht, in der Oustersunntagnacht sechzehne und erst in der Oustermontagnacht, da sans mir direkt ausganga. Da hab i's von der Altdirn z'leiha nehma müassn.« – Es hat nämlich eine jede ledige Weibsperson von der Bäuerin so und so viele Eier gekriegt, meistens ein Dutzend, an manchen Plätzen auch darüber.

Und sogar die Eltern haben Sprüch gmacht und habn gsagt: »Mein Gott und Herr, um mein Tochter is heuer angangen! Die hat siebnadreißg Ousteroar ausgebn am Kammerfenster!«

Die Oarabtrager aber, die Burschn, habn sichs schmekken lassen, ihre österliche Liebesware. Und Oar machan a Kraft! Da gfreit oan die schöne Frühjahrszeit glei' no mehrer mit der Kraft.

Wer mit seinen Ostereiern nicht ausreicht, der kann ihm noch etliche dazugewinnen. Da muß er nur zum Oarpecka gehn, zum Eierpecken. Oarpecke is a raffinierts Gspuil, und dazu braucht einer eine Geschicklichkeit und ein echtes Fingerspitzengefühl. Beim Oarpeckn können natürlich auch die eigenen Eier weniger werden. Je nachdem, wer die besseren Hennen daheim hat. Weil: Die Festigkeit der Eierschale ist das Entscheidende, die Härtn von der Oarschel.

Peckst du mit deinem Ei auf ein gegnerisches Ei und durch deinen Peckerer kriegt dös Oar von deinm Gegner a kloanwinzigs Sprüngerl grad, schon ghörts dein. – Und der Gegner, der jetzt dein Ei pecken darf, muß ein frisches hernehmen dazu. Es kann freilich der Pecker beim Pecken sein Ei wieder verlieren. Auch du selber hättest beim ersten Pekken dein Ei schon einbüßen können. Kurzum, einer muß nach jedem Pecken ein neues Ei aus seinem Körberl herausnehmen. Oder gar aus seinem Hosensack, was eine ungemeine Vorsicht beim Gehen und Stehen notwendig macht. Bei einem Spielgang darf nur immer einmal gepeckt werden. Bleiben dabei die Eier ganz, darf der Kontrahent pecken, muß aber nicht, sondern man kann sich einen anderen Gegner suchen, wenn sich der vorige Partner noch besinnen möchte. Der Sieger beim Oarpecka ist allerweil verdächtig. – Was hoaßt da Sieger? Wenn einer drei, vier Eier gewonnen hat bei einem Oarpeckerts – die heutigen Hippies täten sagen »Oarpecking«, wie sie auch sagen meeting und sitting, anstatt a Trefferts, a Sitzerts, a Schiaßerts oder a Liaberts –

also wer bei einem Oarpeckerts vier, fünf Oar gwuna hat, is no unverdächtig und ein bloßer Glücksmensch. Wer aber gleich ein ganzes Körberl voll Ostereier heimtragen kann, der hat sich schwer verdächtig gemacht, daß er wahrscheinlich mit einem Bullei gepeckt hat, mit einem Gipsei. So was wenn aufkommt, dann gibt es eine Eierschlacht. Mein Liaber, nachand staabts! Da werdn die Oar beim Hoamgehn nachand alle radibutz zsamma peckt.

Was mög dös woihl bedeitn, dös Oarpecka? – Es is a Probespiel, a Probier, a Prüfung. Der Brave peckt hin. Und sein Oar halt an Peckerer aus. Ja, gwiß werds a so sein. – Is as Lebn net vuil anderst: A braver, a fester, a geduildiger, a frummer Mann halts aus und vertragt so manchen Peckerer.

Es is ja grad, daß d'Zeit vergeht! – An oanzigs Oarpekkerts is' 's Lebn. – Ein Ei und das Glück bleiben selten ganz in einem Stück.

Noch schöner als das Eierpecken ist das Eierscheiben, das »Oarscheibn«. Dazu braucht man zwei Rechen, die man auf einen leicht abschüssigen Wiesenhang dicht nebeneinanderlegt, daß die Rechenkämme ineinandergerückt sind und die beiden Stiele eine ideale Rutschbahn für die Eier hergeben. Diese Oarscheibn darf ja nicht zu steil sein, denn die Eier sollen wenigstens über den Rechen wohlbehalten herunterrollen können. – Also, über die beiden Rechenstiele scheibt man ein Ei herunter. – Vorsichtig kugelt es am Ende der Rechen in die Wiese, wo es in einer Mulde zum Stehen kommt. Da rollt auch schon das nächste Ei die Rechenrutsch herunter und kugelt in die Wiese hinein – und – prallt womöglich sanft auf eines der dort bereits liegenden Eier der Vorscheiber. Jetzt werden alle die Eier, die das eben herabgerollte Ei berührt hat, von den Mitspielern untersucht. Bei diesem Untersuchen sollen die Eier möglichst nicht verrückt werden. Hat eines der berührten Eier einen Sprung, ist es gewonnen, ist es »derschieben« worden. Und ein so gewonnenes Ei darf sofort in das eigene Körbchen gesteckt werden. Hat bei dem Zusammenstoß allerdings das eigene Ei einen Peckerer bekommen, gehört es dem Besitzer des berührten Eies. Sind beide Eier draufgegangen, was oft vorkommen kann, behält jeder sein eigenes Glump.

Der Zufall des Glücks spielt beim Oarscheibn eine größere Rolle als beim Oarpecka. Ja, wann unsere Henner no lauter Oar legerten mit dicke Schel wia Bulloar! – Die Kinder helfen den Hennen die Tage vor Ostern und mischen allerlei oarschelhärtende Sachen unters Hühnerfutter: Kalk und Gips, besonders lange Regenwürmer, getrocknete Eierschalen, ein paar überwinterte Stubenfliegen und etwas vom Mist des Sprungstieres. Aber man weiß nicht, was wirklich hilft. Je milder der März, desto weicher das Herz, je größer der Moar, desto härter die Oar.

Christus ipse enim verus est Agnus, qui tollit peccata mundi ... Christus selbst ist in Wahrheit das Lamm, das hinwegnimmt die Sünden der Welt, heißt's in der Osterpräfation.

Dagegen kommt der heidnische Osterhase nicht auf. Was is aa der schönste Has gegen ein zartes unschuildiges Lamperl? Gegen ein Ousterlamperl aus Biskuit, vom Bäcker oder gar vom Konditor gebacken und mit Puderzucker fein überstreut? Das stolze Siegesfähnchen der Erlösung im Buckel drin wiar a Messer. – Na, na, gegar a so a Ousterlamperl steht nix auf. Und so a Ousterlamperl kimmt auch im Körberl für die Speiseweih obn auf.

Solang i a Kind gwen bi, hab i von meinm Firmgöd, was sogar selber a Bäckermoaster gwen is, allweil a Ousterlamperl kriagt und koan fabrikan Schokladhasn, der schon vor Weihnachtn gegossen is wordn und seit dem Sonntag Reminiscere im Schaufenster hat stehn müassn. – Aber a so is auf der Welt! Die neimodischn Ousterhaserln verdrängen die unschuildign Osterlamperl. – Die Unschuild is halt nix mehr wert, heitzutag! – Koan Fünferl nimmer. Und drum guilt aa 's Symbol nix mehr. –

Dran schuild san da gwiß net alloan ünserne Konditor und Bäck, weils Gott sei Dank no vuil gibt in die kleanern Dörfer und Marktflecken, die wo no Ousterlamperlmodeln habn und an Ousterlampertoag anrichtn könnan. Aber wia lang no? –

Bist frisch gschert mitm Kampe,
Bist a kloans Ousterlampe!
Magst no net abgstocha werdn,
Magst liaber auf d'Wiesn triebn werdn,
's Fressn lerna und 's Wiederkain,
Und aa 's Umananderspringa tuat di gfrein!
Wia lang no, bald kimmst in d'Woill
Und werst nomal gschert – hint im Stoil.
Und nachand bist an alts Schaf.
Jatz leg di nieder und schlaf!
Der Schäferbua hat di frisch gschert – mitm Kampe,
Heit bist no a klaons Ousterlampe!

Zu der Oustergaudi – oder wia die alten Prediger gsagt habn: zum Ostergelächter – zum risus paschalis denn aus der Freude über den Auferstandenen wird erst ein Lachen, ein feierliches, dann ein immer größeres Gelächter, das den ganzen Menschen erfaßt, eben das Ostergelächter – zu diesem risus paschalis kommt ja noch die allgemeine Frühlingsfreud. Und die hoazt die grouße Gaudi erst an! – Da is dös Oarabholn an die Kammerfenster von die Menscher no gar nix dagegn. Früher is nämlich die Nacht vom Karsamstag auf den Oustersonntag – also jetzt von den neimodischen Kaplänen und Liturgen recht fad die hochheilige Osternacht genannt – dabei habns nimmer amal den rechtn Glaubn und schreibn alln möglichn Mist zsamm über die Auferstehung – also früher is bei üns in Bayern die Ousternacht a »Freinacht« gwen. Und der Herr is bereits – wie es sich ghört hat in Bayern – am Karsamstag nachmittag auferstanden. In einer solchen Freinacht is wuild aufganga. Da is man recht übermüatig gwen, und derlaabt is bereits alls gwen, aa dös.

Waar ja aa neamd zum verdenka gwen! – Die ganze Fastenzeit über hat man net fensterln derfn. Da hats ghoaßn: Wann a Madl in der Fastenzeit an Bursch am Kammerfenster ongibt, nachand trifft dös Jahr dös Haus an Unglück. Meistens, hats ghoaßn, schlagt der Blitz ein. Und er hat aa diam Platz ghörig eingschlagn – trotz der Fastenzeit! – Also koan Wunder, daß man die Freinacht ausgnützt hat.

Aber ehvor daß finster wordn is am Karsamstag, ehvor hat der Bauer mit seine Knecht no Bärn triebn. Dös is an Art Fuaßballspiel gwen mit grouße Stangen und an Holzbrokka. Der Bär hat vom Bärntreiber in d'Suppn einitriebn werdn müaßn! Bondi der Bär is in der Schüssl! Und nachand is dös Gspuil weiterganga, es san die Stecka zsammgwarfa wordn, und der weitist hat an Bärntreiber macha müassn. – Da san diam d'Fenster draufganga, as so is triebn wordn! – Aber Verletzte hats kaam gebn. Bei aller Kraft und bei alldem Übermuat – Fuaßballer san die Bärntreiber koan gwen. – »Bonde der Bär, wo er liegt oder steht is er bondt!« – Man muaß sich die Mannsbuilder vorstelln, wia 's im Hof drinna spuiln, weils der Brauch is, weils a Freid habn, weils Oustern is! – – Und nachand also drauf no die Freinacht! –

I sag ja: Es konn nix Schöneres gebn als wiar a boarischs Lebn, als wiar an Zwiebeturm, der hat an Furm! – Und ünser Kirchaturm, der übersteht den Sturm. – So wia der gmauert is – halt der ganz gwiß! –

»Wie lang hab' ich auf dich gewart, du schöne Frühlingswiesn«, singt der alte bayerische Anakreontiker Augustin Grieninger, ein Augustinerchorherr aus Rottenbuch – »Die Flüß, die Bäch, die Wässerlein den Harnisch hinweglegen. – Was gflossen trüb, jetzt rinnet rein, der Winter ist erlegen!«

Das war vielleicht ein Wergeln und Treiben noch die ganze Karwoche über, drinnen der Hausputz und draußen auf den Feldern das Zubauen! Hügelauf, hügelab im ganzen Ober- und Niederbayern bis hinauf in die Oberpfalz und nach Franken rattern in der Karwoche oft die Traktoren über die gerade trockenen Äcker, daß 's schon hier und da g'staubt hat, wenn Ostern später gefallen ist. Mein Liaber, das hat schon auch seine Form! Das klingt fast so lustig wie früher das Peitschenknallen und Pferdewiehern. Die Eggen und Sternwalzen werden manchmal sogar im Schnellgang gefahren. Nur die Sämaschine mit ihren zwei Dutzend Pfeifen glänzt metallen in der warmen Frühlingssonne. Ein Symbol tausendfältiger Fruchtbarkeit. Jetzt kann sie herwachsen, die beste bayerische Braugerste! Das wird ein Bier! Der Bauer ist ein braver Mann, der fangt alle Jahr wieder das Zuabaun an, und er wird nicht frühjahrsmüde, wenn er auf'm Traktor sitzt und die Arbeit des Frühlings verrichtet, das Säen. Die Natur geht ihren Gang.

Und wieder kimm i zum Kammerfenster. Weil: D'Liab und der Auswärts, die zwoa ghörn halt zsamm. Alls werd wachset, alls werd gehert, alls möcht auf d'Welt kemma. Überalln gspürt man die Hoffnung. Luija, sag i! Und wennst net auf der Stell aufmachst, dein Fensterl, nachand laß halt zua, dumme Kuah!

Und der Bursch geht einen Hof weiter. – Da hat auch einmal ein Pfarrer gegen das Kammerfensterln gepredigt. Und das ganz scharf. Die Folgen der sündhaften Liebe hat er in den schlimmsten Farben geschildert. Den Mädchen sowohl wie den Burschen. – Aber er hat die Zahl der vorzeitigen Taufen nicht herunterdrücken können in der Pfarrei. Dabei war er ein gottesfürchtiger Mann. Kam einmal der Bischof auf Visitation zu ihm und studierte das Taufbuch. »Mein lieber Mitbruder, das gefällt mir fein gar nicht in Ihrer Pfarrei! So viele vorzeitige Taufen! Hm, hm, hm!« – Beim wunden Punkt ertappt, stammelte der brave Bauernpfarrer verlegen und demütig: »Entschuldigen S' Exzellenz, aber dös is erst seitdem i da Pfarrer bin a so!«

Und im Beichtstuhl hat er jedm jungen Burschen selber gehörig die Leviten gelesen! – Zum Hias sagt er amal: »So, mein lieber Hiasl, jetzt wär deine Seele wieder sauber. Hast alles brav gebeichtet, und wie steht es jetzt mit dem Vorsatz, hm? Hast du dir wegen deiner Lieblingssünde nichts Ernsthaftes vorgenommen?« – »Woihl, woihl, Herr Pfarrer«, sagt der Hias darauf, »woihl, woihl, bis auf Oustern halt i's no aus. Aber nachand bring i's schon wieder einer. I hab schon a paar Kammerfenster im Aug' ...«

San im Mirz die Nächt aa no kalt,
Der Liab is nix z'bald!

Bei uns im katholischen Bayern ist noch einiges vorhanden von der alten barocken Bauernfrömmigkeit, das einen Sinn hat und ein Leben, mehr vielleicht, als Sie meinen. Besonders von den Osterbräuchen noch. Trotzdem die jungen und gescheiten Pfarrer dagegen sind und waren und kein frommes Herz mehr zeigen dürfen, sondern bloß noch den ökumenischen Verstand. Mag jetzt ein junger Kaplan über das sogenannte Brauchtums-Christentum schimpfen soviel er mag, in so einem uralten christkatholischen Brauch steckt mehr Frömmigkeit drin wie in zehn neumodischen Konzelebrationen und Versammlungen etc. Am hochheiligen Ostermontag z. B., gleich nach dem Mittagessen, um halb zwölf Uhr bis zwölf Uhr, geht's zum »Felderumgang«, zur Weihe und Segnung der Felder. Der Bauer tut das mit seiner Familie selber. Im Hinausgehen über den Hof durch die Obstbäume wird der Glaube an Gott angestimmt. Der Bauer geht voraus, die Ehehalten hinterdrein. Es wird um den Korn- und Weizenacker herumgegangen, und laut wird dazu der Rosenkranz gebetet. Gegrüßet seist du, Maria ... der von den Toten auferstanden ist! Die Bäuerin spritzt den Weihbrunn, das mehrfach geweihte Osterwasser. Die Dirn tragt das Körbl mit den Eierschalen von den geweihten Eiern. Eins tragt den Segenbaum, in den das geweihte Osterfeuer eingebrannt ist, daß der Segen ja nimmer herauskann. Und von den Kindern hat ein jedes ein Palmmanschi in der Hand. Dös hat alles seinen Sinn und seinen Zweck. Rund um den Acker wird gegangen, und in jeder Eck' wird aufgesteckt, hingestreut und hingespritzt. A so ist es seit Jahrhunderten der Brauch. Und die Jahrhunderte zählen mit bei so einem Brauch.

Vier-, fünf-, sechs-, siebenhundert Jahre lang, jeden Ostermontag, das is schon ein Nummerer! Von jedem Haus kommens heraus und gehen durch die Obstbäume über die Wiesen den Äckern zu. In jeder Pfarrei, so weit man nur schauen kann, um zwölf Uhr zu Mittag, bergauf und bergab, überall sieht man sie gehen, die gleichen Bauernprozessionen, und überall beten sie das gleiche.

Der von den Toten auferstanden ist. – Und: Daß du die Früchte der Erde geben und erhalten wollest! Heilige Maria, Mutter Gottes ... der Segen Gottes senkt sich schier sichtbar hernieder auf alle Fluren. In Ober- und Niederbayern, in Franken und Schwaben und in der Oberpfalz, aufs ganze Vaterland.

»Du bist gebenedeit unter den Weibern!« Der Wind verweht und vermischt die Stimmen. Die Taufkirchner und Zeilarner, die Schildturner und die Gerlinger, die Wurmannsquicker und die Tannerbauern, alle beten sie um ihr Korn, um ihre Gerste, um ihren Weizen.

Das Erdenreich is worden weich,
Die Saat der Frühling nimmet,
Das Wiesengrün, so g'wesen bleich,
Die Fröhlichkeit anstimmet.

Es hätte sich unser Herr für die Auferstehung keine schönere Zeit aussuchen können. Die Liturgie der Osternacht fängt mit der Weihe des Feuers an, denn alles Leben geht vom Licht aus. Von der Kraft dieses Lichtes, vom Lumen Christi, was die alten Bauernpfarrer früher, wenn sie in die finstere Kirch' eingezogen sind, schön gesungen haben und dabei zugleich die Ministranten noch haben schimpfen können: »Lumen Christi – niederknien! Lausbub'n zünd's die Kerzen an! – Lumen Christi« usw.

Da hat man sich zusammennehmen müssen, damit man nicht gelacht hat, trotz der Feierlichkeit. Früher, das heißt vor gut 20 Jahren noch, ist die Auferstehungsfeier immer am Karsamstag gewesen. Das war der schönste Feierabend des ganzen Jahres. Unsere Leut' haben der Karsamstag-Auferstehung lange nachgetrauert, und ein alter Bauer hat damals bei der Umstellung gesagt: »I woaß net, was sie allerweil haben mit dene neumodischen Bräuch' in der Kirch'? Zu Jerusalem oder zu Italien, da mag er in der Nacht aufgstanden sein, aber in Altbayern wann er glebt hätt', unser Herr, nachand waar er bestimmt am Samstag nachmittag auferstanden. Gleich nach dem Feierabendläuten, wie es jahrhundertelang bei uns der Brauch gewesen ist.« Dös is ein Tag, den hat der Herrgott gemacht: Haec dies, quam fecit Dominus, Alleluija! –

Es san beim Emmausgehn natürli' aa diam Sachan passiert, die besser net geschehgn waarn. Zwoa reiche, aber tief verfeindete Einödhofbauern, richtige Protzbauern, san aar amal Emmaus ganga. Dös hoaßt, die Herren warn so fein, daß a jeder mit seiner Chaisn gfahrn is und mit seinm Waglroß. – Aber fleißig, beim Wirt z'Greanwies habn sie se halt nachand troffa, habn lang nixn gredt, aber weil a grüabige Gsellschaft beinander ghockt is und weil ma z'Emmaus gwen is, hat man se nixn anmirka lassn vom Z'kriagtsein und hat se allweil besser unterhaltn. – Nach der dreizehnten Halbe hats an jedn sein Wurm aufagrissen. »Du, Nialinger, woaßt es no! – Du hast mi in der Ousternacht am Kammerfenster von der Mari hoamgscheitlt! Mein Liaber, dös vergiß i dir net! – Dös hab i dir fein lang net vergessn! – I hätt' eigentlich dein Mari heiretn solln! –«

»A geh zua, Freimelhuaber! Dös is an alter Schmarrn! D'Marie is die mein, und du hast eh die Anna gheiret! Bist gwiß aa net schlechter dran! Und nach zwanzg Jahr is dös ganz wurscht! Sauwurscht! –«

Und a so habns dahingschmatzt. Nach der 23igsten Halbe nachand is schon halbe zwoa in der Früah wordn, da hat der Wirt nimmer mögn und hat die zween Bauern auf eahnane Chaisn gsitzt. A jeder von dene zween hat ja grad no gführt werdn könna und hat glei' 's Schnarcha angfangt. Und nachand – weil der Wirt a Lump war – hat er die Rösser vertauscht. An Freimelhuaber sein Schimmi hat er an d'Nialinger-Chaisn ghängt und an Nialinger sein' Fuchs an d'Freimelhuaber-Chaisn. Und die Roß san hoam. Weil a Roß hat ja koan Verstand. Und wahrscheinlich haben sich die Rösser denkt: Heit is eh wurscht, es schmeckt oaner so bsuffa wia der ander. – Dahoam, a so a Roß geht vorn Stall hin und riechet an weng. Na riechet drin a Roß, und durch dös werd der Knecht munter. Er steigt vom Bett außer, schlafgrantig und mit zuapikte Augn, und spannt 's Roß aus. Nachand legt er se wieder hin. Hat er an Bauern vergessen! – Der schnarcht, daß der ganze Hof summt. Da kann der Knecht net schlafa. Er steht auf und denkt dran. »Jessas der Bauer! Der hockt no in der Chaisn drin!« – Er hebt 'hn außer und führt 'hn vor sein Kammertür, macht dieselbige auf und rennt an Bauern as Bett. D'Bäurin, Liacht hats ja selbigsmal koans gebn bei der Nacht, die Bäuerin laßt ihrn Mann schlafa. Sie ziahgt eahm grad d'Schuach aus, daß er 's Bett net vollmacht, und legt sich nebern Bauern wieder hin. – Liacht hats ja koans gebn. Und die zween habn hübsch die gleiche Statur ghabt. – Dös ander laßt se denka. D'Freimelhuaberin is a streitsüchtige und hat an Nialinger an Bart ausgrissn. D'Maria Nialinger is a brave und hat se gwundert, daß der Mann heit so liab is! – Aber der Nialinger hat der Freimelhuaberin 's Aug blau gfarbt. Und dös ohne Oarfarb. – Draus is a Prozeß wordn. – Und dös ganze Bezirksamt hat glacht. – I sag ja, dös Nebennausgehen, pardon, dös Emmausgehn hat an Deifi gsehgn! – Es is gscheiter, man bleibt dahoam! Herr, bleib bei uns, denn es will Abend werden, und der Tag hat sich schon geneiget! –

Georgi

Bauerndirn, Bauerndirn,
Laß di' sched net vaführn!
Häng d'Liab as Kuahviech oi',
Den tuats sauwoihl.

Z'Lichtmeß bin i her,
Und schon gfallts ma nicht mehr!
Aufn Girgntag steh i aus,
Mir taugts net, dös Haus.

Heilinga Girgn, Du,
Machtiger Reiter, Du,
Wannst meine Stuatn und Hengst
Heit a weng gsengst!

Heilinga Girgn, g'acht,
Hast den grobn Wurm umbracht!
Steh aa üns Sünder bei!
Vasuacht is ma glei!

Der Weiße Sonntag

Der Sonntag nach Ostern heißt der Weiße Sonntag, der Tag der Erstkommunion. Bruderherz, das ist ein Tag, der einem durch und durch geht! Die Mutter ist aufgeregt, der Bub ist blaß und stad und tut so brav und feierlich, daß man meinen möchte, ein Primiziant ist im Haus. Bei den Dirndln ist's noch viel schlimmer: Da ist es ein Herrichten und Probieren, ein Aus- und Anziehen und Frisieren, als gelte es, eine Hochzeiterin auszuheiraten!

Und auch die charakterfestesten Väter kriegen heut ein weiches, frommes Herz. Sogar ein Mann wie der Golpauli, ein Viehhändler voller Zähigkeit und Härte, bekannt in drei Pfarreien als ein Mann, dem nichts imponiert als die Handlschaft und der Profit, er konnte heute seiner Rührung nicht mehr Meister werden. Er spricht das hernach im Wirtshaus bei den Weißwürsten auch ganz offen aus: »Auf Ehr' und Seligkeit: Na, lang hats ma nix ton heit, lang hob i mir zruckghaltn; obwohl, daß da Einzug alloan oan schon onkinna hätt: Woaßt, dös is bereits a Buidl gwen: voraus da Pfarra mit de Meßtriabuam, na de schneeweißn Dirndl – und hinterdrein – wie kloane Hochzeiter – de Buam, oana brava wia da ander, und mein Peterl is aa dabei. – Dös hat ma alls no nix ton. – Aa no net, wia de Urgl 's spuiln ongfangt hat und de Kinder vüre zogn san in eahnane Stuihl und de Kirzn aufgsteckt habn, nix, i bin dagstandn wiar a Baam. Und beim Dings, bei dem Taafgelöbnis – wias mit eahnane unschuildign feina Stimman an Pfarra allweil nachplappert habn: wir widersagen – da hats meine Alte bereits gstößn, und sie hat trenzt. Na, dös hat ma alls no nix gmacht: Aber erst, wia da Peterl, mein Bua, vüre is as Speisgatta, da hats mit packt, da hats mi grißn – und i schaam mi net, mi san d'Zachaleng kemma vo lauter Freid!«

Himmelfahrt

Der Auffahrtstag wenn ins Land geht, dann werden die Wiesen allmählich bunt, und man kann vom Kleeacker schon wieder die Futterei heimfahren. Die Schlüsselblumen vergehen, und tausend andere Blümerl verzaubern die einfachsten Bauernwiesen zu Teppichen von orientalischer Pracht.

Unser Herr ist selber hinaufgefahren in den Himmel, aus eigener Kraft. Darum heißt dieses Fest auch »ascensio«, Hinauffahrt. Im Gegensatz zur »assumptio Mariae«, welche die Englein ins Werk setzten, indem sie die Mutter Gottes hinauftrugen.

Daß einer nicht an die assumptio Mariae glaubt, trifft man öfters an. Daß aber einer die Himmelfahrt Christi bezweifelt, ist eine Kuriosität. Der Rabeiner-Sepp, ein abgelegener Bergbauer, ist ein solches Kuriosum. »D' Muatter Gottes is freili aufi in Himme', grad a so wia's aufgmaln is in meiner Kapelln, aber ünser Herr is net aufi, weil er in der Welt bliebn is, dös woaß i gwiß.«

Der verrückte Irrlehrer, den kein Pfarrer und kein Pater belehren konnte, blieb unbehelligt. Er war sonst ein ordentlicher Bergbauer und fiel nirgends auf. Er ging in seine Kirche, wie es der Brauch war, ließ seine Kinder taufen und in die Schule gehen. Nur mit dem Religionslehrer kam er jährlich mindestens einmal in Konflikt, denn er widersprach der Unterrichtung seiner Kinder wie ein hartnäckiger Ketzer. »Melde dich in der Religionsstund, Anni, und sag es dem Herrn Pfarrer, daß unser Herr zwar auferstanden ist, aber nicht in den Himmel hinaufgefahren ist. Erstens, weil Er sonst gar nicht hätte auferstehen brauchen, wenn Er hernach net dableibt. Zweitens, weil Jesus es überhaupt nicht mit dem Fahren und Fliegen gehabt hat. Und drittens, weil Er noch in der Welt ist und man Ihm auf einmal begegnen kann, ohne daß man es weiß. Auch dem Herrn Pfarrer kann Er begegnen. Der würde Ihn freilich bestimmt nicht erkennen.«

Solcher Widerspruch brachte immer wieder Unruhe in den Pfarrhof, und mit den Jahren fiel es allen auf: »Am Himmelfahrtstag geht der Rabeiner-Sepp nicht in die Kirche.«

Er saß während des Pfarrgottesdienstes, an dem er seine Familie nur ungern teilnehmen ließ, oben auf seiner Rabeiner-Bergwiese, gleich unter dem Rabeiner-Kopf, und äugte durch sein Fernglas ins Tal hinunter. Besonders hielt er die Pfarrkirche im Visier. Und jedesmal verkündete er hinterdrein: »I hab schon recht, Er is wieder net aufigfahrn, Er is allerweil no auf der Welt.«

Die geistlichen Herren gaben ihm schließlich recht und ließen ihn bei seiner harmlosen Ketzerei. Theologiestudenten stritten mit dem Sepp oft die halben Ferien lang. Aber keiner konnte ihm seinen Auffahrtsunglauben nehmen. Und sollte er seine abtrünnige Theologie begründen, gebrauchte er keine ungeschickten Argumente. »Er is deszwegn auf dera Welt dabliebn, damit sich die Herren Beamten und Minister net alls derlaubn derfan. Und nachand wega die Kriag, moanst? – Ja, grad aa wega die Kriag. Wenn Er net da waar auf dera Welt, nachand waar ja allerweil Kriag.«

Kurz vor dem letzten Weltkrieg ist der Rabeiner verstorben. Und das ausgerechnet am Christi Himmelfahrtstag gegen Abend. Wie ihn der Herr Pfarrer an dem Tag, nachmittags, mit der Letzten Ölung versehen hatte, gestand ihm der Sepp: »Herr Pfarrer, i muaß Eahna was sagn. Eahna sag i's, aa wenn Sie mir jetzt die Eisen runtergerissen habn. Heit is Er aufgfahrn. I hab's selber gsehgn mit meinm Perspektive. Mitten unterm Pfarrgottesdeanst is er aufi. Durch die schwarz Wolkn durchi und in Himmi nein.«

»Es ist halt auch ein Sonderling, ein profitlicher Mensch«, meinte der Pfarrer dazu und hielt ihm eine schöne Grabpredigt, eine von der Himmelfahrt.

Der Geist weht, wo er will, auch bei den Bayern

Drei heilige Zeiten hat das Jahr: Weihnachten, Ostern und Pfingstn. Und diese drei heiligen Zeiten sind in ihrem Range gleich. Grad den oan Unterschied gibts: Das hochheilige Pfingstfest is nix zum Greifa, es ist ebbas Geistigs. Heit gibts nix, und heit kimmt nix: koa Christkindl und koa Ousterhas, heit kimmt grad der Heilige Geist.

Aber net traurig sein, Leit! Der Heilige Geist is woltern aa was! Und net weni! Ganz bsonders is er nämlich der beste Tröster, dens gibt in der Christenheit. Und an Trost braucht a jeder, an consolator optimus! –

Aa für sölla Leit, die koa geistigs Gschäft habn, die koane Professa und Dokta san, aa für die hat er was, der Heilige Geist. Weshalb vor seiner Unfaßbarkeit, Weisheit, Stärke und Allgewalt sogar die gerissensten Geschäftsleute einigen Respekt haben. Gott sei Dank! Denn mit einem gängigen Pfingstartikel ist noch keiner auf den Markt gekommen, kein Kaufhauskonzern und kein Verkaufspsychologe. Mit was denn auch? – Mit einem Pfingstöchserl vielleicht? Mit einer Schokoladentaube? Oder mit schokoladenen Heilig-Geist-Tauben-Eiern? Oder mit lebkuchenen Nürnberger Geisttrichtern usw.? Daß Gott erbarm! Na, na, na! Das hat sich noch keiner ausgedacht, das hat sich noch keiner getraut, denn die Sünden wider den Heiligen Geist gelten als die größten Sünden. Und darum hat das Pfingstfest seine alte Lieblichkeit auch besser bewahren können als Weihnachten oder Ostern. – »Pfingsten, das liebliche Fest war gekommen, es grünten und blühten Feld und Wald!«

Jawoi, und grad schön is! Aa wenns diam an Duscherer tuat. 's Jahr geht endlich in den Sommer. Die Kurn kemman in d'Blüah, und dös erste Heu liegt bald auf der Wiesn: Pfingstn is'. – Und der Geist des Herrn erfüllt den Erdkreis! –

Iatz is aa die Zeit, wo die Exzellenzn Bischöfn auf d'Firmungsroas gehn. Dös is an Aufregung! Bsunders für die Herren Honoratioren, für den Herrn Pfarrer und den Herrn Burgermoaster, der wo vielleicht a Begrüßungsansprach haltn muaß, wenn die Exzellenz einghoit werd, feierlich! – Da san schon diam schöne Stückl passiert. Z'Reamading woaß is, wia da der Bischof kemma is, hat der Burgermoaster schon acht Tag lang nimmer schloffa kinna. Allweil wieder hat er sein Begrüßungsred aufgsagt, im Roßstall und beim Eingrasn, beim Brotzeitmacha und im Wirtshaus, in der Schlafkammer und im Wald. Und allweil länger und allerweil festlicher is wordn, sein Red. »Exzellenz, Hochwürdigster Herr Bischof! Geschmücket sind inserne Häuser. Und auch der Neuwirt« – heutauf, des sag i liaber net, »hat sei Fahn heraußn.« Er hat gstudiert und gstudiert. Die Red is allweil großartiger wordn und der Burgermoaster aber allerweil kaasiger und grantiger. Endlich kimmt der Tag.

Der Burgermoaster is krank. Er konn net. Na, i net. Die Triumphbögen prangen, die Kutschn und Ehrenkutschn sind mit Girlanden umwunden, die Rösser haben eingeflochtene Schwänz, die Hüaf san gschmiert, alls steht da, alls wart; und die Feierwehr steht stramm. D'Blechmusi spuit an schneidign Marsch. Und iatz müaßts passiern. Der Herr Bürgermeister der Marktgemeinde, begleitet vom Gemeinderat, hebt an und hebt an und schluckt und schluckt, wird noch weißer wie ein weiblicher Firmling in seinem Gwandl. Und wie die Not am größten, entringen sich endlich seinen Lippen die heute noch geflügelten Worte: »Grüß di God, Bischofn! I waar schon gfirmt.«

In jeder Bauernstadt, in jedem Marktflecken kehren sie ein, die hochwürdigsten Herren, und teilen das Sakrament des Geistes aus und seine sieben Gaben. Wer woaß denn no, wias hoaßn all siebne? – Kaam no oa Firmling heitzutag! Kaam oana ... kaam a Pf... Ah was, i sags liaber net! Sieben

Gaben sans! Aber bis auf dö siebene konn net jeder Professor mehr zähln. Siebtens die Gottesfrucht, hoaßt a Roman vom Josef Martin Bauern. Und sechstens nachand? – Bei ünsern Herrn Pfarrer hat mas früher aa rückwärts aufsagn könna müassn, die sieben kostbaren Gaben des Heiligen Geistes. Also, siebtens die Gottesfurcht, sechstens die Frömmigkeit, fünftens die Wissenschaft, viertens die Stärke, drittens die Gabe des Rates, zweitens die Gabe des Verstandes und erstens die Gabe der Weisheit. – Dös is a Kopfarbet! – Und diese sieben Gaben kriagt man allsamt gratis bei der Firmung. – Diam Leit freilich, möcht man moana, obwoi daß sie gfirmt wordn san – womöglich gar vom hochwürdigsten Herrn Kardinal glei' selber und obwoi daß sie an geldign Firmpatn dazua ghabt habn, diam Leit habn net amal die Gabe des guten Ratannehmens derwischt. Und fromm sans aa nimmer. Sölla Leit habn koan Furm.

Für die Gödn und Godn ist der Firmungstag natürlich ein schönes Erlebnis, das man seiner Lebtag nicht vergißt: der Bischof mit Mitra und Stab, die Uhr und dann das viele Essen und Trinken beim Postbräu, beim Konditor, beim Lebzelter, beim Metschenken, das viele Eis und dann der Ausflug nach dem Chiemsee und das Schifferlfahrn!

Und das Stadterl selm erst, die Heimatstadt. Der obere und der untere Markt hat beflaggt, überall hängen die weißblauen Rautenfahnen heraus; man könnte glauben, eine königliche Hoheit tangierte eben das Nest. Derweilen, wenn du als Zugereister einen fragst, heißts: Heit firmt man z'Anzing. – Was, so so, ja, ja, heit firmt man z'Anzing. Und aus den sechzehn Wirtshäusern dröhnt das Anzapfen bis in den tief angebrochenen Abend hinein, denn die Firmpaten haben auch eine Freud an den sieben Gaben des Heiligen Geistes. Und wenn man dieselben ein bisserl einfeuchtet, hat mein Firmgöd gsagt, dann wachsens' vielleicht besser an im Hirn der braven Firmlinge.

Pfingstbräuch gibts heit koa mehr. Hier und da kennt no

oaner dös Wort: Pfingstochs. Aber was bedeut', woaß er schon nimmer. Pfingstochs nennt man a Mannsbuild, dös recht neimodisch anzogn is und gescheckerte Sachan anhat, route Bandl, gelbe Tüacha, weiße Schuach! Wenn oaner a so auffallend gekleidet ist, hat man frührers zu eahm gsagt: Der kommt daher wiar a Pfingstochs. Es gibt aa geistige Pfingstochsen. Jedenfalls, dös woaß i no, a Pfingstochs war allerweil ebbas Damischs. Und man wollt koaner werdn. Wer am Pfingstsonntag und am Pfingstmontag als letzter das Bett verlassen hat, der wurde auch Pfingstochse geschimpft. Da warn mir als Bua der Aprilochs und der Maiaff viel lieber gewesen wia der Pfingstochs.

Aber ganz eigentlich kommt der Pfingstochs von den Ochsenrennen, die frühers gern am Pfingstmontag abgehalten worden sind. Lustig is' so ein Ochsenrennen! In Aising bei Rosenheim, in Oberhummel bei Freising gibt es berühmte Ochsenrennen. Aber am Pfingstmontag auch nicht mehr überall. – Von Haus war es nicht einmal ein Ochsenrennen gewesen, vielmehr galt die Observanz, daß man am Pfingstmontag mit dem Viehweiden angefangen hat. An dem Tag durften die Rindviecher zum erstenmal wieder auf die Weide. Das war natürlich a Mordsfreid für d' Viecher, auch für d'Ochsen. Die kamen auf die letzt dran zum Austreiben. Vielleicht aus Spaß? Und darum nannte man sie Pfingstochsen. Bald hat man sie prächtig geschmückt, auffallend, bunt, und hat eine besondere Gaudi mit den weidenden Ochsen veranstaltet. So sind Ochsenrennen entstanden, und der letzte ist meistens am meisten geschmückt wordn. Der hat das Dreizehntel kriagt.

Ja no, d'Fuatterei war knapp und no a weng müahsam, da hat man alls austriebn 's erstemal, sogar die Ochsn. A Pfingstochs ist demnach ganz ebbas anders wiar a Brettlochs. A Brettlochs, a prellter, wird nimmer gescheiter; a Pfingstochs wenigstens konn se vollfressn. An Ochs is an jeder von die zween, und ebbas Geistigs is an Ochs net. 's

Gegenteil aber. Und wenns koa Gegenteil gaab, taat man oft d'Hauptsach übersegn. Es gibt auch Pfingstlümmel.

Das Gegenteil von den Pfingstochsen sind die Gescheiten, die Hochgelehrten, die Herren Professoren und Doktoren! Professor Dr. Sowieso wenn oaner amal hoaßt, nachand is dös oaner, der wo z'vui derwischt hat von die Pfingstgaben des Heiligen Geistes. Net von alle, bloß von der Gabe der Wissenschaften und vielleicht des Verstandes!

Professor Dr. Maier. Dös hat halt an Klang. Aber d'Hofbäuerin von Köllnbach hat amal den Ausspruch getan: Was habts denn allerweil mit enkane Professa und Dokta? Es hoaßt ja aa net: Herr Professor Dr. Jesus Christus! – Der Ausspruch hat was zum bedeutn. Und gfalln tuat er mir ganz guat, wenns aa grad a Bäurin gsagt hat. Net auszdenka, wenns hoaßert: Seine Eminenz, Professor Dr. Jesus, hat in seiner Bergpredigt ein Achtpunkteprogramm empfohlen! – Gott sei Dank, so hoaßts net. – Und dös is für die normalen Heilig-Geist-Verbraucher und Firmling a groußer Trost. Die Pfingstochsen solln lebn! Die Brettlochsen danebn! Also der Geist, dös is an Art Wind, und der waht, wo er wui – aa bei de Bayern. Und net wenig hat er frühers bei uns gwaht, der guate Geist, der Heilige Geist! – Leut, glaubts net dene falschn Geschichtsinterpreten, die die alten guten Zeiten nur schlecht machen, weils koa Blinddarmoperation damals noch gegeben, weil das Penicillin noch nicht entdeckt war im 18. Jahrhundert, weil es noch keine Autoschlangen gegeben, keine Eisenbahnen, kein elektrisches Licht und keine Hygiene, und keine Weltkriege und keine Flugzeuge und Raketen, keine Atombomben und bakteriologischen Waffen und all die anderen so kostbaren Erfindungen der Gelehrten und der Institute, für die wir Steuerzahler jährlich Milliarden aufbringen müssen – zur Ehre der Weisheit und der Stärke – aber weitab von der Weisheit und Stärke des Heiligen Geistes. –

Früher hat er bei uns anders gwaht, der guate, liabe Heilige Geist! – Er hat den Wessobrunner Stuck auf die Decken und Bögen hingehaucht, er hat den Baumeistern die Barockkuppeln eingegeben, die französischen Kathedralen und unsere bayerischen gotischen Hallenkirchen grad a so.

Der Geist der Frömmigkeit und der Gottesfurcht hat den ganz großen und begnadeten Malern die Pinsel geführt zu den gewaltigen Deckenfresken und zu den herzigen Rocaillen, zu den Altarblättern und Heiligenbildern. Der Feuergeist der göttlichen Liebe hat die Schnitzmesser der Günther und Deutschmann, der Straub und noch hundert anderer direkt und mit lustiger Sicherheit geführt, daß die übermütigsten Englein wie Baumnymphlein aus dem guten Holz herausgeflogen sind. Dös war a Geist! Und der hat gwaht im Bayernland. Davon lebn heit no zehntausend Kunsthändler und Antiquitätenschwindler.

Schwärmende Kunsthistoriker schreiben jeds Jahr für Millionen Büachln da drüber, und die Fremdenverkehrsindustrie hat mehr von einer großartig prächtigen Barockkirche als von den Förderungsmaßnahmen dreier Parlamentariergenerationen zusammen! Ach was! Der Geist hat früher stärker gwaht in den bayerischen Landen. Damals, als in Würzburg und Bamberg noch die Schönborn regiert habn und ein Friedrich von Seinsheim! Als in Salzburg noch der gottselige und einfältige musikbesessene Fürsterzbischof Sigismund von Schrattenbach, ein Mann von unsagbarer Leutseligkeit und Bonhommie, mit seiner stets fröhlichen Originalität den milden Krummstab schwang. Dös warn noch Kirchenfürsten! Ah! – Ohne Schrattenbach hätts keinen Mozart gebn! I könnts beweisen.

Was dagegen ist da a fade Gemeinschaftsmeß? Ah was, i mag mi ja gar nimmer auslassn. Helfa taats eh nix mehr. Und verstehn taat mi aa neamd mehr. Emitte Spiritum tuum et creabuntur!

Herr, sende aus deinen Geist, und alles wird neu geschaffen werden! – Dös Lateinische, aa wenn ma net alls verstehn, hörn tean mas doch gern! – Der Geist hat frühers aa bei die Studenten no anders gwaht! Da is no zünftiger zuaganga auf dene Universitäten. Z'Ingolstadt ebba no, wo die hochwürdigen Patres Jesuiten regiert habn!

Und wenn sich die Universität Ingolstadt aa erst um 1738 offiziell zum kopernikanischen Sonnensystem bekannt hat, Latein und Griechisch, die Jurisprudenz, die Medizin und Chirurgie mit der Klistiererei und dene vielen Purgationen und Aderläß, sowie eine enorme Wissenschaft von den Heilkräutern hat man dengascht studieren könna in Ingolstadt auf der hohen Schul! –

Gwiß, hier und da is aa schon was passiert, weil die Studentn warn halt allerweil schon Batzin und Lumpen. Amal z. B. hat in Ingolstadt a Student die Frau eines Professors entführt und is mit ihra ins Ausland – nach Eichstätt – durchbrennt.

Aber z'Landshut nachand is wieder herzinnig und romantisch wordn, des Studiern. Und die Bettina von Arnim und der Professor Savigny habn damals mitm Professor Sailer, dem späteren Bischof, die Aufklärung bekämpft. Herrgott, wars damals schön, Student z'sein! Dös war a Burschenherrlichkeit! – Ja, ja, aa der Geist der Wissenschaften hat in Bayern regiert und is heimisch wordn! – Heimisch schon seit oanahalbtausend Jahr!

Wie ünser Universität noch z'Landshuat gwen is – damals is as Studentnlebn no' recht intim gwen. Intim zu die Professa und zu der Hausmuatter. Es war in Erlangen und in Würzburg net viel anderst. Freili, a bisserl toleranter und aufgeklärter sind sie in Würzburg schon gewesen. Die Schönborn habn auch evangelische Professa zualassn – und Fürstbischof Adam Friedrich von Seinsheim hat sogar an einer lutherischen Universität zwei Semester lang studiert, so tolerant is man damals gwen! – Und in Erlangen woaß mas eh! – Und z'Landshuat also hat der Kronprinz Ludwig studiert – mitten unter dene Bauern- und Bürgersöhne drin.

Der Ringseis, wo später sein Leibarzt wordn is, a Oberpfälzer Wirtssohn, hat Medizin glernt. Und der Graf Pocci, der spätere Kasperltheatergraf, und Oberstzeremonienmeister, hat Staatswissenschaften glernt. Der Pocci hat bei einer Landshuater Buchhändlerin a Zimmer ghabt, wo a junge Tochter dagwen is – und aber aa noch a vui schöners Stubenmadl. Und da hat er damals dös Liadl dicht und komponiert, dös hoaßt: Wenn ich ein Vöglein wär'! –

Typisch für die friedliche und intime Kleinstadtatmosphäre einer Pflanzstätte, der alma mater.

Die Ausstrahlungen des Heiligen Geistes umfassen den ganzen Erdkreis. Die Natur ist mitinbegriffen, ja die ganze Schöpfung! Tu septimformis munere, du siebenfältiger Schatz, singt ein uralter Dichter im berühmten Pfingsthymnus.

Mit dene siebn Gaben muaß also schon seine Richtigkeit habn. Aber – o mei! – die heitigen Theologen legn koan Wert mehr auf die Siebenzahl; die is eahna z'magisch. I hab mir drei verschiedne Katechismus kaaft – neue –, in koam is ebbas dringestandn von den sieben Gaben des Heiligen Geistes. Nur drei Seiten lang werd die Unfehlbarkeit des Papstes behandelt. Als wanns dös brauchet! Dös is eh a Dogma und glaubn ma's a so aa! – Was bleibt da scho hänga vom Pfingstwunder? – Jahrelang hab i aa scho koa gscheite Pfingstpredigt mehr ghört: Da werd allerweil politisiert an dem Tag. Derweil hätt' der Heilige Geist, der ja ganz speziell der Tröstergeist hoaßt, qui paraclitus diceris, allerhand Trostreiches uns zu geben! Wieder habn dös die altn boarischn Barockprediger könnt! Ohne daß laut plärrt hättn, habns dös könnt: trösten! – Und was is a Religion, die net tröstn konn, wert? – Nimmer vui! –

Vor fast dreihundert Jahr hat im Kloster Gars am Inn der Augustinereremit Pater Augustinus Ertl aus München in seiner Festpredigt sich die Frage gestellt: warum denn der großmächtige Heilige Geist, die dritte Person Gottes, ausgerechnet in Zungengestalt erschienen ist, wo er doch meistens als eine Taube symbolisiert wird. Und er gibt diese Antwort:

»Es erschien der Heilige Geist in Zungengestalt, dann er wollte denen Aposteln weisen, daß er ankomme, unsere menschliche Seelenwunden zu heilen. Was ist heilsamer als ein Hundszungen? Wann ein Hund einem beschädigten Menschen seine Wunden lecket, werden selbe bald ausheilen und haben sogar die Hund dem armen Lazaro mit ihrer Zungen seine Geschwär und offene Schäden gelecket und geheilet: vanes veniebant et lingebant ulcera ejus.

Tut das die viehische Hundszungen, wieviel mehrers hat Gott der Heilige Geist mit seiner anheut erscheinenden Zungengestalt sowohl denen Aposteln als uns allen sündigen Menschenkindern die innere Seelenwunden geheilet? Sana, quod est saucium, singet die katholische Kirch in ihrer heutigen Sequenz, heile und mache gesund, was krank und schadhaft ist. Oder es erschien der Heilige Geist in Zungengestalt, dann er wollte allen Unform und Ungestalt von denen noch unvollkommenen Aposteln und andern Sünden hinwegnehmen und uns sametlich zu wohlgestalteten Kindern Gottes machen. Wann die Bärin ihre Jungen wirft, so ist ihre Geburt nur ein grobes wildes Stuck Fleisch, so weder einem Bären noch andern Tier gleichsiehet. Worauf kommet der alte Bär, putzet und lecket so lang an diesem unformlichen Stuck Fleisch, bis endlich der Kopf, die Pratzen und Füß herfürkommen und ein junges Bärlein daraus wird.

Was waren die noch unvollkommene und ungeschicket Apostel, was waren wir alle sündige Menschen vor der Ankunft des Heiligen Geistes als eine unformliche Mißgeburt, mit allen Sündenmängeln umgeben? Kaum aber ist anheut die göttliche Zungen des Heiligen Geistes über uns kommen, kaum hat uns die Gnad des Heiligen Geistes berühret, da haben sowohl die Apostel als wir sündigen Menschen die rechte und schöne Tugendgestalt, Form und Weis der frommen auserwählten Kindern Gottes überkommen. Der Heilige Geist hat mit seiner reformierenden Gnadenzungen alle Häßlichkeit, Grobheit und Unwissenheit von unsern Verstand, Herz und Seelen hinweggenommen und aufgehebt. Und das seie von dem Puncto gesagt, warumen Gott der Heilige Geist in Zungengestalt ob den Jüngern erschienen seie.«

Eine barocke Theologie, die heute bloß noch belächelt wird.

Man nimmt ja kaum mehr – und das dreht den heutigen Katholiken das Genick gänzlich um – man nimmt kaum mehr die Predigt der Künstler, der dienenden Künstler, in denen der Heilige Geist deutlich spürbar mitgearbeitet hat – man nimmt kaum mehr diese gottbegnadeten Künstler ernst. Die prächtigen Messen, die wir haben! Die Mozart-, Haydn-, Schubert-, Bruckner-Messen usw. Die oft erstaunlich guten Pfarreiorchestermusikanten hat man von den Emporen gejagt, und verhöhnt und verspottet hat man die zur Ehre Gottes musizierenden Chorregenten! Die letzten 10, 15 Jahre über. – Und warum? – Wegen der deutschen Liturgie etwa? Nur wegen der modernen Liturgie? – Die Ursache sitzt tiefer und hat die satanische Wurzel der Eifersucht. Die Zelebranten vorne am Altar waren eifersüchtig auf die herrlichen und von Gott eingegebenen Messen unserer großen Kirchenkomponisten.

Denn an so einem Festtag – dreispännig wurde zelebriert, und die Krönungsmesse von Mozart oder irgendeine mozartische missa brevis wurde aufgeführt mit Pauken und Trompeten, mit Geigen und Bratschen, mit Celli und Orgel, mit Solistinnen und Solisten und mit einem wohleinstudierten gemischten Chor – hat das so herrlich geklungen, daß sogar die Rokokoputten sich zum Engelreigen emporgeschwungen haben! Und dann die große Stille bei der Wandlung! – Plötzlich, nur die schwere Glocke! Und das kleine Ministrantenglöckchen bei der Elevation! – Herrgott, war das ein Augenblick! Da hat sich auch das Knie eines sich seiner Frömmigkeit eher schämenden Weltmannes gebeugt! – Wenn also so eine solenne Messe gefeiert wurde, dann hatten hernach die Leut alle – auch die Pfarrhaushälterinnen anfangs – alle haben sie geschwärmt: »Ah! Dös war schön heit! Ah! So ebbas hat man z'Rining schon lang nimmer ghört! Ah! – Die Geigen, die Trompeten, hast'n g'hört, an Schmied? Und von der Mare, dieses Sopransolo! Ah!« usw. Und von der Predigt hat kaum jemand gesprochen und erst recht nicht von den Zelebranten vorn am Altar. Des war ja selbstverständlich. Die waren ja mit einbegriffen. Die waren ja die Repräsentanten dieser Herrlichkeit! Aber des hams net gspannt. Die Kleriker – schon am Ende des vergangenen Jahrhunderts ist es zu spüren – die Kleriker hat da der Neid und die Eifersucht gepackt! – Und sie haben von »liturgischen Erneuerungen« gesprochen. Jawohl! Jeder alte Kirchenmusikus gibt mir recht. – Die Eifersucht hat die neue Liturgie hervorgebracht! Und was ist die Eifersucht? Etwas Urböses! Und vom Heiligen Geist stammt sie nicht. Manch einer hält eben den eigenen Vogel für die Taube des Heiligen Geistes.

Denn der Heilige Geist, der Tröster und Hervorbringer der Herrlichkeiten, redet in der Zunge der Liebe. – Herrgott, laßt sie doch singen und jubilieren! Da oben auf dem Chor – ad majorem Dei gloriam! Sie singen ja Gott zur Ehre und anläßlich der Zelebration eines hochfeierlichen Lobamtes! – Vielleicht waren nur die eifersüchtig unter den Pfarrern, die nicht singen konnten, die unmusikalischen? Is wia's mag! Mir könna den Heiligen Geist grad bitten, daß er ünserne Oberhirten wieder zruckbekehrt zur alten, schönen lateinischen und festlichen Ostermeß!

Is so was net a Musik? – Ja is so was net dös allerschönste von ünserner Religion? Was is da dagegn a Volksgsangl?

Der heilige Clemens Maria Hofbauer ist zum Betteln gegangen, damit er auch an einem gewöhnlichen Werktag ein Dutzend Geiger hat bezahlen können, honorieren für sein Amt. Und gute Geiger mußten es sein! – Keine Kratzer und Patzer!

Dös is a Heiliger für uns!

Consolator optime dulcis hospes animae, dulce refrigerium! Tröster du in jedem Leid, Erfrischung voller Lieblichkeit, lieber Gast meiner Seele! –

Und hat ebba der Mozart net gnedda a so komponiert, tröstend? Die Kirchenmusik ist das Schönste überhaupt! – Hier spürt man das Wehen des Heiligen Geistes am deutlichsten. Millionen von Schallplatten spielen allwöchentlich in Millionen Wohnungen die köstlichen Messen, seitdem man sie in der Kirche nicht mehr zu hören kriegt.

Das ist eine Spiritualität. Ach, ich hab so Sehnsucht nach dem achtzehnten Jahrhundert!

Da is amal an alter Austragsvater im Sterben glegn und hat nomal mitm hochwürdigen Herrn Pfarrer gredt, an guatn altn Bauernpfarrer, wia sie's heit nimmer leicht gibt: Herr Pfarrer, sagt er, vorm Vata, vorm Herrgott hab i net gar z'vui Angst. A weng freili, aber dös dertrag i no. Vorm Sohn, vorm Herrn Jesus aa net. Mit dem steh i mi net schlecht. Aber vorm Heiligen Geist! – Da woaß i gar net, wia i mi da verhaltn sollt. I bin koa Professor und bin koa Doktor! Und nix Geistigs konn i durchaus nix! – »Ah geh«, sagt drauf da der Pfarrer, »wer werd sich denn vorm Heiligen Geist fürchten! Du hast doch früherszeiten allerweil so gern Zither spuin könna, schaug, dös Zitherspuin, dös hat dir der Heilige Geist glernt. Ja, ja, weil der Heilige Geist, der mag besonders gern d'Musi! Aa d'Volksmusi!« O lux beatissima, reple cordis intima! O Licht voll der seligsten Lust, dring in deiner Gläubigen Brust – bis tief ins Herz hinein! – San dös net Versl? – Aa die Dichter derfan heit Festtag feiern. Vielleicht sogar die Komödieschreiber? Denn frührerszeitn hat der fromme und gescheite und tüchtige Pater Ferdinand Hueber von den Münchner Jesuiten, vordem in Ingolstadt und Dillingen, seine »flores poetici dramatici«, seine lustigen Einakterstückl zum Heiligen Geist geschrieben! – So was hat es nur in München gegeben! Prächtige und saftige Theaterstückln san dir dös! In jedem Einakter gehts um ein Attribut des Heiligen Geistes. In so einem Stückl gehts zum Beispiel um Krieg oder Frieden. Die Feldherren treten alle auf, der Caesar und der Alexander, der Epaminondas und der Hannibal – und ein jeder macht martialische Sprüch – auch der Gott Mars natürlich –, und auch die Friedensgöttin erscheint mit ihren Adlaten, mit der Jurisprudenz, einem verhutzelten Professorl, mit Künstlern und Wissenschaftlern und Gschaftelhubern auch, die alle nur sie zum Blühen bringen kann – aber auf die letzt krachts und donnerts wieder, und der Mars Christianus erscheint und begeistert alle mit seiner Friedenssehnsucht! Veni creator spiritus! Et renovabis faciem terrae! Die Orgel fällt ein, das Stück endet in einer Heiligen-Geist-Andacht.

Wer hätte sich das sonst denn schon getraut? Einakter, lustige Komödienstückl zu verfassen, und das zu Ehren und zum Verständnis des Heiligen Geistes! In ganz Europa wurden seine flores poetici dramatici gespielt, sie waren Bestsellerstückl. Das muß beinahe schon eine Valentinnatur gewesen sein, dieser Pater Ferdinand.

Ja, überhaupts, auch in dene Stückl vom Karl Valentin weht der Heilige Geist! Weniger der Geist der Wissenschaften und des Verstandes, aber bestimmt der Geist der Weisheit und des Rates und der Geist der Furcht des Herrn! – I moan schon! Man denke z. B. nur an Valentins Verkehrsreglement: Montags die Fußgänger, dienstags die Radfahrer, mittwochs die Personenautos, usw. Ja, ja, der Geist weht, wo er will – auch in Bayern! Und was waars nachand mit ünserne Bräumoaster?

Die brauchen aa an Heiligen Geist, damit daß s' net – wia

die Preissischen – oa Biersortn braua, an oanzige Biersortn! Die nachand dene Hamburger und Berliner grad a so schmecka sollt wie dene Münchner und Straubinger. Na, na! Mir habn individuelle Geschmäcker. Diese Vielfalt, diese Buntheit des Geschmackes! Auch das ist eine Gabe des Heiligen Geistes: die Fülle, die Überschwenglichkeit in der Auswahl!

Die Monotonie und Fusion ist Satansgeist! Der Heilige Geist ist für die Souveränität der Provinzen Europas. Es gibt kein Land der Welt, das so viele Brauereien hat wie Bayern. Fast 1000 immer noch, wo viertausend schon zugesperrt haben! In anderen, weit größeren Ländern gibt's vielleicht fünfzig Brauereien, meistens aber bloß zehne oder gar bloß fünfe! Bayern hat noch 1000!

Der Geist Gottes schwebte über den Wassern! Die Vielfalt ist schön und unterhaltsam. Da schmeckt oan 's Lebn! Infirma nostri corporis! Stärk unsres Leibs Gebrechlichkeit! Der Geist ist unverwüstlich! Und er weht, wo er will – auch bei uns!

Und was hat dann der gewöhnliche Mensch, der Habenichts und armselige Racker, von seinem Leben g'habt? Doch eines ist jedem gegeben und muß er auch bekennen: »Mir ward menschlicher Besitztümer keines. Nicht Ahnen, nicht Gold, nicht Äcker.«

Es ist ihm die Sprache gegeben, nur die Sprache:

»Die Worte sind mir Grund und Boden, der mir Brot, vielleicht gar Ehre ertragen soll. Nur für des Vaterlandes Worte kann ich wirken. Der Heilige Geist steh' mir bei.«

Das hat der junge Andreas Schmeller seinem Tagebuch anvertraut. Und er hat in seinem großen Bayerischen Wörterbuch dann viele schöne alte bayerische Sprüch' uns überliefert. Aa den: »A guate Seel' braucht an guaten Geist.« Consolator optime – allerbester Trost du, und an Trost braucht doch a jeder, denn:

Ehwenn ma se' umschaut,
Ehwenn ma se' b'sinnt,
Vertrenzt ma sein Leb'n,
Als vertragerts der Wind.

Der apostolische Segen

Nach der Firmung, wenn des sechsspannige Pontifikalamt zu Ende ist, mit all seiner Herrlichkeit, wo man hätte meinen mögen, man schmecke schon den Himmel, begibt sich der hochwürdigste Herr Bischof, Seine Exzellenz, an die Evangelienseite auf seinen Thron. Die Pfarrer und Diakone und Sekretäre nehmen ihm die schweren Meßgewänder ab und ziehen ihm schließlich seine bischöflich-rote Galasoutane an, die aber eine Schleppe hat. Jetzt ist er wieder der feuerrote Bischof wie beim Eingang, daß es einem gleich einen Stich gibt, wenn man ihn ansieht.

Die Orgel präludiert, und die Firmlinge mit ihren Göden und Goden werden langsam ein klein wenig unruhig. Jetzt kann nichts mehr kommen, jetzt kann er nur noch feierlich ausziehen. Man hat alles gehabt, den Chrisam, den gefürchteten Backenstreich, die sieben Gaben des Heiligen Geistes und die Predigt des Stadtpfarrers, die wunderschöne Orchestermeß, die heilige Kommunion und den Schlußsegen. »Na, na, iatz konn nix mehr kemma, was wichtig waar.«

Und dennoch kommt noch etwas sehr Wichtiges: der apostolische Segen. Keine noch so raffinierte Theaterregie hätte jetzt, am Ende der Feierlichkeiten, nach so vielen Höhepunkten, noch einmal eine weitere Steigerung anbringen können. Es war doch schon alles ausgeklungen. O nein, die barocken Festivitäten, die ganz erhabenen und solennen Feierlichkeiten der römischen Kirche, wußten immer noch eine kadenzierende Schlußkoda. Und in der Tat, diese Zeremonien des apostolischen Segens konnten einen noch einmal tief ergreifen. Dazu bedurfte es einer neuerlichen kleinen Vorbereitung. Ein beleibter Prälat aus dem Gefolge Seiner Exzellenz oder auch bloß der Dekan bestieg die Kanzel. Die Orgel brach jäh ab, und der Prälat entrollte eine pergamentene Urkunde und las mit archivalisch-feierlicher Stimme vor: »Seine Heiligkeit, Papst Pius XII., hat unserem Oberhirten, dem Hochwürdigsten Herrn Kardinal und Erzbischof Michael von Faulhaber, das Privilegium erteilt, seinen Diözesanen an besonderen Festtagen den apostolischen Segen zu spenden. Unser Hochwürdigster Herr Erzbischof und Kardinal wird nun hier und heute von diesem päpstlichen Privilegium Gebrauch machen und uns allen den apostolischen Segen geben.« Der Prälat rollte die Urkunde zusammen und kniete nieder. Vorne aber, unter dem Baldachin auf seinem Thron, erhob sich die gleißende Figur des hohen Priesters und stimmte die berühmten Responsorien an, und das mit der säkularen Erhabenheit beinahe eines Cherub: »Sit nomen Domini benedictum.«

Der Chor fiel ein, und die Gläubigen lagen alle auf den Knien. »Ex hoc nunc et usque in saeculum!«

So ein päpstlicher Segen war sehr geschätzt. Damit konnte einem so schnell nichts passieren. Und noch am Abend beim Schafkopfen konnte man es hören: »Ah was, da überleg i net lang, heut hab i an apostolischen Segn derwischt, ich spiel ein Solo! Herz is Trumpf!«

Und verspielte der Mann mit drei Buben das Spiel, dann jammerte er: »Ja was waar denn jetz' dös? Huilft denn iatz an Papst sein Segn aa nix mehr?«

Und der Wirt beruhigte den Gast. »Der Segn helfat schon, aber du hast nix derwischt davon, weil der breitbucklige Müllerspeter vor deiner gstandn is, der hat 'n dir abghaltn.«

Der Antlaßtag

Pange lingua – Preise, o Zunge! So fangen die ganz großen Dichtungen der Menschheit an: Homer und Vergil, die Ritterepen und nenn mir, du Muse, den Mann! Preis, meine Zunge, das Geheimnis des glorreichen Fronleichnam! – Ein überschwengliches Lobgedicht auf den heutigen Tag ist auch dem größten Theologen des Mittelalters, dem heiligen Thomas von Aquin, gelungen. Und wieder geradeso fängt es an mit dem Anruf des Dichters an die himmlische Sionsmuse: Lauda, Sion, Salvatorem, lauda ducem et pastorem in hymnis et canticis! (Deinem Heiland, deinem Lehrer, deinem Hirten und Ernährer, Sion, stimm ein Loblied an!)

Man kann gar net grouß gnuag pranga und prunkn heut! – Ein neues Gewand hat jede Bäuerin bekommen, ein jedes Dirndl. Und die Mannerleut neue Flundtüacherl! D'Musikanten haben sogar ihre Instrumente blitzblank geputzt. Die Wege sind mit Blumen bestreut, mit Rosen gar, die Häuser geschmückt mit roten Tüchern und goldenen Streifen an jedem Tuch! Die Kirchenfahnen wehen weiß und gelb! Und tausend Birkenbäumerl stehen an den Hauswänden. Die Glocken läuten den Umgang ein zum Fronleichnamstag! Die große Fronleichnamsprozession! – Da drüber kann man stundenlang erzählen. Die Dirndln mit den weißen Kommuniongewändern gehen voraus. Haben wieder ihre weißen Kränze im Haar. Ja gar ausgewachsene Jungfrauen prangen heut in Weiß und haben auch noch Kranzl aufgesetzt.

Frührerszeiten – noch bis vor den Ersten Weltkrieg – da haben in Bayern auch noch viele Männer und Burschen beim Umgang Kränze aufgehabt. Männerkranzl aus Thymian und mit blauen Schleifen dran. Die Bamberger Hacker und die Gärtner tragen bei ihren Prozessionen diese Männerkränze noch heut! Und in Niederbayern hat man sie mancherorts noch in den zwanziger Jahren getragen, auf die Letzt noch wenigstens die Ministranten. Es mag einmal eine Zeit gegeben haben, da hat ein jeder ein Kranzl getragen in der Prozession. Weil ja der Fronleichnamstag ganz früher einmal der Kranzltag geheißen hat. Und warum Thymiankranz? – Weil der Thymian die bösen Geister verjagt hat. Heut noch bewahrt ein Birkenzweigerl, das man nach der Prozession abbricht und mit heimnimmt, Haus und Hof und Wohnung vor jähem Unglück, vor Blitzschlag und Feuersbrunst. Überall habens anderne Bräuch gehabt. Die einen schmückten sich mit Weinlaub, die anderen mit jungen Birkenblättern. Dort streuen sie siebenerlei Gräser dem Allerheiligsten auf den Weg und anderswo neunerlei Frühjahrsblumen.

Und sogar die Böller müssen krachen. D'Musik muß schöne Prozessionsmärsch blasen, der Kirchenchor ganz spezielle Responsorien singen, die so feierlich geklungen haben, daß man, mehrstimmig und weit auseinander und sich tief verneigend, daß man vor lauter Feierlichkeit direkt hat weinen müssen. Et cum spiritu tu-o! – Und vor jedem Altar dann das erste Evangelium! Ach, wenn man nicht Latein können hat: Dieses Matthäus-Evangelium ist einem heut noch in Erinnerung. Dieses fortwährende autem genuit – mit den alttestamentarischen Patriarchen-Namen! Schön und ganz merkwürdig ergreifend: »Abraham autem genuit Isaac, Isaac autem genuit Jacob« usw. »Aram autem genuit Aminadab, Aminadab autem genuit Naasson usw. bis zum Joseph, dem Manne Mariens! – Der ganze Stammbaum des Herrn wird da feierlich verlesen. Bei den großen militärischen Triumphzeremonien im kaiserlichen Rom wurde den Triumphatoren vom Senat eine ähnliche Würdigung zuteil: die Verlesung der Reihe großer und bedeutender Ahnen!

Was? – Daher stammt er? – So großmächtig stammt er her? – Es ist eine übergroße Geste der Verehrung eines

Menschen, wenn in einer Parade, vor versammeltem Volke, einem Manne sein ganzer Stammbaum laut und feierlichst vorgelesen wird. Die Prozession oder Parade kommt auf ihrem triumphalen Weg an diese erste Station hin. Die Kommandos des Anhaltens erschallen. Die Kolonnen stehen still. Die Posaunen ertönen. Der Erzpriester segnet das Ahnenbuch, der Diakon beginnt mit erhobener Stimme. Auf Caesar aber folgte Marc Anton, auf Marc Anton aber Caesar Augustus! Und wieder singen Chöre, und Posaunen erschallen, die Prozession geht weiter.

Da haben wir es schon angedeutet, daß die Fronleichnamsprozession ein triumphales Ereignis ist und der heutige Tag der Verherrlichung Gottes gilt! Und das in mysteriöser Leibhaftigkeit. Der heutige Triumphator nämlich ist die Hostie, die Eucharistie, die Gegenwart Gottes im Brote. Und das dürfte es in der vieltausendjährigen Menschheitsgeschichte doch noch nie gegeben haben, daß dem Brote ein so großartiger Triumph bereitet worden wäre! So kommt zum Pomp und Prunk des heutigen Tages auch noch das Geheimnis, die Spezialität des Fronleichnams, des Herrenleibes in der Gestalt eines Stück Brotes. Laudis thema specialis, panis vivus et vitalis. Dieses Brot sollst du erheben, welches lebt und gibt das Leben – das man heut den Christen zeigt.

Das ist eine Melodie! Ich kenn' keine, die den eucharistischen Gott liebevoller, mit mehr hingebender Zärtlichkeit anbeten würde wie dieses »Wir beten an dich wahres Himmelsbrot!«, gespielt von Geigen und so fein gesetzt, wie dies der Landauer Arthur Piechler getan hat. Neben dem großen Pomp der triumphierenden Prozession ist das die stille Herzensfrömmigkeit der Anbetung. Und das Laute und das Leise – alles miteinander ist heute Trumpf. Die Blechmusikanten und die kleinen Dirnen mit ihren weißen Kranzln, die Böllerkanonen und die Klosterfrauen, die Fahnenträger und die alten Muatterln, ein jeder betet heut das Engelsbrot an, die Speise auf unserer Pilgerschaft: Ecce panis angelorum – factus cibus viatorum!

Es steckt schon eine Realität dahinter – hinterm Brot! – Weil das Brotverdienen ist halt trotz der sozialen Reformen und gewerkschaftlichen Errungenschaften eine Mühsal geblieben. Indem der Mensch nie zufrieden ist und allweil mehrer mag. Zum Brot eine Wurst und drauf noch an Butter. Einen Käse und Bier dazu! Ein Auto und ein Fernseher, schöne Kleider und einen Urlaub, eine Musik und ein Gspusi, ein lustigs Leben und alle Tag eine kleine Freud extra. Dadurch wird das Brotverdienen allerweil teuerer. Was braucht der Mensch nicht zum täglichen Brot? – Man muß wieder a so fragen. Und wenn auf den Weltmeeren einmal keine Schiffe nimmer fahren können – etliche Monat lang –, dann braucht man wieder nimmer viel zum täglichen Brot.

In Bayern redet man seit Jahrhunderten von einem flüssigen Brot sogar – und meint das Bier. Aber 's Bier ist für das heilige Symbol ein bisserl zu alkoholisch.

Nicht auszudenken, wenn man herausbringen könnte, daß die Palästinenser zur Zeit Christi – weniger Wein, dafür aber um so mehr Bier getrunken hätten. Ein englischer Archäologe behauptet es. Er hat Braustätten gefunden. Außerdem hatten die Juden in der babylonischen Gefangenschaft unbedingt auch das Geheimnis des Biersiedens gelernt. Und haben es heimgebracht nach Palästina. Die Babylonier gelten ja unbestritten als die Erfinder des Bierbrauens.

Nicht auszudenken die theologischen Folgen! Zumal ja im Bier das Brot enthalten ist. Vielleicht hätte es dann die Demonstration des unteilbaren und gänzlich vorhandenen Gottes unter einer Gestalt gar nicht gebraucht? Tantum esse sub fragmento! Zweifle nicht an Gottes Walten, daß die Teile das enthalten, was das ganze Brot enthält! Vielleicht hätte der Dreißigjährige Krieg nicht stattgefunden? – Brot und Wein – beides in einem ist unser flüssiges Brot!

Und da sind wir schon wieder mitten in der Geschichte der Reformation. Als im Juni 1519 die Leipziger Disputation zwischen Luther und dem bayerischen Professor Dr. Johannes Eck aus Ingolstadt vorbereitet wurde, war gerade in Leipzig die Fronleichnamsprozession abgehalten worden. Dr. Eck schreibt darüber an einen Freund in Ingolstadt. Und zwar recht weltlich. Er war ja ein Startheologe und Disputationsredner in ganz Europa. – Ein eleganter, gelehrter Herr! – Er schreibt also aus Leipzig: »Habe gestern an der Prozession teilgenommen und alles Volk beobachten können. Die Mädchen hier in Leipzig sind dabei viel schöner als bei uns in Ingolstadt. Aber unser Ingolstädter Bier ist dafür wieder viel besser als das Leipziger ...«

So der große Professor Eck aus Leipzig im Juni 1519.

Dr. Martin Luther, der mächtige Gegner, ist bei dieser Prozession nicht mitgegangen. – Dies ist mein Leib, dies bedeutet meinen Leib? – Dies wird mein Leib? – Alle drei reformatorischen eucharistischen Interpretationsmöglichkeiten, weswegen sich unsere Vorfahren generationenlang bis zum fürchterlichsten Krieg zerstritten hatten, alle diese drei Sätze stehen auf dem alten Tabernakel der Ottobeurer Stiftskirche friedlich nebeneinander. Auf diesem Tabernakel stehen hinter dem Abendmahltisch drei Figuren. Christus in der Mitte mit dem Wandlungsworte: Dies ist mein Leib. Und zu seiner Linken Dr. Martin Luther mit dem Spruchband aus dem Mund: Dies wird mein Leib! Und Christi zur Rechten dann der Calvinus mit dem Spruchband: Dies bedeutet meinen Leib! Und darunter steht geschrieben – wahrscheinlich auf Anstiftung des toleranten Ottobeurer Abtes der Reformationszeit – und es ist einmalig in der katholischen Welt, es steht in benediktinischer Gelassenheit darunter: Wer hat recht?

Das ganze Unglück stammt wieder von den Philologen und haarspaltenden Übersetzern! Die Copula esse kann man bekanntlich im Lateinischen weglassen – dieses ist –, oder man kann es auf deutsch übersetzen, wie man will: mit ist, wörtlich, oder mit wird und bedeutet. All das zusammen kann esse heißen. Viel Unglück geht von den Übersetzern aus, von den Auslegern. Man erlebt es in der Gegenwart wieder mit den Deutschlandverträgen, wo die deutsche Übersetzung oft ganz anders erklärt werden kann wie die russische. Wer hat recht? – Aber selbst wenn das hochheilige Brot der geheimnisvollen Eucharistie des Herrn, den Fronleichnam auch nur bedeutete – oder wenn dieses Brot zum Herrenleib auch nur werden würde, während der Kommunion und der Messe –, es wäre gleichwohl zu ehren, und ihm einen Triumph darzubringen mit den allerhöchsten Zeremonien, das kann einer gläubigen Christenheit zu einem heiligen und heilsamen Bedürfnis werden. Unser berühmter katholischer Ingolstädter Professor ist in Leipzig, am Vorabend der glaubensspaltenden Disputation, im Meßgewande und mit brennender Kerze in der Hand, mitgegangen; sehr fromm und ehrfürchtig gewiß. Und dennoch sind ihm die schönen prangenden Leipzigerinnen aufgefallen. Und ausgleichend fiel ihm gleich ein dazu: Mögen ruhig die Mädchen in Leipzig schöner sein, dafür ist in Ingolstadt unser Bier besser.

Eigentlich müßte ja der heutige Festtag auf den Gründonnerstag gelegt werden, denn an diesem Tag hat unser Herr beim Letzten Abendmahl das Heilige Sakrament des Altares gestiftet. Und auch das Bußsakrament hat er an dem nämlichen Tage eingesetzt, den Ablaß oder Antlaß, wie man früher gesagt hat, den Nachlaß der Sünden. Aber weil auf den Gründonnerstag der traurige Karfreitag folgt, könnte der Tag davor niemals ein Festtag werden. So nahend hat man auch als Katholik das Weinen und das Lachen nicht. Zumal ja auf den Karfreitag bald schon wieder der Ostersonntag folgt. Und die Woch dreimal kann kein Mensch seine Stimmung wechseln. Da wär' man dann weder traurig noch lustig.

Also hat man die große und triumphale Stiftungsfeier der Eucharistie auf einen anderen Donnerstag gelegt – auf den zweiten Donnerstag nach Pfingsten. Da ist auch das Wetter freundlicher und die Welt ein wenig festlicher. Und daß der Name auch gewiß an den Gründonnerstag und an das Letzte Abendmahl erinnert, hat man den Tag den Antlaßtag genannt. – Oder auch Fronleichnamstag, Kranzltag und Prangatag.

Das wichtigste an diesem Tag ist die Prozession. Und die gibt es jetzt schon seit dem Jahre 1246 – also schon gute siebenhundert Jahre. – Angefangen haben damit die im Festefeiern sehr geübten Holländer in Lüttich. Und weil der Erzdiakon der Diözese Lüttich im Jahre 1261 Papst geworden ist – als Urban IV. –, ist das neue Fest, das festum corporis Christi, 1264 für die gesamte Christenheit vorgeschrieben worden. In den nächsten Jahrzehnten haben es die Päpste immer wieder empfohlen. Und um 1400, kann man sagen, ist das Fronleichnamsfest dann endlich in der ganzen Christenheit gefeiert worden. In Bayern ist die Prozession aber bereits im 13. Jahrhundert heimisch geworden. Zuerst in Würzburg. Aus dem Jahre 1298 findet sich dort bereits eine genaue Beschreibung des Prozessionsweges. Dann folgten Bamberg, Eichstätt und Augsburg. Die übrigen bayerischen Diözesen ließen sich noch etwas Zeit. – Immerhin konnte im Jahre 1343 in München die erste Fronleichnamsprozession abgehalten werden. Bald darauf auch in Freising und Salzburg. Und ab 1415/20 zogen die übrigen bayerischen Stadtpfarreien nach. Auch die Märkte hielten bereits im 15. Jahrhundert Fronleichnamsprozessionen ab. Jetzt konnten natürlich auch die besseren Bauernpfarreien nicht mehr hintenanstehen.

In den Dörfern konnte der Prangertag selbstverständlich nicht so prächtig ausfallen wie in den besseren Märkten und Städten. In manchen Gegenden dauerte es auch noch gut hundert Jahre, bis der Antlaß-Umgang Brauch wird. Die

Filialkirchen, die erst im 17., 18. und 19. Jahrhundert zu Pfarreien erhoben werden, hatten vordem keine Prozession. Sie gingen in ihren Hauptorten mit. –

Aber dann wird es immer prunkvoller. Die Zünfte legen sich schöne Fahnen zu. Schützen, Trommler und Pfeifer müssen mitgehen. Neue prächtige Meßgewänder – eigens für den Umgang am Fronleichnamstag – werden für sündteures Geld angeschafft. Und ganz außergewöhnliche Monstranzen werden gekauft. Einige werden nur aus Holz geschnitzt und vergoldet. Aber die meisten Orte leisteten sich silberne Prunkmonstranzen und sogar goldene! Die Goldschmiede verdienen an der Fertigung dieser Monstranzen viel Geld. – Die berühmteste und kostbarste ließen sich die Ingolstädter Bürger machen. Die Monstranz, verfertigt von einem Augsburger Meister, zur Erinnerung an die Seeschlacht von Lepanto.

Überhaupt kosten die Prozessionen im Laufe der Jahre immer mehr. Fast in jeder Pfarrei finden sich darüber Aufzeichnungen und Kirchenrechnungen. Anno 1488 heißt es da z. B. in einer Kößlarner Kirchenrechnung: »Am Gottsleichnamstag den Dienern in dem Harnisch und den Püchsenschützen die dient haben zu der Prozession zum Frühstück verzehrt 73 Pfennig. Dem Junkmeister und den Schuelern gebn für die Suppn 32 Pfennig.« – Wenn man bedenkt, daß um 1480 ein Regensburger Pfennig – was die damalige Währung in Bayern war – eine ungefähre Kaufkraft von heute 5 Mark gehabt hat, haben die Büchsenschützen und Harnischgänger an die 350 Mark gekriegt. Während der Schulmeister mit seinen Sängern und Schülern nur 150 Mark bekommen hat.

Das Schießen war halt anno 1488 noch eine Novität und sündteuer. Besonders das Salutschießen war noch mittels von Musketenschützen keine Generation alt und sehr rar. Zur Verschönerung der Fronleichnamsprozession gerade gut genug. Quantum potes tantum aude! Preis nach Kräften seine Würde, da kein Lobspruch, keine Zierde, Seiner Größe gleichen kann!

Allgemein ist das Böllerschießen erst nach dem Dreißigjährigen Krieg geworden. Daß das Krachen überhaupt eine Ehrung sein soll? – Und noch dazu die allerhöchste. Nur dem verstorbenen Krieger steht sie noch zu, wenn sein Sarg in die Grube gesenkt wird. – Dann aber auch dem Hochzeitspaar am Morgen der Trauung. – Der Geburt eines Prinzen brannte man gleich 100 Schüsse oder 101 Schüsse ab. – Aber aufgekommen ist das Böllerschießen zu Ehren des hochheiligen Gottsleichnamstages.

Der Kanonenschuß, der Büchsenschuß erschreckt das furchtsame Gemüt. Unwillkürlich reißt es einen! Habt acht! – Gott selber hat gesprochen mit einem gewaltigen Donnerklapf.

Die Verbindung von Böllerschuß und feierlicher Marschmusik hat denn auch bei uns den erhabenen akustischen Rahmen der Fronleichnamsprozession geprägt. Die Musikanten lassen sich nicht irrmachen, wenn es kracht. Sie spielen weiter, schreiten voran, wie auch die Fahnenträger und die Träger der Heiligenfiguren, wie die Prangerinnen, die bekränzten Dirndln und wie vor allem unter dem Himmel der Hochwürdige Herr Pfarrer mit der funkelnden Monstranz. Man nähert sich dem Altar, die Kirchenglocken setzen vom Dorf her zum Segen ein. »Hochgelobt und gebenedeit sei das Allerheiligste Sakrament des Altares!« – Und noch ehe die Andächtigen den zweiten Teil dieses Lobausrufes sagen, spielt die Kapelle einen Tusch, die Böller krachen erneut und in sehr rascher Folge – und dann erst beten die Gläubigen weiter: »Von nun an bis in alle Ewigkeit!«

Langsamen Schrittes geht man dahin, feierlich schreitend. Die Saaten treiben, die Wiesen wollen bald gemäht werden. Es prangen die Bäuerinnen mit ihren seidenen Schürzen. Die Fahnen stehen in den Himmel. Laut beten die Bauern, preisen das Brot des Lebens. – »Hochgelobt und gebenedeit sei das Allerheiligste Sakrament des Altares!«

Die Himmeltrager darf man nicht übersehen am heutigen Tag! – Das sind die vier bravsten und angesehensten Männer in der ganzen Pfarrei. – Himmitrager wenn amal oaner is, nachand ghört er zur Haute volee! – Und Himmitrager kann man aa net so leicht werdn. 's Himmitrager Amt werd vererbt vom Vater auf den Sohn. – »Was heiret er denn für oane, der Hans?« – »A ganz a rare und a schöne! A liabe und a brave! Ihra Vater is Himmitrager!«

Vier Himmelträger gibt es. Der mit schweren Goldstikkereien geschmückte Himmel ist ein kostbares Brokatstück, welches an zwei Stangen befestigt, dann auf vier Tragstangen gehoben wird und so ein Dach vorstellt, ein goldenes kleines Dach aus Tuch, das über dem Allerheiligsten gehalten wird. Man nennt diesen stolzen Baldachin den Himmel. Er stellt das Herzstück der ganzen Prozession dar. Denn unter dem Himmel schreitet der Pfarrer mit der Monstranz. Voraus ziehen die Ministranten, ununterbrochen die Glöckchen schwingend. Auch die übrigen Priester der Pfarrei gehen in kostbaren Meßgewändern mit, Kerzen tragend. – Vor und dann erst unmittelbar hinter dem Himmel gehen dürfen, das sind die größten Ehren, die es überhaupt gibt. Denn hinter dem Himmel schreitet in der königlichen Residenzstadt Seine Majestät, oder heutigentags die Spitzen der Regierung, der Ministerpräsident und sein Kabinett. Auf vielen Landpfarreien der Herr Bürgermeister mit seinen Gemeinderäten.

Die Prozessionen haben ihre feste, seit Jahrhunderten gefügte Ordnung. Von vielen Streitereien wird uns in Briefen und Rechnungen berichtet. Die Metzger wollten in Annecy einmal vor den Bäckern gehen. Darüber soll es gar zu einer kräftigen Rauferei gekommen sein, die kaum der heilige Franz von Sales hat schlichten können. Dann wollten die Orden wieder hinter den Weltgeistlichen kommen. Vor dem Himmel funktioniert die Rangordnung nämlich umgekehrt. Da werden die Plätze vornehmer, je weiter sie rückwärts liegen. Prozessionsordnungen sind daher sehr zahlreich überkommen. Aber sie aufzuzählen und zu zitieren wäre unendlich mühevoll, denn nicht selten werden da gleich – auch bei kleineren Orten – vierzig, fünfzig und noch mehr Gruppen aufgezählt. Bruderschaften und Zünfte, Darstellungen aus dem Alten und Neuen Testament.

Diese lebenden Bilder, die wie kleine Theatergruppen im Zuge mitgehen oder mitgefahren werden, manchmal auch getragen, bedeuten das Außergewöhnliche in der Geschichte der Fronleichnamsprozession. Im Barock wird daraus eine aufwendige Großartigkeit, eine eigene Kunstgattung! Unbedingt zu vergleichen mit den übrigen Künsten. An Erfindung wie an Buntheit, an geistiger Sinnenhaftigkeit und frommer Aussagekraft von genialer Originalität. Berühmt ist die Arbeit des Münchner Archivdirektors Alois Mitterwieser über die Geschichte der Fronleichnamsprozession in Bayern. Er hat zahlreiche Archivalien und Prozessionsordnungen zusammengetragen. Einige dieser Prozessionsordnungen führen sogar den Namen Pompa eucharistica!

Allein vierzig bis fünfzig Madonnen werden in der Münchner Barockprozession gebraucht. Alles ausgesuchte hübsche Mädchen. Dazu eine Menge anderer heiliger Frauen des Alten und Neuen Testaments. – Tagelang hat man sich vorbereitet, die Gewänder hergerichtet, die Glasperlen aufgenäht usw. Am Fronleichnamstag selber standen die Leut früher oft schon gleich nach Mitternacht auf, damit sie sich ja schön genug herrichten konnten. – Stadtknechte und Herolde eröffnen den Vorzug, darunter auch ein Riese, der auf einem Berg sitzt. Er soll das Große dieser Prozession ankündigen. Die Stangen und Kerzenträger der Zünfte sind alle weiß gekleidet, bekränzt. Unter den Klerikern, die alle Kerzen tragen, gehen zahlreiche Engel mit. Dann folgen die großen Bruderschaften der Stadt, die Corpus-Christi-Bruderschaft in roten und die Armenseelenbruderschaft in nägelfarbenen, die Verkündigungsbruderschaft in schwarzen Säcken oder Kutten, es folgen die infulierten Geistlichen, die Äbte und Pröpste, dann die fürstlichen Trompeter, Hofpauker, Instrumentalisten, die herzogliche Kantorei, die Engelsknaben mit den Leidenswerkzeugen Christi. Den Himmel trugen in München sechs adelige Kammerherren, sich abwechselnd mit den vornehmsten Patriziern der Stadt. Hinter dem Himmel schreitet unmitelbar der Herzog mit seinem Hofstaat. Usw. Dazwischen folgen immer wieder die Bibeldarstellungen. Die Müller z. B. stellen die Vermählung Mariens vor. Dann folgen Maria und Joseph, Maria als Braut gekleidet. Die Hohenpriester mit den Leviten. Mariä Verkündigung stellen wieder die Melber vor. Mariä Heimsuchung stellen die Bolzenmacher vor, die Geburt Christi die Tuchscherer, die Szene mit den Heiligen Drei Königen spielen die Kürschner usw. Des Aufzählens wäre kein Ende. – Auch Heilige erscheinen im Zug. Am schneidigsten der heilige Georg, der auf einem feurigen Schimmel reitet – und hinter ihm zieht die Jungfer Margaret an einem Bande ihren Drachen mit. – Nach der Prozession wird der Ritter Georg diesen Drachen, der dann Feuer speit, mit der eingelegten Lanze erstechen. – Diese Szene hat sich bald selbständig gemacht.

In Furth im Wald wird der Drachenstich heute noch vorgeführt.

An die zweihundert unbescholtene und hübsche Mädchen benötigt im 16. Jahrhundert die Münchner Prozession, um alle die Madonnen und heiligen Jungfrauen darstellen zu können. Der Hof gibt große Summen aus zur Anschaffung von Schuhen und Stoffen. Die berühmtesten Madonnen und Jungfrauen wählt die Herzogin unter den Töchtern des Adels selber aus. – Ein armes Kuchelmensch bekommt, da man in Verlegenheit ist, die Chance, in der Fronleichnamsprozession die Rebekka darstellen zu dürfen. Sie gefällt in dieser Rolle einem zufällig in München weilenden stinkreichen Gastwirt aus Bozen so sehr, daß er sie auf der Stelle heiratet. Schon am Freitag nach der Prozession. Und sie ist eine gemachte Frau! – Immer wieder bedroht ein Regenwetter den kostbaren Umgang. – 1584 stoßen gleich zwei Gewitter zusammen. Aber der Herzog befiehlt doch, man solle es wagen und das Allerheiligste wenigstens bis zur Kirchentüre tragen. Draußen regnet es in Strömen. Die Kirchentür wird geöffnet – Orlando di Lasso stimmt mit seinem gewaltigen Chor das »Gustate et videte« an, und schon hört es zu regnen auf, und gleich darauf scheint die Sonne. Die Prozession kann stattfinden.

Und doch sind die kleinen Dorfprozessionen auch recht festlich. Und besonders schön ist es, wenn der Bauer mit seiner Bäuerin und den Kindern nach dem Umgang beim Wirt einkehrt. Da gibt es in ganz Bayern die besten Bratwürst. Und das Bier schmeckt einem jetzt nach der heißen Prozession besonders gut. – Nicht selten wird man da am hellen Nachmittag schon leicht angespitzt. Und natürlich ereignen sich auch in den Bauernpfarreien lustige Prozessionsgeschichten. Einmal ist einer der Himmeltrager ausgerutscht und hat sich aber gerade noch am Himmel festhalten können. Dadurch sind aber auch seine Kollegen aus der Andacht gekommen. – Und lange wird dann so ein Unglücksrabe ausgelacht. – Einen Zorn auf den Salutkanonier hat in Kreiting einmal ein Bursch gehabt. Weil der Schießmeister ihm die Tochter nicht zur Frau hat geben wollen. Was tut der gekränkte Liebhaber?

Er findet den Zugang zur Kanone und zum Pulver und weicht dieses gehörig ein. Der Schießmeister soll während der ganzen Prozession geflucht haben. Von einem anderen Schießmeister wird erzählt, daß man ihm die Kanone am Fronleichnamstag auf sein Hausdach gestellt hat. Und weil man es zu spät gemerkt, hat er auch nicht schießen können. – Eine entsetzliche Blamage so was! – Die Prozession zieht aus, die Musik spielt, und die Gläubigen knien sich schon hin zum ersten Segen – jetzt soll es, jetzt muß es krachen! – Und aber man hat keine Kanone. Oder es zündet aus anderen Gründen nicht. In so einer Situation hat der verzweifelte Böllerschütz dann zur Schlegelhake gegriffen und hat damit mit aller Wucht gegen das Scheunentor gedroschen. So etwas kann natürlich den Berchtesgadener Antlaßschützen nicht passieren. Die brennen ihre Doppelstück ab, daß es nur so schnalzt über Berg und Tal.

Hochgelobt sei das Allerheiligste Sakrament des Altares! Es gibt idyllische Prozessionen in Bayern. Sie haben gar nicht so viel äußeren Prunk nötig, weil ja die Landschaft ihnen schon so sehr prunken hilft. Die Berg und die Seen, die Flüsse und der Wald. Der Wassersegen über der Donau in Niederaltaich z. B. oder das Hostienschutzen in Laufen an der Salzach, wo weißgekleidete Burschen mit einem Tuch vier ungeweihte Hostien, mit Blumen gemengt, in die Salzach schutzen! Auch eine Benediktion des Wassers, des salzschiffenden Flusses ist das. Auf der Fraueninsel im Chiemsee hat man bis vor etlichen Jahren noch eine der meist aufgesuchten Fronleichnamsprozessionen abgehalten. – Wieder an anderen Orten wurde noch in den zwanziger Jahren von den Ministranten ein Lamm mitgeführt. Ein unschuldiges weißes Osterlamm. – Das Symbol des Fronleichnams. Das Lamm Gottes.

Und dann werden die Umgänge am Antlaßtag wieder einfacher. Im Jahre der Säkularisation, der Klosteraufhebungen, weilt zufällig die geistreichste Frau der Romantik in München, die Frau Caroline Schlegel-Schelling. 1806 zieht sie dann ganz nach München. – Aber in jenem turbulenten Jahre 1803 erlebt sie die Fronleichnamsprozession.

Dreißig Jahre später schildert am Ende der Regierungszeit König Ludwigs I. der Mediziner Kußmaul den Münchner Antlaßtag. »Am Fronleichnamstag konnten wir im ersten Stock eines Kaffeehauses ein Fenster in Beschlag nehmen, vor dem die Prozession defilierte. Zu uns gesellte sich das zutrauliche Nannerl, die fescheste Kellnerin des Hauses, und gab uns manche erwünschte Auskunft. Der Zug war einfach großartig. Der Erzbischof mit der Geistlichkeit, der König mit allen seinen Prinzen, der Hofstaat, Adel und Minister, Militär und Bürger, Männer und Frauen, alt und jung, zogen mit Musik, betend und singend, viele nur plaudernd, vorüber. Auch Ringseis sah ich unter den Professoren der Universität, er durfte nicht fehlen. Ganz am Ende des Zuges kam psalmodierend ein Trupp Franziskaner. ›Jetzt paßt's auf!‹ kicherte das Nannerl, ›seht ihr den Dicken in der Mittn? – Da, er wird gleich heraufschauen und mir zuwinken.‹ – So geschah es. Der Dicke in der Kutte blickte zu Nannerl herauf, winkte und schmunzelte. – Der Tag war heiß, und die Andächtigen strömten nach der Prozession durstig in die Bierkeller ... das Volk, der Adel, die Studenten und die Professoren ...«

Es ging da lustig zu, gedruckte Bocklieder wurden ausgeteilt und gesungen. Eine menschliche Nachfeier der großen Prozession!

Selbst während der beiden Weltkriege fand die Prozession statt. Not lehrt beten. In der Nazizeit gehörte geradezu Mut dazu, an der Fronleichnamsprozession teilzunehmen. Führte sie an dem Gebäude einer Kreisleitung vorbei – oder gar Gauleitung –, erlaubten sich die braunen Machthaber da und dort einige Störmanöver. Standen in Braunhemden auf dem Gehsteig, die Hände in der Hosentasche, rauchend, schmatzend, sich nicht um das Sanctissimum kümmernd.

Es gab Katholiken, die ihre Stellung riskiert haben, weil sie unverdrossen an der Prozession teilgenommen hatten.

Wie anders schätzte man die Prozession noch im letzten Kriegsjahr 1918! Zum letzten Mal geht der bayerische König hinter dem Himmel. Vor sechs Jahren noch schritt da Seine Kgl. Hoheit, der neunzigjährige Prinzregent, tapfer mit. Und auf ihn und den Umgang gab es ein Volkslied.

»Schön ists mit dem Umgang gehn!« – Wo der Vers dann vorkommt: »Und dann kommt der Prinzregent, Prinzregent, Prinzregent! Mit der Kirzn in die Händ – die nimmer brennt!«

Weiß Ferdl hat das Umgangslied lange noch in der republikanischen Zeit gesungen. Denn die königlich bayerische Fronleichnamsprozession in München war halt ein glanzvolles Ereignis gewesen.

Von Primizen und Primizianten

»Ecce sacerdos magnus! Seht den Hohenpriester, der in seinen Tagen Gott gefallen hat. Ihm hat er den Segen für alle Völker gegeben!« – Das sind große, sind gewaltige Worte. Darum wird dieses Lied am 29. Juni gesungen, am Peter-und-Pauls-Tag, wo in den bayerischen Kathedralen landauf, landab die Bischöfe die Neupriester ausweihen.

Der Tag ist einer von den höchsten im ganzen Jahr. In jedem Dom legt der hochwürdigste Herr Bischof den Weihekandidaten die Hände auf – und das in der allerfeierlichsten Form. – In allen sieben bayerischen Diözesen, in Regensburg, Freising, Passau, Augsburg, Würzburg und in Bamberg und Eichstätt! – Da zehne, dort zwanzge, ja in den größeren Diözesen san oft glei vierzge und fuchzge »gweicht« wordn. Die Klostergeistlichen net grechnet.

O mein, da feits heut weit! – Denn der Herr schickt heutigentags grad no wenige Arbeiter in seinen Weinberg. – In der bayerischen Hauptdiözese, in München-Freising, konnte Kardinal Julius Döpfner z. B. Anfang der siebziger Jahre nur noch vier Kandidaten weihen. 1974 waren es gleich gar nur drei gewesen. – In Passau standen immerhin noch fünf Neupriester um den Weihealtar! – Darunter ein Jugoslawe, schon eine Art Abkömmling der heimisch gewordenen Gastarbeiter. – In Augsburg konnte der hochwürdigste Herr Bischof Stimpfle ebenfalls eine ganze Handvoll Kandidaten ordinieren. Drei von ihnen wurden am Vorabend von Peter und Paul, am 28. Juni, in Kempten geweiht und zwei dann im Augsburger Dom am Peterstag selber. In Augsburg ist das jetzt so der Brauch geworden, daß man die ganz echten Allgäuer in ihrer eigenen Metropole salbt und mit dem Meßgewand einkleidet, Sankt Mang zur Ehr und den Allgäuern zum Heil.

Auch in dem festlich-lieblichen Würzburg, in der weingesegneten Hauptstadt Unterfrankens, bekam der hochwürdigste Herr Bischof fünf Helfer für seinen Weinberg. Und im türmereichen Bamberg, der fruchtbaren Häcker- und Gärtnerstadt, dem Sitz des fränkischen Erzbistums, durften immerhin noch sechs junge Theologen Hostienschale und -kelch in Empfang nehmen. – In dem kleinen mittelfränkischen Bistum Eichstätt aber konnte der Nachfolger des heiligen Willibald nur noch einem einzigen Neupriester den Friedenskuß geben.

Aber überaus reich und spürbar kräftig wiederum wehte der Hl. Geist in Bayerns würdigster und ältester Hauptstadt, in Regensburg. – Wie in der Aufklärung des vorigen Jahrhunderts der romantisch-fromme Neuanfang durch die heiligmäßigen Bischöfe von Regensburg, Wittmann und Michael Sailer, beseligend wohltuend ins ganze Bayernland, ja in die ganze Welt hinausgeleuchtet hat – nicht zuletzt auch kirchenmusikalisch –, grad so, möchte man heut ausrufen, grad so kommt das Heil wieder aus Regensburg. – Bischof Rudolf Graber konnte jedes Jahr einem Dutzend und mehr die Hand auflegen. – Diese Zeremonie des Handauflegens ist in Regensburg besonders ergreifend.

Und die Regensburger Domspatzen stimmen achtstimmige Lobeshymnen an, preisen im hohen Dom die Großartigkeit des Priestertums. – »Ecce sacerdos magnus – crescere in plebem suam«, der uns zu einem Stammvater des ganzen Volkes geworden ist.

Ja mein, »es is halt net an jedem gebn«! – So haben die alten Bauern geseufzt, wenn einer der Ihren, der schon zehn und zwölf Jahre lang auf geistlich studiert hat, nun plötzlich abgesprungen ist, weil er es nicht mehr hat dermachen können mit dem Zölibat. Der wo manchmal auch schon ein junges Studentlein von zwanzig-, zweiundzwanzig Jahren arg plagt. – »Wia Gott wuil! Da kannst nix macha dagegn! – Es is net an jedem gebn dös!« – Und es ist dieser Ausspruch – so volkstümlich er auch klingen mag – eine treue Übersetzung jener Bibelstelle: Multi vocati sunt, pauci electi – viele sind berufen, wenige aber sind auserwählt!

Indem gega d'Liab koan Kraut gwachsn is und a junger Mensch schnell Feuer fanga kann. Und nachand gibts an Kampf. »Sollt i iatz a Pfarrer werdn, oder sollt i do liaber 's Annerl heiretn?« – Koan Mensch kann dir dazua und dagegn ratn. – Dös muaßt alls selm wissen. – Aa der Beichtvater kanns dir net genau sagn. – »Tu es sacerdos in aeternum«, hoaßts: Du bist Priester in Ewigkeit! Mein Liaber, überlegt ghört dös schon! – Du gehst auf Öding – alloan und zu zwoat, auf Maria Hilf und zum gegeißelten Heiland in der Wies – und no net bist dir klar. – 's Annerl traut se gar nimmer z'schnaufa neba deiner. – Und sie muaß woana und hat aa ihr Gwissn. – Sie möcht net dran z'schuild sein müaßn amal, wenn der hochwürdigste Herr Bischof oan weniger hat zum Weiha und Handauflegn. – Das sind Gewissensbisse und Konflikte für einen jungen Studentn! – Da dagegen verblassen die gefährlichsten Examensängste. – Sollt i a Pfarrer werdn – oder sollt i amal 's Annerl heiretn? Herrgott, i woaß ma koan Rat nimmer!

Und dahoam schaut dich dein guate, fromme Muatter an. – Sechs Buabn hats geborn, und bei einem einzigen hätt' sie sichs dengascht derhofft, daß er amal zum Priester geweicht wuret. – Iatz hast studiern derfa, hast so vuil Geld bereits kost, Seminargeld und Schuilgeld und Büachergeld, Eisenbahngeld zum Hin- und Herfahrn in die Ferien ... – Deine Gschwister habn dös alls net kost, und sie habn dahoam garbet – a jeder für zween Knecht... Und die Schwestern habn se schon gfreit auf die Primiz ... Und die kloan Lise hätt' amal dein Primizbraut sein derfn! – O mein, o mein, hätt' i nur dös Annerl nia gsehgn! –

Aber der Zölibat is an Aufgab für a Mannsbuild. Und an Ausnahm werd net gmacht. – Als Pfarrerköchin möchet 's Annerl net, und i hätt' mir selbigsmal so was net amal z'denka traut! Diam hört man so Skandalgeschichten verzähln. –

Der und der Pfarrer sollt da und dort sich a Blöße gebn habn? – No ja, d'Leut redn und vergessn's wieder. – Menschen sind wir alle. – Heutzutag denkt man großzügiger. – Aber aa unsere alten Bauern habn in so einem Fall gern den Ausspruch getan: »Solltns es halt aa heiretn laßn!« – Sogar die frömmsten und sittenstrengsten Bauern haben solche Aussprüche getan, wenn es einmal notwendig geworden ist.

Und dann haben sie noch hinterfotzig hinzugesetzt – oder harmlos lächelnd eher: »Waar eahna gar net z'guat!« – Oder gar einer hat gesagt: »Nachand wüßetn sie's aa, wia hart oan der Deifi zuasetzn kann auf dera Welt!«

Aber der Teufel braucht vielleicht den Zölibat? Jedenfalls der Zölibat durfte bleiben, das Lateinische wurde abgeschafft. Es is' gwiß a harte Sprach, und gfuchst ist man net wenig wordn früher in den Knabenseminarien zu Freising oder im St. Max in Passau oder in Straubing und Regensburg, in Metten und Bamberg, in Würzburg und in Eichstätt. – Als kloana Bua mit 11/12 Jahr hast schon um fünfe in der Fruah aufstehn müaßn und lateinische Wörter lerna derfa. Jedn Tag, jahraus, jahrein! – A harts Gschäft. Und habn se die Brüader dahoam beim Kleemahn aa net ärger plagn braucha. – Und trotzdem is die lateinische Sprach a Dreck gegan Zölibat. – Aber no, die Priesterweih is waltern aa was! – Oder sollt' man den Zölibat bestehen lassen und lieber die Kirchensteuer abschaffen?

So hat er dahinsinniert, der junge Theologiestudent und Bauernsohn, und am Ende hat er dem Annerl doch ein bisserl weh tun müssen, denn er hat sich zum Priestertum entschlossen. – Zäh und geradeaus, wie seine bäuerlichen Vorfahren seit Jahrhunderten, hat er sich für die Erfüllung seines Lebens entschieden, für den Dienst am Altar. Und er ist von nun an noch ernster geworden. Er bekam die niederen Weihen und bald darauf die höheren. Und jetzt also auf einmal ist er am Ziel! Wenn der Herr Regens im Dom seinen Namen aufruft, dann wird er laut und deutlich sein Adsum sprechen: Hier bin ich, mein Bischof, und ich bin bereit. Vierzehn Tag später is dahoam die Primiz. Dös is a Festlichkeit! Schon no ebbas Größers und Mehrers wiar a Fahnaweih!

's Troad wachst daher, 's Altheu habn ma schon herin. Und in der Holledau ringelt se der Hopfa bereits weitmächtig aufi. Z' Rining habns a Fahnaweih, z'Pleiskircha a Stiftungsfest von der Feuerwehr, z'Geisbach feierns gar eahna 1000-Jahr-Jubiläum, und z'Zell habns groß eingladn zu eahnane diesjährigen Sommerfestspiele. Gwiß, lauter erstklassige Festlichkeiten dös! – Wo d'Leut zsammalaafan! Wo a Bier ausgschenkt werd und der Wirt a Gschäft macht.

Aber, meine liabn Leut, gar nix is so a Stiftungsfest gegar a Primiz. Zum Primizsegn kemman no mehrer Leut. – Weil der Primizsegn, der hat a sölchane Kraft, daß er glei an jedn an Ablaß verleiht und die Verwandtn bis zu die Vettern und Basln bis zum 3. Grad gleich an dreifachn Ablaß mit siebn Quadragen! – Darum hoaßts ja in dem berühmten Spruch: Um an Primizsegn sollt man se a Paar Schuahsohln durchilaafa. D. h., man soll so weit gehen auf eine Primiz, daß die Schuhsohlen sich durchwetzen. – Vier und fünf Stund weit!

Und was ein Primizsegen ist, das wird dann doch in Gottes Namen schon noch jeder Laienapostel heutigentags wissen oder wenigstens erahnen. – Der Primizsegen, das ist der Segen, den der Neupriester mit seinen in der Priesterweihe frisch gesalbten Händen – und zwar mit Chrysam vom Bischofe gesalbten Händen – ausspendet. – Und der Primiziant bedient sich beim Primizsegen auch eines eigenen Zeremoniells: Er breitet die Arme nicht aus, er streckt sie nach vorne, die Handflächen abwärts gehalten, als würde der Segen Gottes durch seine Hände hindurch in den Boden hineinfahren! – So die Hände ausgestreckt, spricht er die lateinischen Segensworte – und sie gehen einem durch und durch. Er singt sie sogar: Per extensionem manuum mearum et per invocationem omnium sanctorum ... etc. »Durch das Ausstrecken meiner Hände und durch das Anrufen aller Heiligen ...« omnis coelestis atque terrestris – heißt es dann noch handgreiflich segenbeschwörend: »Mit der ganzen himmlischen und irdischen Segensfülle segne euch der allmächtige Gott.«

So ein Primizsegen – vom hochwürdigen Herrn Primizianten – am Tage seiner Ersten Heiligen Messe, seiner Primiz, hochfeierlich gespendet in der Heimatpfarrei, das ist ein unbeschreiblich zu Herzen gehender heiliger Akt. – Die Geschwister, die Verwandtschaft, die Nachbarn, die Schulkameraden und -kameradinnen – und auchs Annerl – alle – auch die größten Bäuerinnen und Bauern – und auch die anwesenden geistlichen Mitbrüder, allsamt, beugen ihre Knie und bekreuzigen sich. –

Die Glocken läuten drauf, die Böller krachen, und alle anwesenden Priester stimmen unisono und mit kräftigster Feierlichkeit das Te Deum laudamus an.

Mit dem Primizsegen kann dir so schnell nichts passieren. – Im Gegenteil, von allen Segnungen halten wir in Bayern den Primizsegen für den allerkräftigsten, noch wirkungsvoller wie den bischöflichen Segen. Besonders das »atque terrestris« – die irdische Segensfülle kann man spüren, und es wächst noch kräftiger heran die allerbeste Braugerste, das Korn und der Weizen, die Weintrauben, der Hopfen, die Erdäpfeln und das Kraut.

Und nach dem Te Deum fängt wieder die Musikkapelle an mit einem schneidigen Marsch. – Man spielt sich aufs Wirtshaus zua. – Denn eine echte bayerische Primiz hat früherszeiten auch eine geistliche Bauernhochzeit geheißen. – Je höher die kirchlichen Feierlichkeiten, desto üppiger gehören darauf die irdischen Bräuch. –

Ja freili, der Primizsegn ist es schon wert, daß man sich a paar Schuahsohln durchilaaft!

Warum muß es eigentlich Priester geben? – In der heutigen Zeit möchte man direkt meinen, da sind sie schier bald überflüssig! Und das Konzil hat ja eh betont, daß jeder Laie selber ein Priester ist. – Und überall hört man vom Laienapostolat. Vielleicht ist das ein Grund dafür, daß die Weihekandidaten in jeder Diözese weniger werden?

Aber der Priesterberuf ist jahrtausendealt. – Schon die alten Ägypter haben Priester gekannt. Und überall auf der Welt hat es sie gegeben. – Im alten Rom waren die Priester feste Staatsbeamte, Manipel- und Stolaträger. Es hat sogar direkte Priesterstaaten gegeben. Theokratien! Wo der Hohepriester zugleich der König war. Bei unseren direkten Vorfahren, den Kelten, waren die Priester, die Druiden, zugleich Ärzte und Richter gewesen und hatten mehr weltliche Macht als der König. Auch mußten sie 20 Jahre lang studieren und kamen schon als Achtjährige in die Druidenklöster. – Vielleicht nach Gars, Au, Chiemsee, Baumburg, Altaich, Weltenburg oder Salzburg? Von Haus aus war jeder Familienvater sein eigener Priester. Bei den Germanen und bei den alten Griechen ist aber dann das Priesteramt schnell auf die Fürsten übergegangen, auf die Könige und Herzoge. – Und überall hat das auch eine gewisse Staatsmacht verkörpert, liest man in den religionsgeschichtlichen Nachschlagewerken und auch bei den angesehensten Dogmatikern und Theologiegeschichtlern. »Häufig zeigt das Priestertum eine starke Neigung, mit dem Staat zu rivalisieren, und es ist bereit, zuzunehmen an Machtfülle und Funktionsquantität unter Einverleibung sogar fremder Systeme und Kulte«. – Da mögst ja glei irr werdn, wenn man so gscheite Sachan aus den neuen theologischen Lexika und Lehrbüchern herauslesn kann.

Und wenn wir heut meinen, es braucht nimmer so vuil Pfarrer gebn, weil d'Leut nimmer so fleißig in d'Kircha gehn, nachand is dös, möcht i moana, trotzdem ein Irrtum. – Besonders bei uns in Bayern waars ohne Pfarrer koan schöns Lebn! – Jawoihl, sag i! – Was waar denn a Kindstaaf – ohne Pfarrer? – Is diam an Protznbauern schon der Koprata zweng! – Und was nachand an Houzet ohne Kirchazug? – Ohne Brautsegn und Kirchachor? – Lang net so festlich waar a Houzet ohne Pfarrer, und wenn die Braut no so schön is und der Bräutigam no so vuil Geld hat! – Die Festlichkeit waar dös net!

Und grad a so is mitm Houzetmahl! Hockt da Hochwürden Herr Pfarrer dabei, werd beim Houzetlader seine Witz glei no mehrer glacht! Und es hat schon Herrn gebn, die habn selber Schnaderhüpfe gsunga!

Und was waar nachand an Erstkommunion ohne Pfarrer? – O mein! Da mag man ja gar net 's Denka anfanga! – Und was nachand a Firmung ohne Bischof?

Und diam taugt oan sogar dös Beichtn wieder! – Gwiß is wahr! – Man derspart se an Dokta, wenn man aufrichtig beichtn kann!

Vom Sterbn und Eingrabn mag i gar net redn. Da braucht man freili an Pfarrer net unbedingt, weil sterbn muaß a jeder. Und eingrabn tean oan d'Leut aa ohne Pfarrer. Aber freilich, so trostreich und feierlich ernst und traurig schön ist eine Beerdigung ohne Pfarrer nicht. – Die alten Gsangl auf lateinisch, die haben einen Klang und einen Trost – fast so einen starken wie der Herbst und der Winter! Dös »si iniquitates«, das geht wahrscheinlich schon auf die ägyptischen Priester zurück!

Und was wär der Ablauf des Jahres ohne die großen Festlichkeiten langweilig! Ohne Karfreitag und Karsamstag? Ohne Ostertag und Pfingsttag? Ohne Prangertag, Kirchweih und Allerheiligen, ohne Christmette?

Nix waar's! – Und für jede Festlichkeit müßte eine neue her! Eine neue erfunden werden! Auch wieder eine mit Prozessionen und Massenversammlungen, mit Paraden und großen Reden! Mit Standartenweihen und Denkmalsenthüllungen, mit Verkündigungen von Jahresplänen und Jugendweihen! Alles müßt' wieder erfunden werden, und es bräuchte nach ungefähr hundert Jahr wieder Priester dazu.

»Und die Katz sprang auf die alten Füaß!« – Wenns aar Ersatzfüaß waarn, weil unserne alten fromma Bräuch und unsere guate alte Geistlichkeit – die san man schon gwöhnt über taused Jahr. Und aufs Gwöhna kimmts an! Aufs Angestammtsein – aa in der Religion!

Also brauch man mir die Geistlichen so noutwendig wiar a Hebamm und an Dokta, wiar an Zahnarzt und an Richter und gwiß no noutwendiger wiar an Advokatn!

Freili, der Zölibat, dös is allweil no an Aufgab! Zwar net dös ganze Lebn, wiar an alter Bauernpfarrer amal gseufzt hat. Sein tuats was, hat er gsagt: Als Koprata hat mi der Zölibat druckt, späta beim Kirchabaun die Schuildn – und iatza druckt mi 's Zipperlein!

Eine Primiz fängt ja schon ganz vorn an. Nach der Priesterweih fahrt der junge Primiziant heim. Heut mit dem Automobil – früher mit dem Zug! Am Bahnhof hat also die ganze Pfarrei auf den Zug gewartet. Das ist ausgemacht gewesen: Mit dem Vier-Uhr-Zug kommt er. Schon um zwei Uhr nachmittag sind die ersten Reiter am Bahnhof angekommen. Bauernburschen mit ihren schönsten Rössern – wie zu einem Umritt! Das Warten hat gar nix gmacht! Man hat sich sehen lassen können mit den schönen Rössern! Und die Kellnerinnen haben den Reitern 's Bier ausserbracht von der Restauration. Weggehn hast ja net können, weil d'Rösser allweil mehrer geworden sind! Und a jeds schöner wia das ander! Fein gestriegelt und putzt, daß' grad glanzt habn! D'Schweaf eingflochtn! Mit Bleamerl und Kranzl und Bandlzeug! Die Hüaf gschmiert mit Schuahkrem, die schwaarsten Bauernheiter san grad a so stolz dahertanzelt wia die Remontn!

Und bald drauf san aa schon die größern Bauern mit eahnane Wagln und Schäsner kemma. A jeds Radl mit Bleamerl umwunden und sogar die Schäsner selber bekränzt und mit weiß-blaue oder weiß-gelbe Bandln gschmückt! In jeder Kutschn der Bauer und die Bäuerin mit die kleanan

Kinder drin! Und dös grouße Gwand an a jeds, als waar schier der Prangertag! Und die Musikanten habn diam schon in eahnane Instrumenter neiblasn! – Und nachand die vuiln Radlfahrer! Ein jedes Radl geschmückt, daß man vor lauter Bleamerl und Daxn schier koane Speichen mehr gsehgn hat!

Und gleich nachm Bahnhof – und sogar den Bahnhof habns hergricht – glei nachm Bahnhof, so neban Wirt, is der erste Triumphbogen gstandn. Über und über aus Fichtenzweigen gebunden und mit einer schönen Tafel geschmückt! Dem hochwürdigen Herrn Primizianten ein herzliches Willkommen in der Heimat! Es wird dreiviertel viere. Der Herr Bürgermeister mitm Herrn Pfarrer fahrn vor im allerschönsten Schalawa, dens in der ganzn Gmeinde gibt! Im Fond drin werd er drinsitzn! Bald is soweit! Langsam werds viere. Der Zug nimmt schon sein Ordnung an, er stellt se auf! Die Radlfahrer voraus, nachand die Reiter, nachand die Schäsna und mittndrin der Wagn vom hochwürdigen Herrn Primizianten! Der Posthalter selm hockt aufm Kutschbock, und sitzn im Schalawa no drin der Herr Geistliche Rat und der Bürgermeister. Iatz müaßt er kemma, der Zug! Na, nix is, er hat fünfzehn Minuten Verspätung. Endlich dampft er daher! Und man kennts eahm schon von weitem an, da sitzt er drin, der Mühlner Wastl, der hochwürdige Herr Primiziant! Und fleißig, schon steht er auf der Plattform heraus, ganz in seinm neua Talar! Um an Arm a Primiziantenkranzl! Der Waste! Der Zug hält, er steigt aus. D'Musikantn fangan an Marsch an! Der Mühlnervater und die Mühlnerin sagn zu eahnam Buabn grüaß God, und die Gschwister stehn aar aufm Perron. Die kloan Primizbraut, dös Hofbauernlisei mit ara acht Jahrl, sagt a Gedichtl auf! »Mit deinen neugeweihten Händen – wirst du uns deinen Segen spenden!« So hört das Primizgedicht auf, und der Primiziant ist gerührt und will schon die Hände ausstrecken, da hält ihn der Pfarrer gerade noch davor zurück und flüstert ihm ins Ohr: Jetzt net, erst dahoam in der Kreitinger Pfarrkirch zum festlichen Abschluß heute!

Ja no, a so a neugweichter Primiziant macht diam no ebbs falsch, wenn net der alte Pfarrer dabeistand allweil – die erstn Tag und ganz bsonders nachand unter der Primiz, wenn er dös erstemal alloan dös Houchamt singt. Der Pfarrer, als presbyter assistens, kann da zu jeder Zeit eingreifa und aushelfa, wenn was danebngang! Er steht dabei im Rauchmantl und paßt auf und wispert eahm zua.

Beim Empfang also nimmt er ihn gleich an seine Seite, und dann, nach dem ersten Grüß-Gott-Sagen, steigen sie in die schönste Kutsche ein, und d'Musi spielt abermalen oan auf, und nachand gehts vom Bahnhof ins Dorf zua hoamwärts! Und is dös a schöner weiter Weg, wo sich der Zug prächtig entfalten kann! – Drei Kilometer weit! Durch die Felder, die Wiesna, durchn Wald a Stückerl, am Bach vorbei, wo's Vaterhaus liegt – und auf die Dorfkircha zua. Und allweil wieder prangt a Primizbogen! Die Glocken läuten! Die Schulkinder mit der Lehrerschaft, voraus die Ministranten mitm Koprater, gehn dem Zug bereits entgegen! Dös is a Pracht! Der Primiziant, der junge Priester, werd eingholt in sein Heimatpfarrei. Tu es sacerdos in aeternum, steht über dem Primizbogen vor der Kirche! Du bist Priester in Ewigkeit! Es geht oan durch und durch!

Die Tage zwischen dem Einholen und der Primiz sind für den jungen Primizianten die schönsten. Da geht er von Haus zu Haus in der ganzen Pfarrei und spendet jedem einzelnen seinen Primizsegen. Das ist jeweils ein kleines Heimgartenfest für jede Familie. Dem Großvater, der Großmutter, den Eltern, den Kindern, Knechten und Mägden – einem jeden legt er einzeln die neugeweihten Hände aufs Haupt und spricht die lateinischen beschwörenden Segensworte! Per extensionem manuum mearum! Da hebt se a jeder staad und spürt die frische, junge Kraft!

Und nachand gibts a kloane Brotzeit, und der Bauer

steckt dem Primizianten a Gschenk zua, an Zwanzger, Fuchzger, Hunderter. Je nach der Rarn.

Ja no, vom Studiern san no Schuldn da, und a bisserl an Aussteuer braucht a junga Koprata aa. Is sein Ghalt eh no hübsch kloan. A so is der Brauch. Und kaafa kannt man den Primizsegen ja do net. Weil er gar a so geehrt werd, a junger Primiziant, laafan eahm diam Platz die Buabn nach. Und manche Muatter sagt anläßlich einer Primiz zu ihrm Lausbuabn, waar dös schön, Sepperl, wennst a so brav wuretst wia der Primiziant! Wer woaß? A jede Primiz zügelt an Primizianten nach, hat man frührer gsagt.

Es is eahm alls vergunnt, dem Primiziantn, dem Mühlner Wastl! Er is ja an Unsriger! A Kreitinger! Und wenn er no vuil zsammbringt! An Tausender oder zween? Und Realitäten kriagt er aa no gschenkt. Der Jungfrauenverein z. B. hat eahm an Chorrock ghäkelt mit vuil wunderschöne Spitzn! Und hat die Schwester vom Herrn Primiziantn durchblicka lassen, die ratschete Mühlner Kathl, daß an dem Chorrock hauptsächlich 's Annerl hinghäklt hat. – Da werd der Primiziant a ganz a kloans Bröckerl rout! Aber er lacht dazua und moant: »Der schöne Chorrock, der is ja direkt schad zum Beichtstuhlsitzn!«

Und der Burschnverein stiftet a niglneus Fahrradl! Der Trachtenverein spendiert a Guitarr, indem der Wastl schon als Bua gern gspuilt hat. Und der Veteranenverein hat eahm gar a gotisches Meßgwand macha lassn! D'Feuerwehr gibt a Rituale-Büacherl her mit eingelegter kleiner Stola, ganz ebbas Praktischs, wenns amal pressiert beim Versehganggehn. Der Kircharat hat mitm hochwürdigen Herrn Pfarrer gar an Meßkelch kaaft! Die Gschwister habn a neua Talar angschafft, die Schuilfreund a neus Konversationslexikon! Usw. Es kemman also nomal guat und gern – weil ja die weitschichtigste Mühlnerverwandtschaft aa no extrige Geschenke macht – guat und gern a Dutzed Realitäten zsamm. Und die werdn allsamt schön aufgstellt im Primiziantnzimmer. Dös is dös schönste Zimmer im ganzn Mühlnerhaus, die groußе Kammer! – Da kommen jetzt die Leut zum Anschaugn, von der Früh bis auf die Nacht. – Alle kommen sie daher – einzeln und in Gruppen – die Schulkinder und die Großmütter – alle gehns »dem Primizianten sein Sach anschaugn«. Wie auf den Hochzeiten, wo es der Hochzeiterin grad a so geht!

Das Schaun is fein koan schlechter, es is a schöner Brauch! Weil, er bedeut net nur, daß die Neugierde befriedigt werd, er bedeut, daß man Anteil nimmt an der Freud, daß man sich mitfreut! Und es gehört zum Schaun also auch das entsprechende Lob der Schauenden dazua! Dös is aa koan Falschheit, koan spottende, im Gegenteil! Auch nicht wenn die weitschichtig verwandte und ob ihres Mundwerkes weithin bekannte Wachsnlies ihre Lobeshymnen anfängt: »Mein is dös Sach schön! So vuil schon! – Der Heilige Vater in Rom mag net so vuil Schöns kriagt habn bei seiner Primiz! Und so vuil Sach hat er kriagt! Ganz aus is! Dös rare Wohnzimmer! Und dös schöne Bett! Da hat d'Muatter schon die allerfeinsten Federn aussergsuacht! Und glei a vierfache Bettwasch dazua! Na, na, da muaßt weit gehn, bist so ebbas wieder sehgst!«

A so is recht! Was waar denn a Schaugn ohne Lobn? – Iatzada erst stimmts! Und die ganze Gmoan hat a Freid am Primizianten sein Sach. – Schon in dem berühmten Lexikon für Theologie und Kirche schreibt der selige Bischof Michael Buchberger von Regensburg unter Primiz in einer kleinen Schlußbemerkung: »in Bayern auch die geistliche Bauernhochzeit genannt«!

Und nachand kimmt erst der Primiztag selm! – O mein! – Die Festlichkeit laßt se kaam verzähln vor lauter Schön!

Um sechse schon kriagt er an musikalischen Weckruf von der verstärkten Festkapelln! Aber die Tag davor schon kimmt die halbet Pfarrei nimmer zum Schlofa. Nomal werdn zween Primizbögn aufbundn! Und vom Vaterhaus, von der Mühl her, bis zum Festaltar auf dem Wirtsanger hinterm Pfarrhof, werden Ehrenpfosten geschmückt und Girlanden aufgehängt. Ja no, zwölf Jahr bereits habns z'Kreiting koan Primiz nimmer ghabt. Und sie möchtn halt herzoagn, wia daß sie stolz san und wia daß sie das Priestertum ehren. Im bayerischen Gebirg werdn sogar Bergfeuer abbrennt zu Ehren des Herrn Primizianten, groußmächtige Holzstöß aufm Houchriegl und aufm hohen Schergn z. B. werdn ankennt! – Vielleicht habn dös die Keltn schon zu Ehren ihrer jungen Druiden gemacht!?

Und nachand formiert sich der Primiziantenzug vom Vaterhaus zum Festaltar. Die Triumphbögen aus Daxn und gschmückt mit Bandln stehn da, hoch und breit übern Weg, übern Fuaßweg, übers Bauernstraßl, über die Dorfstraß! Es gibt kleanerne und größerne! Die Böller krachan, und die Musikantn spuiln, dazwischen singt der Chor, und nachand werd wieder bet! Wieder ziaghn die Kommunionkinder voraus, die Vereine mit die Fahnen, die Schar der zu Ehren des Primizianten herbeigeeilten Geistlichen, alle im weißen Chorrock, vom ganzen Dekanat. Der Herr Dekan darunter. Dann der hochwürdige Herr Domkapitular und weitschichtige Vetter des Primizianten, der hochwürdige Herr Prälat Mittereder Ludwig, ganz in der roten Prälatensoutane wie ein Bischof! Er ist der heutige Primizprediger! Diese Ehre! Primizprediger sind ja meistens dem Primizianten verwandte Geistliche oder ihm nahestehende Theologieprofessoren. »Entschuldigens, Herr Professor, aber i hab no koan Primizprediger, der Herr Subregens hat mir absagn müaßn, möchtns net so guat sein und mir die Primizpredigt haltn?« – Schön ist es, wenn es zusammentrifft, daß der Primizprediger auch ein guter Prediger ist, wenn z. B. in der Verwandtschaft ein scharfer Kapuziner da ist!

Hinter die Ehrenjungfrauen und der Geistlichkeit also kimmt nachand im Festzug endlich der Herr Primiziant selm! Eahm unmittelbar voran schreitet stolz die kleine Primizbraut und tragt a weiß Kissn mit am Myrtenkranz drauf. Sie ist bei der heutigen geistlichen Hochzeit die Braut, das Symbol der Reinheit des Primizianten und aber auch das Symbol der Kirche Gottes, mit der sich der Neupriester heute vermählt!

Und hinter ihr also nachand der Primiziant selm! Er hat den neuen Chorrock an, die Stola um den Hals, und eine schneeweiße Lilie tragt er in der Hand! A so geht er sein Weg, sein Weg zum Primizaltar, wo er sein erstes Opfer zelebrieren wird!

Und hinterm Primizianten gehen seine Mutter, sein Vater, die Geschwister und Verwandten und die ganze Pfarrei.

Das ist ein Anblick: Das junge geweihte Mannsbild im Chorrock und mit der Lilie in der Hand! Und die Böller krachen – und die Triumphbögen spannen sich ihm über den Weg! Schon wieder einer!

Iatz is soweit, Waste! Hast an Aufgab vor deiner! Und net all Tag is Primiz! – Geh zua, lies dein erste Meß, wandl uns auf unsern Herrn – 's erschte Mal!

Und die vielen Leut! Von drin und von drauß, von unt und von oben sind sie gekommen, drei Pfarreien weit! Ja von noch weiter!

Da wär die größte Kirche zu klein für die vielen Leut! Am Wirtsanger haben sie Platz und sehen allsamt schön vor zum Altar, der hinter dem Stadl aufbaut ist.

Der Primizprediger lobt das hohe Priestertum! Früherszeiten war so a Predigt oft interessant. Daß der Priester noch im Rang vor den Engeln kommt, ist da nicht selten ausgerufen worden! Darum ehret eure Priester! Multi vocati sunt, pauci electi! Viele sind berufen, wenige aber auserwählt! Usw. Heutigentags hört sich natürlich so eine Primizpredigt auch ganz anders an, indem er schier bloß noch eine Amtsperson ist, der heutige Priester, und dafür freilich ein jeder von uns ein perfekter Laienapostel sein sollt! Und ist's doch eher umgekehrt geworden! Was ist ein heutiger

Laienapostel gegen einen tiefgläubigen Bauern oder Handwerker aus dem vorigen Jahrhundert? – Der, um eine Primiz erleben zu können, wirklich noch ein Paar Schuhsohlen durchgelaufen hat? – Autoreifen sind nicht so schnell durchgefahren!

Ja no, die Leut san halt frühRer so dumm gwen! Die erste Meß, die einer liest, habn sie gmoant, die kann a bsonderne Gnad aufweisn, a bsonderne Kraft gar! Ebbas is dran? Die erstn Kersch, die erstn Äpfe und Birn machan oan aar a bsonderne Freud!

Und wenn einer zum erstenmal aufwandelt – und unsern Herrn herzeigt – einer von uns, von unserm Bauerndorf einer, nachand geht einem das was an! Der Mühlner Waste von Kreiting, i hab'hn ja als Lausbua no kennt! Und heut is er der hochwürdige Herr Primiziant! – Dös gfreut oan!

Und er hats verdient. Vierzehn Jahr bei den Professoren studieren müssen zu Regensburg drin, dös war an Aufgab! A jeder derpackts net.

Der Chor singt eine ganz schöne Meß! Der verstärkte Kirchenchor – eine vom Mozart! Und sogar mit Orchester! Die Lehrer und Chorregenten von fünf Pfarreien helfen aus. Dös klingt, als stand der Wastl net in Kreiting aufm Wirtsanger am Altar, dös klingt, als tät er sein erste Meß in der Stadtpfarrkirche aufwandeln.

Und nachand kimmt langsam der Höhepunkt, die Wandlung! Die Vereine senken die Fahnen, der Kommandeur des Veteranenvereins läßt die Trommel rühren. – Die großen Glocken setzen ein, und die kleinen Ministrantenglöcklein klingen! – Im großen Anger beugen sich alle Knie. – Der Primiziant wandelt zum erstenmal auf! –

Der Waste! Wandlst uns auf unsern Herrn! Mir habn di allsamt recht gern!

Und nachand gehts as Wirtshaus! Nachand werds lustig! Den Hauptschlager macht heut natürli der Wirt.

Und er werd ganz nervös. Dös werd die oanzige Festlichkeit sein in Bayern, die sogar die ruhigsten Wirt nervös macht: a hoaße Primiz! Ah! – Da rinnts Bier weg! – Sogar der Bräu kriagt Angst! – Denn dös is aa schon passiert, daß bei ana Primiz der Brauerei das Bier ausganga ist. So enorm wächst der Durst an, nach diesen andächtigen Zeremonien! Drei-, viertaused Leut, die gebn aus! Bis da a jeder sein Maß hat, werd der Keller laar!

Und auch droben im Tanzsaal geht es hoch her! Für vierhundert Primizgäste ist die Tafel gedeckt! Und auftragen werd wie bei einer überdimensionalen Bauernhochzeit! A Houzetsuppn und Bratwürstl, a Kalbsbratn und a Schweiners, a Rindfleisch und a Kaffee mit diversen Tortenstückl und nachmittags nomal an Aufschnitt! Daß man halt direkt a Bschoadtüacherl braucht! So rare Primizmähler hats schon gebn – früahrerszeitn!

Und natürlich werden da Spaßettln gmacht unterm Mahl! Es sind ja so viele hohe Herren da, die waltern aar an Humor haben, wenn aar an gstudierten! Die Pfarrerwitz werden allerweil mehrer und allerweil kräftiger! Der lustigste ist der alte Benefiziat von Zell, der wenn amal anfangt, nachand gehts Lacha nimmer aus! Verzählt er net, man hat schon mitm Kaffeeauftragn angfangt, die Gschicht von seiner jungen Kaplanzeit, wo er all Tag von der Pfarrerköchin Fleischpflanzl kriagt hat! Ja freili, Fräuln Urschula. Fleischpflanzerl mag i sehr gern, die san ja mein Lieblingsspeis! Und nachand also diese Wendung! Man kanns gar net verzähln, warum daß es in diesem Pfarrhof immer für den Kaplan Fleischpflanzerl gebn hat. Weil der alte Herr Pfarrer keine Zähn mehr ghabt hat! Na, man kann wirklich net alle die lustigen und deftigen Pfarrerwitz erzählen, die wo auf so einem bayerischen Primizmahl zur Ergötzlichkeit aufgetischt werden.

Und das Bier fließt also in Strömen! Es gibt eine alte bayrische Rausch-Skala, die fängt an: Als leichteste alkoholische Stimmung: ein Ministrantenräuscherl! – Und dann kommt gleich das Primizianten-Räuscherl! Und viel später dann erst das Koperatorräuscherl. Manche meinen sogar, das Primiziantenräuscherl käme noch vor dem Ministrantenräuscherl! – So zartfühlend ist man hierzulande, wenn es um einen Primizianten geht!

Bis um fünfe, sechse, siebne auf d'Nacht sitzt man halt beinand. Und nachand is die Primizi aus.

Den andern Tag gibts no a Nachprimiz und a Requiem für die verstorbene Verwandtschaft – und nachand kommt das berühmte Briaferl vom bischöflichen Ordinariat: Als Aushilfspriester hat sich am 15. Juli einzufinden in der Pfarrei Seilersdorf der H.H. Neupriester Sebastian Mühlner aus Kreiting.

O mein, auf Seilersdorf stecknsn obe! Zu dia Büffen! Da hat er ja glei an hartn Einstand!

Ein recht trauriges Allerseelen allerseits!

»D'Blattln farbn se, d'Laban falln, herbstn tuats iatz überalln!« – Die traurige Üppigkeit der Laubbäume und Sträucher ist nicht mehr viel wert, jetzt im November. Naß ist es und nebelig, die Hänge hinauf dunkeln die Wälder, und auf den Wiesen im Tal weiden zum letzten Male die Kühe. Die Sonne hat keine Kraft mehr. Und auf einmal müssen Häuser und Autos geheizt werden. Die Sicht ist frei geworden auf den alten Landstraßen, denn das störrische Laubwerk verdrückt sich aus der Welt. Die Monotonie der Landschaft ist trotzdem anheimelnd. Eine Autotour im November hat ihre eigenen Reize, auch wenn die schwarzgekleideten Großstädter in hell glitzernden Autoschlangen die Friedhöfe der ländlichen Pfarreien ansteuern. Wir stammen alle von den Bauern ab. Da und dort schepperte gestern noch ein Traktor auf dem Acker. Hügelauf, hügelab, es gibt kein Feld, das jetzt nicht abgeerntet wäre.

Ein elegischer Monat, der November! Der Totenmonat! Die offiziellen Gedächtnistage mehren sich: Totensonntag, Volkstrauertag. Die Traurigkeit hält das ganze Monat über an.

Aber wer wird denn traurig sein am Allerheiligentag? Morgen ist Allerseelen, und vor der Ewigkeit sind tausend Jahr soviel wie ein Tag. Bis du drent die Augn aufmachst und wieder zu dir kimmst, sind deine Kinder und Kindeskinder allsamt wieder bei dir in der Ewigkeit. So daß dös Pfüa'-God-Sagn herent und dös Grüaß-God-Sagn drent oan Ding is.

Is dös net a Trost für die Sterbenden? Na also! Und die Lebendign? Die trösten sich seit altersher mit der Hinterlassenschaft der Abgestorbenen. Und wenn oaner gar nixn hinterlaßt, a Grab kriagt an jeder.

Liturgisch – oder sagn ma theologisch – is der Allerheiligentag ja ein Festtag erster Rangstufe, und mir freun uns über die, die schon drent san, die's – wie man in Bayern sagt – überstandn habn. Gaudeamus omnes in Domino, hoaßts heit: Heit wolln ma zünftig sein, weils in da drentan Welt amal besser sein werd! Sovuil man hört.

Da gibts koan Ärger mehr und koan Verdruß, koan Kümmernis und koan fade Arbet. Da werd tanzt Tag und Nacht. –

Eine müßige Frage: Ob es im Himmel droben auch für die leidenschaftlichen Automobilisten eine Freud gibt? – Ob man da keine Vorfahrt mehr beachten muß, obs da wurscht ist, wo man parkt und wie man sich einordnet, und ob es da wohl auch noch eine Promil-Grenze gibt? – I glaabs net. Wenn man dem Brandnerkasper glaubn darf, den wo ja der Boandlkramer bsuachsweis ins Paradies mitgnomma hat, nachand is da drent amal so lustig wia z'Tegernsee beim Almtanz. – Und dös is aar an alter boarischer Glaube, daß ein jeder da drent amal dös toan derf, was 'hn grad gfreit. Die Tarockbrüader sitzn beinand, und ein jeder gewinnt, die junga Liabsleit san allerweil im siebten Himmi und brauchan do net heiretn. Und warum also sollt na a leidenschaftlicher Autofahrer sich net all Tag darenna derfa? – Is ja grad gleich, er is ja schon drent in der Ewigkeit, da kimmts auf an Unfall mehr oder minder net an!

Also, wer wird denn traurig sein am Allerheiligentag? Morgen ist Allerseelen, und vor der Ewigkeit san taused Jahr sovuil als wia oan Tag!

Trostlos ist der Tag nicht, obschon die Friedhofmauer die Lebenden kaum zu fassen vermag und fünfhundert mühsam geparkte Wägen das kleine Dorf in ein metallenes Heerlager der erinnernden Dankbarkeit verwandeln.

Und auf dem Heimweg dann sitzt du bequem und anheimelnd warm hinter den großen Fensterscheiben, die charmante Beifahrerin knöpft ihren Pelzmantel auf, es ist ein Augenblick des raffinierten Genießens mehrerer Gegensätze. In der Geborgenheit eines kleinen Wohnzimmers schwebst du durch einfallende Nebel und Nässe kilometerweit durch die Melancholie des Novembers. Und die Trauer verkehrt sich in Freude und Aufgeräumtheit. Man erzählt sich Familiengeschichten. »Der Großvater, o mein, der wenn dös no derlebt hätt, daß seine 28 Enkelkinder heit allsamt mitm Auto hergfahrn san!«

»Und d'Großmuatter erst, die sich so hart ganga hat!«

Wie viele Gesichter hat unser Vaterland? Unglaublich abwechslungsreich ist die bayerische Landschaft zwischen dem Odenwald und dem Böhmerwald, zwischen Fichtelgebirge und Bodensee. Toskanisch und lombardisch, burgundisch und wildromantisch, älplerisch und ungarisch, je nachdem, ob sie etliche Autominuten südlich, östlich oder ins Oberfränkische fahren. Und plötzlich fehlen die Übergänge. Dieser Hof steht noch schwer in der ökonomischen Wirklichkeit inmitten von Äckern, jener aber liegt auf sanftem wiesigem Grund, und dahinter dehnen sich Wälder aus. Die Kirchtürme bekommen eine andere Form. Dort noch regensburgisch, hier schon bambergischer Diözes. Märchenhaft und von milder Trauer verdämmern die Konturen des Gesichtskreises zwischen Stadt und Land. – Es ist Allerheiligen, und die Autos sind unterwegs, haben die Lichter an, die Armenseelen-Lichter. Sie fahren anders heut. Der Ausflug hat einen Zweck und einen Sinn. Sie steuern die Wägen zu den Gräbern.

Überhaupt die Friedhöfe! Die sind interessant, denn auf den Friedhöfen kannst du die Welt kennenlernen.

I moan jetz net bloß, daß ma da drauf schaugt, ob die Wittfrau Mittermeier das Grab von ihrem Xaverl besonders schön pflegt, weil sie bei der Beerdigung gar so fürchterlich herzzerreißend geweint hat. –

Auch nicht, wieviel sich der und der hat kosten lassen für den neuen Grabstein. Grabsteine sind eine Repräsentationsfrage so gut wie die Achtzig-, Hundert- und Hundertfünfzig-PS-Autos, wenngleich man hier anerkennen muß, daß diese Art der ehrfürchtigen Repräsentanz dem teuren Angehörigen gegenüber wesentlich selbstloser ist und ihr daher unbedingt der Vorzug gebührt.

Man kann die Friedhöfe auch unter anderen menschlich-eitleren Aspekten betrachten. Ob es sich um einen künstlerisch wertvollen Camposanto handelt, ob der Friedhof besonders pietätvoll gärtnerisch gestaltet ist oder ob eine große Zahl prominenter Verstorbener in ihm ruht. Verstorbene, die mehr hinterlassen haben als bloß Hausstöck, Aktien und Realitäten. – O Eitelkeit der Welt, heut liegen sie auch im Grab!

Es gibt auf der Welt sehr berühmte Friedhöfe: der Camposanto in Pisa mit den Fresken vom Triumph des Todes, der zu Genua oder Mailand, der deutsche Camposanto bei St. Peter in Rom. Und dann die weniger wegen ihrer Schönheit berühmten Friedhöfe, aber die wegen der großen Totenzahl ihrer Celebritäten berühmten: wie z. B. der Friedhof du Père Lachaise in Paris, wo die Gräber von Molière und Balzac, Chopin und Bizet zu finden sind; oder die cimetière von Montmartre, auf dem, unter vielen bedeutenden Malern und Schriftstellern, auch der deutsche Dichter Heinrich Heine ruht.

Auch in Bayern haben wir solche Prominentenfriedhöfe: der Johannis-Friedhof in Nürnberg z. B., wo man die Gräber Dürers, Krafts, Henleins Hans, Sachsens besuchen kann. Oder der alte Südfriedhof von München, auf dem alle jene Kapazitäten dem Jüngsten Tag entgegenschlummern, die im 19. Jahrhundert – als München noch leuchtete – in Europa berühmt gewesen sind: Klenze und Gärtner, Spitzweg und Kaulbach, Westenrieder und Schmeller etc. Und auch die Gründerchefs der Münchner Großbrauereien. Selbstverständlich haben sie die protzigsten Monumente.

Bei allem Respekt vor der wortebildenden Kraft der technischen Ära unserer Väter. – Heute haben wir Autofriedhöfe. Eine trostlose Wüstenei barbarisch zertrümmerter Limousinen und Cabriolets. – Die Friedhöfe der Menschheit spenden Trost und sind anheimelnd traurig. Ein Autofriedhof aber hat etwas Schreckliches an sich. Nicht die Verwesung und nicht die Vergänglichkeit ist da zu riechen, sondern das nichtssagende Elend unseres Daseins.

So grimmig habn früherszeitn die Menschen den Tod nur in Pestzeiten erlebt. Eine entsetzliche Todesart, im blechernen Gehäuse zerstoßen und erdrückt zu werden. Eine Pestepidemie, die jährlich Zigtausende hinwegrafft, alte Leut und junge Leut, reiche und arme, schuldige und unschuldige Kinder.

»Ja, wia's oan halt aufgsetzt ist«, sagt man bei uns. »Seinm Toud kimmt koana aus. Der is eahm schon in d'Wiagn glegt wordn.«

In einer amerikanischen Universität ist eine psychologische Dissertation geschrieben worden, des Inhalts, daß starke Raucher, flotte Trinker und leidenschaftlich schnell fahrende – wenn auch gut fahrende – Leut insgeheim – und ohne daß sie es selber wissen – den Tod suchen. Daß sie alle verkappte Selbstmörder sein sollen, diese über Gebühr Genußfreudigen! – Man kann dergleichen Laster auch Sünden nennen. Womit sich die amerikanische Doktorarbeit auf das alte Bibelwort zurückführen läßt: »Der Tod ist durch die Sünde in die Welt gekommen.«

Einfacher gehts nimmer. Die Verkehrssünder sind Selbstmörder. Und darum bestimmt keine Heiligen. – Es gibt halt keinen Autoheiligen noch nicht. Der Christophorus ist zu Fuß gegangen. – Aber wer wird denn hinterm Steuerrad über so ernsthafte Sachen meditieren? Wo doch der Mensch als Chauffeur die klare Wirklichkeit seiner fünf Sinne nötiger hat als jede Übernatur und Spekulation.

Und wenn schon einmal im Gemüt eines Automobilisten Gefühle aufsteigen, dann sind es doch fast immer vital anspornende, die zur Kühnheit verführen und zu leichtsinnigem Übermut. 100 PS stehen zu Verfügung. Was ist dagegen die zwölfspännige Prunkkutsche des Kaisers für ein armseliges Vehikel gewesen! –

Das Auto ist ein einsamer Ort. In keiner romanischen Krypta, in keinem stillen Kämmerlein kann sich der moderne Mensch geborgener fühlen als in der fahrbaren Karosse seines Wagens.

Ich wünsch' ihnen eine besinnliche Reise durch die Melancholie der einsamen Novemberlandschaft. Manche Flekkerl sind jetzt erst schön und voll der süßen Einsamkeit. – Es gibt Friedhöfe, die liegen so idyllisch, daß man geradezu Heimweh nach der ewigen Ruhe bekommen könnte. Und Gräber gibt es auf der Welt, an denen man lange stehen kann. – Ihr Grab – sein Grab! –

Im Friedhof zu Egern gleich gar finden Sie die Gräber der beiden bayerischen Lieblingsschriftsteller: das Grab Ludwig Thomas und das Ludwig Ganghofers. Eng beinander – und drent in Kreuth das des Kiem Pauli. Und darüber hochauf die Berg und der weiß-blaue Himmel.

I moan schon, daß da drent amal ausschaugt wia z'Tegernsee oder z'Straubing – oder z'Salzburg – oder auf der Kerwa in Bamberg – oder in Amorbach – oder irgendwo am Main. Wo halt ein jeder »Gestorbener« sein will. – Denn wir kennen ja den ganz schlimmen Spruch: »Na, bei enk gfallts ma net. Da möcht i gstarbner net sein!«

Der Weihnachter

Zwischen Nikolo und Heilingdreikini
Kimmts Christkindl oba vom Himmi,
Werdn d'Leckerl und 's Kletznbrout bocha,
Und am Heil'Abnd werd a Sau abgstocha.
A kerndlgfuatterte und drei Zentn schwaar,
Dös is a Fleisch ganz wunderbar!
Ob gsottn, bratn, gselcht, 's Herz lacht da,
So guat schmeckt nix wia der Weihnachter!
Und er halt her bis auf Liachtmessn.
Diam Platz werd no am Faschingstag hingessn.
Vergelts God, Christkindl, laß im Stall nix verrecka!
Gseng üns an Weihnachter und laß'hn üns schmecka!
Weil: mir habn ja nix Bessers, nix Feiners
Wiar a frische Maß Bier und a Schweiners.

Der kleine Weihnachter

Eine jede heilige Zeit hat eigene Festspeisen: Ostern das Osterlamm, der Karfreitag den Karpfen; auf Pfingsten schickt sich gar ein Ochsenbraten. Und an Weihnachten redet man in der Stadt von der Weihnachtsgans. Früher, als die Stadtleut' auch noch Schweine gefüttert haben und es noch Rennsäue gegeben hat, haben sie auf Weihnachten auch das Schweinerne gegessen. Denn die Gänse hat man in der strenggläubigen alten Zeit nur auf Martini gebraten.

Die Winkeladvokaten, Stadtschreiber und Magistratsknechte, die Stadtpfeifer und Poeten, die Torwärtl und Flickschneider, die alten Weißnäherinnen und kleinen Logisleut haben sich freilich auch früherszeiten schon mehr an den kleinen Weihnachter, an die Weihnachtsgans, halten müssen.

Die kuraschierten Bäuerinnen sind selber in die Stadt gefahren und haben auf den Märkten, in der klirrenden Kälte, ihre Gänse feilgeboten. Die vornehmen Stadtmamsellen spielten vor den kurzangebundenen Bäuerinnen die schwierige Kundschaft, kritisierten bei der einen Gans die überschüssige Fetten und bei der anderen die grobe, herabhängende Haut. Es kam zu grotesken Szenen und merkwürdigen Dialogen.

»Aber meine liebe Bäuerin, diese Gans hat ja eine ganz blaue Brust!« beanstandete die kgl. Frau Unteraufseherin die wohlfeile Ware der Luxbäuerin von Reamading. Aber die Luxin war nicht auf den Mund gefallen.

»Ja sie schaugts o! Ihrer passert die zarte Haut von meinm Ganserl net! Ja leng Eahna Sie bei dera Kältn amal zwoa Tag lang da nackert hera, nachand kriagn S' aar a blaue Haut!«

Was ist denn das beste an der Weihnachtsgans? fragt Archangelus a Sancto Georgio, ein bayerischer Barockprediger. »Nit der Kragen und nit der Flügel, nit das Haxl und nit die Brust. O nein! Das beste an der ganzen Gans ist das Rupfen. Sie lasset sich rupfen bis auf die Haut und ist so ein Symbolum der sonderbaren Lieb des Christkindleins, das sich später hat auch rupfen lassen für uns sündhafte Menschen bis ans Kreuz.«

Der Weihnachter

Der Weihnachter, der ist früher schon no glei wichtiger gwen als wia 's Kletznbrout und der Christbaum. Der Weihnachter, der is direkt glei' nachm Christkindl selm kemma. – A so materiell is der Mensch.

Aber, was taat man denn ohne Weihnachter? Es san z'vuil Leut im Haus, die können was vertragn dia Tag zwischen der Mettnnacht und Heilingdreikini. Was a gscheiter Weihnachter is, der halt a so lang her. Gselcht glangt er bis Liachtmessn und weit no in die Faschingstag eini. – Durchdös schaugt man natürli, daß der Weihnachter ins Gwicht kimmt. Bei die größern Bauern derf er schon guate drei, vier Zentn schwaar sein. Und an Schädl muaß er aufhabn, von lautern guatn Fuattern dös ganze Jahr her, an Schädl, rout und aussergfressn, daß man die Äugerl nimmer siahgt! – Drum sagt mar aa in dem Sprichwort, wenn oana a rechter Dicker is und a Vollgfressner: »Der hat an Schä'l auf wiar a Weihnachter.«

Der Weihnachter derf erst an Heil'Abnd abgstocha werdn; oder den Tag davon. – Dös is a Mordsaufregung! Bis 's Wossa hoaß is, bis der Sautrog und die Kettn hergricht han, bis 's Saupech z'riebn is, bis 's Beil scharf gmacht und 's Messer gwetzt is! Da werd der Bauer schier nervös. – Endli' is gschehgn! Und man kennt's: A Bauer, der wo so a Sau a Jahr lang hergfuattert hat, der kriagat glei' a schlechts Gwissn beim Abstecha. – Aber, was taat man ohne Weihnachter?

Iatz kimmt aber erst dös Ürger: Hängt der Weihnachter mit seine zwoa Hälftn in der hintern Kammer drin, na hoaßt's aufpassn, daß er net gstoihln werd in der Heiligen Nacht. Weil dös Weihnachterstehln nach der Mettn, dös is früher im Niederboarischen diam a rechter Sport gwen, an alter Brauch. A trauriger Sport für die arma Leit, die wo koan Weihnachter net ghabt habn. – Aber gstoihln werdn hat grad derfa oan Hälfte.

Also hat no oans aufbleibn müassn bis zum Hirtnamt in der Früah um sechse. Meistens wieder der Voda oder aber aa der Bauer selm.

Iatz z'Reamading habens' all Jahr Hochwürden Herrn Pfarrer den halbetn Weihnachter gstoihln. A so is' der Brauch gwen. – Und die frommer Diab habn überalln eahnane Platz gwißt. – Da is nia was gredt wordn. Und aa die Reamadinger Herrn habn si' dia Sittn und Bräuch gfalln lassn.

Der neu Pfarrer aber, der in der Ökonomie selm no koan groußn Viehstand ghabt hat – dafür aber a rasse Köchin namens Urschula –, hat in der Mettennacht a ganz a scharfe Weihnachtspredigt ghaltn. Da is vom Christkindl net vuil die Red gwen.

»Meine lieben Pfarrkinder, wenn ihr schon in der Heiligen Nacht eine Sauhälfte stehlen müßt, ihr Diabsgsindl, ihr«, hat er ausgerufen, »nachand bittschön nicht im Pfarrhof! – Meine Köchin nämlich duldet so etwas nicht. Und wenn es heuer wieder passieren sollte, Andächtige, merket wohl auf, dann werde ich denjenigen oder diejenigen zu Ostern nicht absolvieren, wo mir den Weihnachter gestohlen haben. Amen.«

Und der Herr Pfarrer hat sich ins Bett glegt und hat net Weihnachter passt nach der Mettnsuppn wie die meisten seiner Großbauern.

»Die Predigt tuat's amal gwiß.«

Aber die Fräulein Ursula, eine tüchtige Pfarrersköchin noch, eine alte, vorkonziliare, die sich auch wie eine Bäuerin um die Ökonomie gekümmert hat, hatte zu der merkwürdigen Mettenpredigt kein Zutrauen gefaßt. Sie hatte einen listigen, ja sogar hinterlistigen Einfall. Sie ist hergegangen und hat den Weihnachter mit einer Spagatschnur an der Schweinshaxn angehängt. Und das andere Ende der langen Schnur hat sie sich selber im Bett an die große Zeh gebunden.

Und fleißig, um halbe viere in der Früh hat es aufamal in der Pfarrersköchin ihrer Bettstatt die Duckert houchghebt.

»Mariand Josef, der Weihnachter! Die Teifisburschn, die gottlosen!« – Mit oanm Satz is sie in der hintern Kammer gwen. Und da sans gstandn, die überraschten Diab: Der reiche Wirt is aa dabei gwen! –

»Mei«, sagt der Wirt friedfertig – weil dös hat geltn müassn: Wenn man beim Weihnachterstehln derwischt is wordn, nachand hat der Diab stehnbleibn müassn, und es is eahm nix passiert, wenn er se z'kenna gebn hat. – »Mei«, sagt er, der reiche Wirt zu der kuraschierten Fräulein Urschula, »dein Pfarrer taat si' leicht! Der taat oanfach predign, und mir müaßtn Weihnachterpassn! – Und außerdem derfan die altn Bräuch net aussterbn.«

Ja, der Weihnachter! Oan Teifi hat er halt: Je mehrer Weihnachter daß dir schmeckan, desto ehnder kriagst an Schä'l auf wiar a Weihnachter.

Der Heiligdreikini

Anfang der dreißiger Jahre konnte man sie noch auf allen abgelegenen Straßen und Wegen dahinmarschieren sehen, die fleißigen Vagabunden, gelegentlichen Körbelzäuner, Besenbinder, Feilenhauer, Flickschuster, Kraxenkrämer, Hausierer, Zuckerweibeln, Federnschleißer und die direkten Bettelleut. Es waren originelle Charaktere darunter, wahre Philosophen und freiwillige Heilige, moderne Diogenesgestalten und arme Teufel, obdachlose Verrückte und ausgestoßene Krüppel. In den einsamen Bauernwirtshäusern kehrten sie ein und vertranken ihre Fechtpfennige. Und doch hatten sie, die professions- und obdachlosen Vagabunden, ihre festen Plätze und Standquartiere. In jeder Pfarrei gaben sie regelmäßig einem Einödhof die Ehre. Und gegenseitig gingen sie sich selten ins Gäu.

Blieben sie im Sommer oft nur etliche Tag, konnte sich die Einquartierung im Winter über zwei, drei Wochen erstrecken. Und jeder bevorzugte seine spezielle Liegestatt. Der »hupferte Körbelzäuner-Girgl« liebte es, im Schweinestall zu schlafen, aber im Roßstall zu arbeiten. Er flocht in Stundenschnelle die besten Futterschwingeln. Der »lang Hans« logierte sich auch im Winter auf der Heuobern ein und arbeitete untertags gelegentlich fünf Minuten lang als Messerwetzer. Der »Taubenlucki«, von Beruf gewesener Schaukelbursche, durfte aus sittlichen Gründen nicht in den Kuhstall. Er nächtigte im Roßstallgang. Der »toagige Schneider«, ein Krückenmann und von äußerster Hinfälligkeit, wurde von der Schweizerin im Kuhstall gebührend verwöhnt. Er saß dann untertags in der Stube hinterm Ofen neben dem Großvater und knetete aus weichem Brot zahlreiche Rehe und Hunde und Hasen. Die Zuckergretl, die in ihrer Jugend tatsächlich Zuckerhüte verkauft haben soll, ging als Federnschleißerin und Quadratratschn von Hof zu Hof und durfte meistens im Haus in der Menscherkammer nächtigen.

Eine der merkwürdigsten Gestalten dieser an Originalen noch reichen Zeit, das war der »Heiligdreikini«, im Sommer auch »Herr Sanitätsrat« geheißen. Er war der Profession nach ein Einmannbänkelsänger. Den Sanitätsratstitel besaß er nur wegen seiner Rotkreuzarmbinde, die er noch vom Ersten Weltkrieg her am rechten Ärmel trug. Die Binde war natürlich längst nicht mehr weiß, und von einem roten Kreuz war lange nichts mehr zu sehen. Der Sanitätsrat war überzeugt, daß ihm mit der Binde nichts passieren könne, »denn alle Kombattanten haben die Genfer Konvention unterschrieben«.

Dieser Friedensheld trug sich ziemlich militärisch. Seine Beine steckten in Wickelgamaschen, seine Mütze konnte ein französisches Offizierskäppi gewesen sein, und sein Mantel jedenfalls war ein alter deutscher Militärmantel. Da der Mensch einen Beruf brauche, um seinen Lebensunterhalt zu verdienen, nannte er sich einen »friedfertigen Sänger«. Er verfügte allerdings nur über ein Repertoire von zwei Nummern. Das normale Kirchenjahr über sang er das Te Deum laudamus. Im Winter aber ging er als Heiligdreikönig und intonierte schon am ersten Adventssonntag sein flottes »Die Heilig Drei König sind hoch geborn, sie reiten daher mit Stiefel und Sporn. Sie reiten vor des König Herodes Haus, der Herodes schaugt eben zum Fenster heraus ...«

Sein kräftiger Baß tönte durch den ganzen Hausflöz, in die Stube hinein, in die Kammern, ja sogar in den Roßstall hinaus. Er stand mutterseelenallein im Rahmen der Haustür und hielt sein grauweißes Sacktuch in die Höhe. Damit schlug er leicht den Takt. Aber eigentlich bedeutete es den Stern von Bethlehem. Seine Stimme klang voll wie eine Orgel. Er hatte sich nicht von ungefähr den Beruf eines Sängers ausgesucht. Es ging einem besonders die rhythmische Stelle von dem König Herodes, der eben zum Fenster herausschaut, durch Mark und Bein. Und es machte gar nichts, daß man erst den Nikolaustag schrieb. »Ja, meine lieben Leut, i muaß bereits am 1. Dezember anfangen mit meinem Dreikinigliadl, sonst komm i ja kaum bis auf Dingolfing damit, und es is Aschermittwoch. I möcht aber bis auf Straubing kemma damit.«

Der Heiligdreikini oder der Herr Sanitätsrat war unter allen vagabundierenden Handwerksbuschen die markanteste und beliebteste Erscheinung. Er konnte überall auf Zweiringe oder gar Fünferl hoffen. Und sang er um eine Essens- oder Brotzeitzeit, durfte er selbstverständlich mithalten. Man konnte mit ihm allerdings nur über seinen Sängerberuf reden, über Leute, die an seinem Gesang eine besondere Freude hätten, über den Wirt von Sterneck z. B., der sich auch im Hochsommer zum Großen Gott wir loben Dich immer auch noch den König Herodes dazusingen ließe. War der Sanitätsrat betrunken, was selbstverständlich gelegentlich vorkam, sang er weder den Heiligdreikini noch das Te Deum, sondern schrie in ungeheuerer Lautstärke die Responsorien der Präfation. Und das bis zur Erschöpfung. »Per omnia saecula saeculo-orum! A-men! – Dominus vobiscum ... Su-u-hursum co-o-horda-a!« Für dieses Hochlied kassierte er aber niemals ein Honorar, bestenfalls die samaritanische Hilfe des Hausknechtes, der den Herrn Sanitätsrat in seinem Zustande auf die Streu im Schweinestall bettete oder auch in einen gerade leerstehenden Schweinekoben legte, denn die Pferde und die Kühe hätten sich nur geschreckt an dem lateinischen Gesang. Den anderen Morgen war der Dreikini dann immer schon um fünf Uhr in der Früh dahin.

Kein einzigesmal hab' ich ihn am Dreikönigstag singen hören, immer schon um Nikolo. In der Dreikönigswoche sänge er bereits in der Gegend von Pfarrkirchen, hieß es.

»Mei, habns die Pfarrkirchner schön, die derfan an Dreikini aa wirkli auf Dreikini hörn«, rief die alte Schwimmerin von Schwimm öfters aus. So berühmt war der Herr Sanitätsrat, und er gehörte zum Advent wie der Vorläufer des Herrn, der Johann Baptist. Er war ein Vorläufer der Weisen aus dem Morgenland.

Nur für ein einziges Gesprächsthema war er, außer für seine beiden Gesangsnummern, noch zu haben: für die Konvention von Genf und ganz besonders für den Segen des Roten Kreuzes. Er empfahl allen Bauern und Bäuerinnen, jahraus, jahrein eine Rotkreuzarmbinde zu tragen, und zwar am rechten Arm. Damit würde im Kriegsfalle jeder Todesfall unmöglich werden. Mit einem Wort: Die liebe und praktische Verrücktheit des Heiligdreikini, sein theologischer Charakter, seine altbayerische Baßstimme und seine Unbeirrbarkeit über Jahre hinweg ergeben allein schon die ganze Geschichte. Es bleibt nur noch nachzutragen, daß er im September 1937 beim Wirt in Hinterkölln-bach von der Landgendarmerie verhaftet wurde, auf verhältnismäßig raschem Behördenweg einer Landesirrenanstalt überstellt war und im Zuge der Aufhebung derselben den echten Heiligen Drei Königen im Himmel anvertraut werden konnte. Es bleibt der Phantasie aller Heiligdreikönigverehrer im Advent überlassen, sich auszumalen, wann und wo und unter welchen Umständen der Herr Sanitätsrat zum letztenmal sein Te Deum angestimmt hat und ob man ihn dann auch noch den König Herodes hat singen lassen, der da eben zum Fenster herausgeschaut haben soll. – Seine Rotkreuzarmbinde hatte man ihm jedenfalls schon vorher abgenommen.

Vom Kletzenbrout und vom Kripperl

Wenns weihnachten tuat, den ganzen Advent her bald, auf was gfrei i mi da zon mehran? – Aufs Christkindl natürli als Christenmensch. Nachand aber aar aufs Kletzenbrout.

Was a guate alte Bäurin is, die macht no a Kletznbrout. Die Stadterer und Zuagroaßtn kennen's net, die nennen's Früchtebrot. 's Kletznbrout is aber kerniger und größer. Es san Trümmer Bauernloab, wie ma s' dös ganz Jahr über hat, aus dem nämli'n roggan Mehl, Dampfe und Wossa – grad no vuil schwaarer. Bereits äußerli' is zum kenna, weil's a weng schwirzer is wia dös ander und weil hier und da a Kletzn außerspitzt, a zsammbochane, a resche.

Wennst an Loab aber onschneidst, Bruaderherz, na laaft dir 's Wossa im Mäui zsamm, a so fein schmeckt's. Und was da erst alls drinnat is! Die Kletzn san dös wichtigst. – Was a Kletz is, dös werd an Gotts Nam' woihl an iader Mensch wissn: A Kletz is früahrer amal a Birn gwen, ehvor ma s' dürrt hat, a kloane, süaße Haberbirn. Von die Bäuerinna hat an iade sein extrigs Rezept, je nachdem wia grouß und geldig der Hof is, wia rar daß oba ganga is auf an Platz, desto mehrer is einikemma as Kletznbrout: Nüss und mehrerloa Gwürz, Zitronat und Orangeat, Mandelkern und Zibem und no a ganze Litanei, was se a Mannsbuild net mirka konn.

Oans aber woaß i: An jeder Loab Kletznbrout schmeckt anderst. Und zon bessern und raran is, wenn's auf an Hof glei neinerloa Kletznbrout geit. Neinerloa? – Ja, freili! Weil an alter Spruch sagt: Dös Dirndl, dem neinerloa Kletznbrout grat, dös kimmt dös Jahr zon heiretn.

Iatz, Leut, paßts amal auf: Heit laß mar enk sölla neinerloa Kletznbrout versuacha. Weil in dem Kletznbrout, sag i, da is dös grecht Weihnachtn drinna, die ganze Freid vom Dezember: die liabe Hoamlichkeit von die Englamter und dös lustige Klopfersnachtgehn, dös Kripperlherrichten und Guatlbocha, dös Sauabstecha und Christbaamstehln, das Fest der alten Biere, dös Einkaafa und Wartn und Bravsein, daß 's Christkindl kimmt.

I woaß schon, eigentlich sollt man dös Kletznbrout erst am Heil'Abnd essn, aber 's Versuacha is dengascht derlaabt. Heit bsunders.

Es singt und klingt ja aa schon recht christkindlnah, denn die Propheten vom Advent, der Johann Baptist und der Isaias, verheißn die allergrößt Freud.

Der Johann Baptist
Geht voran dem Herrn Christ,
Bahnt an Weg eahm in d'Welt,
Wo's stockfinster is und kalt.
Wo mir wartn, wia's steht,
Beim Isaias, dem Prophet.
Daß üns 's Christkindl kimmt
Und üns an Himmi aufnimmt.

Die Tage vor dem Heiligen Abend haben eine sonderbare Lieb und Kraft. Die Berge sind weiß, und die Tannen hängen voller Schnee. Es glitzert die Welt.

Der alte heidnische Zauber der Dezembernächte, die Klöpfersleut, Perchtentänzer und Peitschenknaller, der Umgang der Todesgöttin Perchta mit den abgeschiedenen Seelen, all diese unheimlichen Umtriebe vermögen die lichte Himmelsfreud' nicht zu erklären.

Es glitzert diese unsere nüchterne Welt trotz aller Geschäftigkeit. Auch wenn es sich die Leut' noch soviel kosten lassen, diese Tage vor dem Heiligen Abend ist ein jeder glücklich: die verfrorenen Christbaumverkäufer mit ihrer letzten Ausschußware, die Aktionäre der großen Kaufhäuser, die Melber, Metzger und Spirituosenhändler, sogar die Bankleut'; gerade die Bankleut'; denn in ihren Tresoren stapeln sich die Banknoten. Es sind dieselben Banknoten, die vor drei, vier Wochen als Weihnachtsgratifikation ihren raschen, lustigen Umlauf angetreten haben. Von den Tresoren wanderten sie in die Geldbeutel, von den Geldbeuteln in die Kassen der Kaufhäuser, von da wieder zurück in die Tresore. Morgen kehren die letzten von ihnen zurück, und dann liegen sie wieder still und unberührt da, und kein Mensch sieht es ihnen an, wieviel Freude mit ihnen gekauft worden ist. Es glitzert die Welt in diesen heiligen Tagen. Sogar im Herzen eines alten Bauernknechts wird es Weihnachten.

Ja, ja, mit da Arbet geht nimmer vuil zsamm, die Tag vorm Heil' Abnd. Halbete Zeit kemma vom Stall schon net ausse: D'Ruabn müaßn eingrallt werdn, d'Erdäpfe gricht, Gsod gschnittn, Hei und Strouh zuabergschafft. Aber drauß, da ruaht da Tag. Da Rauhreif hängt an de Baam, und die Schernhäufer am Anger hinterm Stoll san stoanhart. Es geht nimmer vuil zsamm mit da Arbet dia Tag vorm Heil'Abnd. Die Knecht tean a weng Steck kliabn, habn bsetzte Handschuh an, schafwoillerne Fäustling, und die Dirna müa'n ebba gar schon da Bäurin helfn. Da Bauer is übernachte vom Saupaßn, weil ma no Facke kriagt habn gestern, neine hats und koans no derleit.

Aufstehn ma do mit da Zeit. Weil ma all Tag as Englamt gehn. Söl is ma dös Liaba. Und von eh müaßn d'Roß eahnane drei Gsedl no kriagn. – Na geht's dahi. Stockfinster is und halbe sechse in da Früah. Aber am Berg wenn man na gehn, da werd's allerweil liachter. Untn im Tal liegt die Pfarrkirch, ganz hell schon beleicht, und von all Seitn siahgst Liachter, dös san die Weiberleit mit de Laterna. Schön langsam kemmas vom Fleck. Von da Schwindau aufa, von Giabing ausser und vo Schuilding oba – von überalln her und auf die Pfarrkircha zua.

Iatz dös Englamt selm erst! Wia da die Urgl braust und da

Chor singt! Ausgsetzt is, da Weihrauch steigt, und da Herr Pfarrer singt dös schöne Evangeli vom Englischn Gruaß: Dös hat an Klang, als waar die Mettnnacht schon da. In illo tempore missus est Angelus Gabriel ... Und auf d'Letz na draht die Urgl erst auf, und mir singan dös Tauet Himmel. Dös geht oan durch und durch. Net leicht, daß i dös ganz Jahr in da Kircha amal mitsang, aber beim Englamt schon!

Am Himmi leicht a Stern,
As Englamt gehn i gern.
Hat's grengt oder gschniebn,
Bi no nia dahoam bliebn.
In der Finstern gehn ma hi,
An Stall rüahrt se's Vieh,
Hat der Bräunl a weng gscharrt,
Hab an Hoban z'fein gspart.
An die Schneestange hängt der Reif,
Am Brunn an Eiszapfa steif.
D'Maria übers Gebirg geht
Zu seiner Bas Elisabeth.

Vor dem letzten Krieg noch war der Advent auf dem Land eine recht stille und liebe Zeit, geradeso wie es ein alter Bauernknecht erzählt. Kein Tanz war erlaubt, keine Hochzeit, versteht sich, nur die Christkindlmärkte wurden abgehalten. Und noch etliche Jahre früher wurde im Advent auch gefastet – und das nicht weniger streng als in der Fastenzeit. Eine Ausnahme hat es aber doch gegeben, und das war das Fest des alten Bieres. Jeder Wirt, ob groß oder klein, ladet zum alten Bier ein. Der Brauch ist geblieben. Von einem adventlichen Geschehen kann man beim alten Bier nicht reden. Es ist ein recht irdischer Sauf- und Freßbrauch. Besonders die Geschäftsleut' müssen da herhalten und bei den Wirten eine ordentliche Zeche machen. Jeden Adventssonntag ist woanders das alte Bier. Es ist ein Jammer. So viel kann ein biederer Kaufmann mit seiner Frau Gemahlin gar nicht essen und trinken: ein Gansviertel und ein Nierenbratl, Bratwürst und Gschwollene, Entnbratl und Schweinernes, Milzwurst, Kalbshaxn und Gansjung. Und der Herr Oberlehrer kriegt den Kalbskopf. Dazu das letzte Bier vom alten Sud, von der alten Gerste und vom alten Hopfen des vorausgegangenen Jahres. Manche Gschäftsleut' haben sich früher auf das alte Bier eigene Esser engagiert, kleinere Leut', denen das Schlemmen noch eine Freud' gemacht hat. Heutzutag sind aber solche Leut' schwer zu kriegen. Also muß die ganze Verwandtschaft herhalten, und es wird obendrein tüchtig eingepackt und heimgetragen. Den ganzen Dezember über verzehren dann die armen Kaufleut' Tag für Tag Alte-Bier-Essen, kalte oder aufgewärmte Gansviertel und halbe Enten. Da soll einem dann noch das Weihnachtsessen schmecken! – Oh, ihr sündhaften Wirt', ist das die rechte Vorbereitung auf die Ankunft des Herrn?

No net gar a so gach! Oans muaß ma die altn Biere lassn: Es geht ruhig oba, staad, koan Muse spuilt, man hört koan Gschroa. Es werd grad gmüatli gessn und trunka. Gessn und trunka. Es werd aa net extra vuil gredt. Na, na, de altn Biere san schon recht. Es gschiahgt ja nix Unrechts. Der Brauch derf bleibn. – Was könna mir in Bayern dafür, daß andernorts dene Leut koan sölla Adventsbrauch eingfalln is?

Nix Scheeners ko's gebn
Wiar a boarisches Lebn.
Mit an gmüatlichen Si'
Werst net so schnell hi'.
Und 's Christkindl woaß selm:
Mir san lauter Schelm.
Und dengascht, wenn's kaam,
So vuil schön waar der Traam!
Und an Herrgott sein Bua –

Auf den wart ma zua –
Der is guat und is ra'
Und liegt auf da Strah.

Jetzt ist auch die Zeit, wo der schönste Platz auf der Welt die warme Stube ist. Lassen Sie die Wintersportler nur ausziehen mit ihren Schlittschuhen, Brettln und Eisstöcken, sie kehren alle wieder reumütig und froh auf die Ofenbank zurück. Einige Pechvögel werden freilich gleich ins Bett müssen. Jetzt beginnt nämlich nicht nur die Saison für die Skifabrikanten, auch die Gipswerke werden ihre Lager räumen können. Die Krankenhäuser Bayerns und Österreichs werden Tonnen von Gips verarbeiten. Die Gipsaktien werden anziehen, das ist eine sichere Spekulation. Aber das macht nichts, denn Gips gibt's genug.

Wieviel Aufregung erspart sich da der Großvater auf der Ofenbank! Freilich, alle Tag geht es ihm nicht gleich gut, besonders wenn die Nachbarn auf den Heimgarten vergessen und mit dem Tarock nichts zusammengeht. Dann friert es ihn, und sogar der Schnupftabak ist ihm zu kalt. An solchen Tagen geht er gleich lieber ins Bett. Aber zum Tarokken wenn es ist, dann hat er seine Freud, und er ist der gesündeste Mensch. Bis tief in die Nacht hinein, ja bis zum Morgengrauen haben sie um die Zeit schon oft gekartet. Der Brauch stirbt nicht aus.

Die Wintertag, die Feiertag,
Da tua i fein grad, was i mag:
Warm hintern Ofa hint i hock
Und spuil mein Bauerntarock.
An Weiher drauß, da is mir z'kalt,
Beim Eisstockschiaßn friert's mi bald.
Grad die Trumpfsau, die is mein Freid,
I mach sechs Stich mit Leichtigkeit.
Und bleibt koan Trumpf mir in da Hand,

Na huilft koan Zehner, koan Verstand,
Na gehn i durche, zahl, mein Gschick:
An Himmi hab i mehra Glück.

Der allerschönste Wintersport – und da lass' ich das Schifahren und Eisstockschießen und alles weit hint, vielleicht sogar das Schlittenfahren und Kammerfensterln –, also der allerschönste Wintersport, das war für die alten Bayern das Wirtshaussitzen. Man kann es natürlich auch im Sommer betreiben, wenn es heiß ist und einem das Bier in die Gurgl hinunterrinnt wie der Bach in den Mühlschuß. Aber das ist nichts Besonderes. Im Sommer dürstet einen jeden. Im Winter jedoch schmeckt das Bier nur dem Kenner, dem wahren Liebhaber. Da wird es um seiner selbst willen getrunken. Jetzt erfährst du das wahre Wesen des Objektes Bier, das Ding an sich.

Draußen pfeift der böhmische Wind, die Brunnen alle schweigen, jeder Kreatur ist es zu kalt, die Quellen sind verstummt, die ganze Welt hängt voller Eiszapfen.

Aber drinnen in der warmen Wirtsstube, da zapft der Herr Wirt einen neuen Banzen an, und die flinke Kellnerin dreht den Hahn auf. Dieser Brunnen fließt und strömt nicht nur zur Sommerszeit, nein, auch im Winter, wenn's saukalt ist. Prost! Ich brauche keinen Bierwärmer.

So sitzt man brav in der Stubn.

Es is ganz stad im Dorf. – Es wird nachtfinster. Grad vom Unterwirt brennt a Latern. – Da garrezt auf oanmal der Schnee: Vier Mannsbilder stapfen daher. Sie san's, die Hirtn, wolln's sein. Lammfell habns' um und in de Händ tragns' mordslange Stecka und a grouße Latern. Dös san die Klöpferlashirtn, die zum Christkindlsinga gehn. Und a Gschau habns dir, die Burschn, a grundehrlichs und bravs, a glückseligs gar, als wann sie schnurstracks vo Bethlehem uma kaaman.

Aber dö san ma schon de grechtn Hirta! Sie singan 's

Christkindl an, drin in da Wiagn und gehn vo Wirtshaus zu Wirtshaus! – Als wann dös Christkindl in an Wirtshaus z'findn waar! Wos do ausdrückli drinsteht im Evangeli: daß in ganz Bethlehem drin koan Wirt unsern Herrn hat aufnehma wolln. – Sauberne Hirta seids ma ös! Lustige Loder! Singts net grad dem Kripperl z'liab, schon ehnder um a Maß Bier und um a Stamperl Schnaps! –

Oder wollts ös vielleicht die Herrn Gastwirt da dron erinnern, wie daß sie selbigsmal so hartherzig gwest san – in Bethlehem hint? –

Konn sein und aa net. Es laßt se koana einischaugn von enk. – Aber singa wanns teats, na muaß ma enk guat sein. Es klingt enka Liadl so heilig und frumm, daß schier a jede Wirtsstubn – und sitzn aa Rauschige drin – a Kircha werdn möcht um und um.

Ohne Kripperl wäre Weihnachten lange nicht so schön. Das Kripperl ist die Hauptsache. Der Christbaum, die Sternwerfer, Lametta und Engelshaar, Lebkuchen, Eisenbahn und Puppenküch', all der liebe Flitter ist eine Nebensache im Verhältnis zum Kripperl. Und da drauf kann unser bayerischer Volksstamm besonders stolz sein, daß er es von alters her verstanden hat, prächtige Kripperl zu bauen. Im norddeutschen Raum, auch in der Kölner Diözese, sind bis vor knapp hundert Jahren die Weihnachtskrippen überhaupt nicht der Brauch gewesen. Dafür aber um so stärker in Bayern und Österreich, in Italien, Spanien, Südfrankreich und in Böhmen.

Als der Erfinder der Weihnachtskrippe gilt der heilige Franz von Assisi. Im Jahre 1223 hat er in der Höhle von Greccio einen Ochs und einen Esel an einen Krippentrog gestellt. Und über diesem Trog war der Altar errichtet, auf dem das mitternächtliche Meßopfer zelebriert wurde.

Der muß ein braver Mann gewesen sein, der das Kripperl erfunden hat, denn im Evangelium steht nichts drin von einem Esel und einem Ochs. Und wahrscheinlich ist's ein Altbayer gewesen. Denn schon hundert Jahre vor dem hl. Franz heißt es im Melker Marienlied, »da der esil unde daz rint, wole irchanten daz vrone chint«. »Wo der Esel und das Rind, wohl erkannten das heilige Kind.«

Genaueres über die Weihnachtskrippe erfahren wir erst zu Beginn des 16. Jahrhunderts. Damals gab es bereits mechanisch sich bewegende Figuren. 1577 bestellt die in Graz lebende Erzherzogin Maria von Steiermark, eine geborene bayerische Prinzessin, bei ihrem Bruder Herzog Wilhelm etliche Krippenfiguren: einen Ochs, einen Esel und acht Englein, aber nicht geschnitzte, sondern solche, »wie man die Docken macht«, die seien viel holdseliger und auch nicht so teuer.

Im Barock wurden die Krippen dann immer größer und lustiger. Schafherden, Hirten am Feuer, Engel, Städte im Hintergrund, weltliches Treiben ringsum, Staßenszenen, die »Heiligen Drei König« mit ihren »buckligen, langkrageten, schiachen Rössern«, wie unsere Kripperlschnitzer die Kamele nannten, und noch andere Zutaten machten aus manchen Krippen ein gewaltiges Theatrum mundi. – Die Krippe ist ja auch ein Welttheater, denn für die ganze Welt hat der Herrgott dieses »Theater« angerichtet, diese Geburt seines Sohnes in Bethlehem.

Besonders lebendig waren die Krippen der Neapolitaner. Aber auch recht schöne altbayerische sind berühmt geworden, die Krippe der Stiftskirche von Laufen an der Salzach z. B., von der heute allerdings nur noch eine Figur vorhanden ist: der Krippenjackl, eine Gliederpuppe von einem Viertel Lebensgröße. Der Jackl trägt natürlich Salzburger Geißbubentracht und hat zwei auswechselbare Köpfe, einen ernsten und einen lustigen, wie man es grad gebraucht hat. Wenn z. B. der König Herodes dem neugeborenen Christkindlein nach dem Leben trachtet, setzt der Jackl den weinenden Kopf auf. Breiten die Heiligen Drei König ihre

Gaben aus, lacht der Jackl wieder. Zwei Köpfe, ein ganzer Chor!

Die Krippe der Bauernpfarrei Volkmannsdorf bei Freising hatte auch einige Berühmtheit erlangt. Die Könige und Hirten dieser bethlehemitischen Szenerie waren mit Papier ausgestopft. – In einer Tiroler Krippe treten gar Wirt, Hochzeitslader und Spaßmacher auf. Das Leben, die Welt, der Witz und der Ernst, alles ist durch die Erlösung der Kindgeburt so zutraulich geworden!

Das wichtigste von der Krippe bleibt gewiß immer die kleinste Figur, das Christkindl. Manchmal liegt es in einer überaus schön geschnitzten Wiege, mit gekraustem Haar und mit goldgestickten, kostbaren Windeln angetan.

Was is denn iatz dös für a Glanz?
Für a Gsang, für a heiliger Tanz?
Für a Liachtn und Schein umadum?
Für a Juchezetn? – Und der Stern, dös Mordstrumm!
Lus, Seppi, Miche, schau, Stoff:
Is ebba 's Himmiloch off?
Is es ebba wahr, was man liest?
Daß der Heiland bald kimmt, der Herr Christ!

In einer uralten bayerischen Weihnachtspredigt – sie stammt aus dem Jahre 1690 – ruft der Pfarrer seinen Bauern zu: »Weihnachten ist das schönste Bauernfest, denn Gott der Herr hat nicht auf die Welt kommen wollen zu Rom. Nicht zu Wien in der Hofburg oder zu München in der Residenz und nit zu Augsburg zu Schwaben, was er hätte auch anstellen können. Euch Bauern, Euch Hirten zu einem sonderbaren Trost wollte er aber mit Fleiß am Land, mitten im Gey und bei dem unvernünftigen Vieh im Stall geboren werden. Aus dem Ihr ja mit Händen greifen könnt, wie Ihr dem neugeborenen Gott weit lieber sein müßt als Fürsten und Herren, Potentaten, Hohe Priester, Schriftgelehrte,

Pharisäer, Juristen und Professoren, als Bürger, Handwerker, Kramer und steinreiche Kaufleut.« –

Wo liegt nach dera Predi' nachand dös Bethlehem, han? – Dös laßt se' leicht auffindn: In der Straubinger Gegend? Im Rottal? In der Holledau? Oder im Isengäu? Im Rupertiwinkl oder im Wald drin? In der Oberpfalz, am oder im Allgäu gar? – Im Boarischen, moan i, liegt's amal gwiß. No ja, is ja grad gleich: An iader hat's einwendig drin, sein Bethlehem. –

(Hier wäre wieder, wie so oft während der öffentlichen Vorlesung aus dem »Kletzenbrout«, eine innige bayerische Weihnachtsweise recht. Etwa ein Liedl wie »Was tout denn der Ochs im Kripperl drin« oder ein feiner Zitherklang, eine Weihnachtsmusik halt ...)

Der Ochs und der Esel? Ja derf denn dös sein? – Ausgrechnet die dümmern zween unter all Viecher? – O du gscheiter Ochs, o du braver Esl! Koan Rottaler Kutschpferd und koan prämierter Zuchtstier hat so ebbas derlebn derfn.

Dös is für die Gstudierten und Schlaucherl koan extrigs Kompliment, hast ghört! – Also, schimpfts mi no fest, ös Racker, ös gschicktn, und hoaßts mi an Esl und an saudummer Ochs! I leid's gern. Wer woaß, ob dös Dummsein und Bravsein net a bsundere Gnad möcht bedeitn?

Jetz san ma schon drauf und dron, wia's eigentlich gfeiert werdn soll, dös Weihnachtn und die Mettnacht: Aufs Einwendige kimmt's on, Leit, und net auf an Ramasuri!

Ochs und Esel gehören zur idyllischen Lieblichkeit des Krippleins. Und sie stehen nicht so zufällig im Stall zu Bethlehem, wie der Pontius Pilatus ins Credo gekommen ist. Unsere barocken Prediger, d. h. die bayerischen Skribenten und Theologen des 17. und 18. Jahrhunderts, sind solchen Fragen gerne nachgegangen. Zum Beispiel auch haben sie sich gefragt, warum von dem Eselein und von dem Ochsen zu Bethlehem keine Reliquie aufbewahrt und verehrt wird. Wo doch sogar von dem Stroh aus der Krippe etliche Partikel im Kloster zu Neresheim zu sehen sind. – Darüber gibt es lange Traktate. – Eine ungemein abwegige und heute sehr sonderbar erscheinende Fragestellung lautet sogar: Warum ist das Christkindl ein Bub und kein Mädchen? – Wo es doch heißt, daß die Frauen schöner seien als die Männer? –

Christof Selhamer, ein gebürtiger Burghauser, weiland Pfarrer in Weilheim, nimmt bei den Krippendarstellungen zwar nicht an Ochs und Esel Anstoß, auch nicht an alldem bunten Treiben ringsum, aber es ärgert ihn, daß manche Maler die Geburt Jesu mit lauter Lügen vollgemalt hätten. Und er liest in einer Weihnachtspredigt diesen Malern gehörig die Leviten. Er ruft aus:

»Da Maria im Stall den Heiland der Welt geboren, bilden ihnen etliche Veichtlmaler ein, als sei es ebenso hergegangen, wie es bei ihren Weibern hergeht, wanns in die Kindheit kommen. – Ei, das ist aber weit gefehlt! Da muß man die höchstgebenedeite Mutter nicht mit anderen Weibern vergleichen. Alle anderen Weiber gebären mit Schmerzen, mit grausamen Wehetagen, mit allerhand Wust, Unflat, Blut und Wasservergießung, mit Abmerglung ihrer Kräften, mit Schreien und Winseln. Ihre Kinder kommen ordinari schmutzig und kotig auf die Welt, brauchen erst viel Waschens und Badens, bis sie recht gesäubert werden.

Nichts dergleichen ließ sich zu Bethlehem blicken. Maria hat ihren lieben Sohn ohn allen Schmerzen, ohn allen Wehtag, ohn alle Leibsblödigkeit, mit höchsten Freuden geboren. Concepit sine libidine, peperit sine dolore, wie sie empfangen hat, also hat sie geboren. Empfangen hat sie vom Heiligen Geist, also hat sie auch gebären sollen ohn alle Schmerzen, ohn alle Traurigkeit und Schwächung der Natur.

Ist diesem also, ei was flicken dann abermals die Maler mit ihren Lügenpemsel in diese heilige Geburt hinein? Was legen sie diese heilige Jungfrau gar ins Bett, wo sie von anderen Weibern erst soll gelabt und gestärkt werden? Was brauchts soviel Waschen und Tätscheln? Was tun bei diesem Handel die Hebammen, die Beseherin, welche alle der seligen Mutter an die Seiten gestellt und gemalt werden? Fort mit diesen Fetzen! Zu dieser heiligen Geburt gehört niemand als Maria, Josef und die lieben Engeln. Diese allein warten dem neugeborenen Gott auf wie dienstbare Geister. Andere sein nicht wert, diesen heiligen Leib unseres Heiland zu berühren.«

Grad die Hirta habn no zuawe derfa: Engl und Hirta. Süst neamd. Was nämli die groußn Herrn warn, so san die erst mit die Heilign Drei Kini vierzehn Täg spota kemma.

Daß eigens auf Weihnachten alle Jahre etliche Dutzend Hirtenspiele, Geschichten, Legenden, Gedichte und Lieder und Kompositionen verfertigt werden, wie sonst das ganze Jahr über nicht – nicht einmal im Frühling –, das hat schon seinen Grund. Das Christkindl öffnet die Herzen und macht schier einen jeden zum Dichter. Ein paar ragen weitmächtig heraus. Und der allergrößte bleibt mit Abstand der heilige Evangelist Lukas.

Nachand kimmt in Bayern aber glei drauf der Ludwig Thoma mit seiner Heilign Nacht. Da schlagt die Muatter durch beim Thoma, die gebürtige Oberammergauerin.

Daß »Die Heilige Nacht« no nia vertont wordn is, hat neilings oaner gfragt, ja mei, die Gschicht is so guat, die vertragt net vuil Musi mehr, de is selber oane.

In einem Brief an Dr. Georg Heim, den berühmten Volksparteiler, schreibt Thoma am 20. Dezember 1916: »Als ich meine Heilige Nacht fertig hatte, da dachte ich oft, fast täglich daran, was daraus hätte werden können, wenn mein liebster Freund Taschner die Illustration und der prächtige Max Reger die Vertonung übernommen hätten. Das wäre einmal was Altbayerisches geworden.«

Es hat net sein wolln. Da Reger is sechzehne gstorbn und da Taschner no früahrer. Auf Weihnachtn habn ja die Leit vor Jahrhunderten schon allerweil fleißig dicht' und musiziert. Es is nur grad schad, daß die mehran Versl und Liadln verlornganga san. Hier und da taucht wieder oans auf, an altbayerisches Weihnachtsliad oder Krippenspuil. Die schönern hat da Kiem Pauli gsammelt. Der Herr geb ihm die ewige Ruah, dös is a Mon gwen! – »I gfrei mi all Jahr aufs Christkindl wiar a kloana Bua«, hat er allerweil gsagt. Es gibt a Kripperl – hint in Kreuth auf da Schanz – und die Frau Herzogin hat selber die Figuren geschnitzt –, wo die Hirta lauter hiasige Gsichter habn. Die Jaga san deitlich zum kenna, da Herzog selm steht aa dabei und da Kiem Pauli mittn drin. Und gnedda a so, wia er ausgschaugt hat. Soll er stehnbleibn unter die Hirta – oder soll er iatz net ehnder zu die Engl versetzt werdn? – Da drobn auf da höchstn Schneid, wo sie stehngan, die Engerl, da waar schon a Platz für den boarischn Sänger!

Und die Herzogin hat an Pauli als Engerl umgwandt. Wia aber sie aa gstorbn is, hat da Herzog an Pauli wieder zruckgwandt als Senn' und ganz nah zum Kripperl hingsellt. Beim Kripperl hibei, da is an Pauli woihl liaba.

Ohne die zwoa Nama, ohne Thoma und Kiem, um wiavuil iarma waar da die bayrische Weihnacht!

»Der Kaiser liabt sein Landl, der Bauer liabt sein Feld ...«

Im altehrwürdigen und weltberühmten Augustinerchorherrenstift zu Rottenbuch hat die Jahre nach dem Dreißigjährigen Krieg ein gewisser Peter Augustinus Grieninger, »gebürtig aus Margreid in Tirol«, gelebt. Dieser Grieninger war ein ausgezeichneter lyrischer Dichter, wenngleich ihn die Literaturwissenschaft bis vor kurzem nicht gekannt hat. Zeitweise war er Pfarrer in Oberammergau, in Oberigling und in Steindorf. Das Dichten fing er erst mit vierzig Jahren an, aber er ist trotzdem noch recht berühmt geworden. Sein

Gedichtband »Das Salomonische Zepter« erlebte sogar mehrere Auflagen, und kein Geringerer als Kurfürst Max Emanuel ließ sich daraus gerne vortragen. Ihm ist das Buch auch gewidmet. Die Verse Grieningers sind leicht, geschwind und tändelnd. Rhythmisch und im Allegro müssen sie vorgetragen werden, wie er selber angibt: »Wann man bei denen teutschen Poetereien will eine Ergötzlichkeit haben, die Vers müssen behend und schnell abgelesen werden.« Er hat viel tausend Verse gemacht. Unter anderem hat er auch die Jahreszeiten besungen. Im Winter sind ihm darin einige vortreffliche Strophen gelungen. Eine z. B. heißt:

»Wend ich die Augen über sich,
Mich Schneegestöber schrecket.
In d'Nieder geht ins Herz ein Stich,
Wo alles liegt verrecket.
Ein Grausen macht's dem, der's betracht,
Der nach dem Sommer denket.
Der kalte Wintr, der Bäumeschindr,
Bei Tag und Nacht viel kränket.«

Und jetzt dös Seltsame an dem Mon: Er hat net grad dicht, er hat a komponiert. Und net schlecht. I hab von eahm no etliche Melodien gfundn, die klingen recht munter, und an Baß hat er aa glei dazua gsetzt. Oane davon, dös is a Hirtnweis und im 6/8-Takt geschriebn. Da lust ma auf, wenn ma die hört: Ja klingen da net die erstn Takte a so wia dös Stille Nacht vom Franz Gruaber? Pfeigrad! Und dabei is die Melodie um hundertsechzg Jahr älter wia die Gruaberische! Na, is dös net an Entdeckung? –

Eine wichtige Sach' bei allen Krippenspielen, das ist die Herbergsuche. Maria und Josef, sie finden kein Quartier bei den felsenharten Bethlehemiten. – Vielleicht hängt der alte Adventsbrauch des Frauentragens – wie er besonders in der

Salzburger Erzdiözese früher geübt worden ist, ja neuerdings in der Mühldorfer Gegend hier und da schon wieder lebendig wurde –, vielleicht hängt dieses Frauentragen mit der Herbergsuche zusammen. Eine schöne Madonna wandert während des Advents von Bürgerhaus zu Bürgerhaus. In einer kleinen Prozession holt eine Familie bei der anderen die Mutter Gottes ab, trägt sie in die schöne Stube ihres Hauses, wo ein kleiner Altar errichtet ist, und betet vor ihr den freudenreichen Rosenkranz. In jedem Haus bleibt unsere liebe Frau eine Nacht. Auch Gastwirte beteiligen sich beim Frauentragen, mitsamt der Frau Wirtin, der Köchin, der Kellnerin, dem Kuchlmensch und allen Stammgästen. Vielleicht ist's eine kleine Abbitt' für die bethlehemitschen Hoteliers?

Überhaupts, warum daß unser Herr net in am Wirtshaus hat auf d'Welt kemma wolln, dös hat andere Gründ aa no. Stellts euch amal vor, er waar in am Wirtshaus geborn wordn. Net zum ausdenka! Wia groußmächtig waar da die Ehr für die Wirt! Was taatn si da die Herrn Gastronomen und Hoteliers net alls einbuildn! I glaab fast, die Zimmerpreise taatn all Jahr um Weihnachtn guatding ums Doppelte anziahgn. Und dös Essn und Trinka ums Dreifache. – Es is guat a so, unser Herr kennt die Wirt. Und dös macht gar nix, daß sie bei dera Gschicht amal schlecht wegkemman.

Das Licht-Aussetzen vor die Fenster in den Adventstagen ist heutzutage auch noch manchenorts üblich. Was möchte das bedeuten? Nichts anderes als ein Anrufen und Herbeiwünschen des heiligen Paares, das da in der kalten, stockfinsteren Nacht vergeblich eine Herberge sucht. »Hier brennt ein Licht, heiliger Josef, heilige Maria, hier. Schaut nur, vor unserm Haus, kommts rein, hier seid ihr herzlich willkommen!«

O mei, nach eintausendneunhundertundachtzig Jahren kann man leicht solche Wünsche haben! – Und dennoch, wenn heut so ein Paar anklopfte, ich glaub, die Leut', die ein

Die Vierdte Melodey.

Lichtl ausgsetzt habn, die würden sich bewähren, denn ein Mensch, der auf solche Bräuch achtet, der hat, möcht ich meinen, ein Herz.

Non erat locus in diversorio, es ist für ihn kein Platz gewesen in der Herberg. »Josef und Maria«, sagt Benignus Kybler, auch ein bedeutender bayerischer Barockprediger, klopften an beim ›Weißen Rößl‹, wurden aber nit eingelassen. Es war da schon alles besetzt mit geilen Venusbuben. Sie gehen weiter und läuten beim ›Wilden Mann‹, hatten aber allda auch kein Unterkommen. Christus verlangte nit dazubleiben, denn alles war voll von wilden, zornigen und giftigen Leuten, so nur fluchten, sacramentierten und gotteslästerten. Sie kommen zum ›Hohen Glas‹, non erat ei locus in diversorio, dann das ganze Wirtshaus war besetzt mit vollen Zapfen. Sie verfügten sich hin zur ›Grünen Linden‹, da konnten sie gar nit unterkommen, dann das Wirtshaus ohnedies voller Leut war. Es ginge das Singen und Springen, das Tanzen und Toppen, das Geigen und Pfeifen, das Juchizen und Schreien dermaßen untereinander, daß einer sein eigenes Wort nit hören konnt. Sie gingen derowegen weiter und kamen zum ›Guldenen Mondschein‹. Christus hatte auch da kein Gefallen, weilen alle Tisch mit Karten, Würfeln und Brettspielen angefüllt, die besten Feund im Spielen sich entzweiet, in die Haar geraten, andere in die tiefe Nacht hinein gespielet, und nachdem sie all ihr Hab und Gut verspielt, letztlich gar ihre edle Seel in die Schanz gesetzt. –

Also, sehet, gehet es zu in den Wirts- und Brauhäusern!«

Aber oan Guats hat's ghabt: Denn auf die Weis san die Hirta zu eahnam Gaudium magnum kemma.

Ecce evangelizo vobis gaudium magnum!

Lusts auf, ös Hirta, ich verkündige euch eine sehr große Freud. Eine Gaudium magnum!

Ja, wann's net so verlumpt waar, unser Wort Gaudi, na

müaßt ma die Stell fredi a so übersetzn: »Fürchts enk net, ös Hirta, i hab a Mordsgaudi für enk.« Natürli! Die Hirta habn woihl a Freid ghabt, und es san aa die selbigen Hirta – nach Anbetung des neugeborenen Christkindleins – gar große Heilige wordn. A so schreibn mehra alte hochgelehrte Theologn und gar Kirchenväter.

Hergschenkt habns ja nix bsunders, diese heiligen Sennen und Geißbuben: a weng an Butter, a Goaßmilli dazua und a paar Kreizer vielleicht. Sie habn selber nix ghabt.

Aber schaugts nein ins Kripperl: Sie hebn d'Händ auf, falln nieder in d'Knia, gnedda a so, als wann vorn am Hochaltar dös Allerheiligste ausgesetzt waar. – Mariand-Josef! – Es is ja aa ausgsetzt! Freili, natürli! Der Heiland der Welt in seinem Kripperl! Dös is ja dieses Gaudium magnum.

Und Josef hält den Hauch zurück

Als altn Bauernknecht taugn oan die vuiln Feiertag z'Weihnachtn. Da schnauft man se dengascht a weng aus. Gestern ist der Heil'Abnd gwen, da is man natürli a d'Mettn ganga. Sie habn aa narrisch gmentert – auf lateinisch – vorn am Altar der Herr Pfarrer und am Chor obn der Lehrer mit der Orgl und mit die Sängerinnen und Sänger. Der Schußmüllner Male hat gar mit einer Geign mitgeigt und der Bräu mit der Trompetn.

Danach geht man na hoam und is recht zünfti', weil se' a jeds freit iatz auf die Mettnsuppn mit Leber- und Bluatwurscht. Dös is dös best schon bald vom ganzn Weihnachter. Da löffelt a jeder mit, aa da Voda, der haushüatn hat müaßn und an Mettnstock verhoazt hat. An Weihnachtstag in der Früah geht er dafür as Hirtnamt. Da passns hin zu die Hirta, die altn Austragler.

Mir tean wia all Tag unser Stallarbet. Und kimmt mir schier dengascht vür, als wann d'Roß heint anderst waarn. Die traget Stuatn is so vuil brav, ja der Spitzhengst gar, schlagt heint net aus beim Einstrahn. Was s' woihl gredt habn, die Rösser – in der Heiligen Nacht? – Ja, freili, in der Mettnnacht – und nur in der Mettnnacht – derfan d'Roß redn. – Woaß Gott, sie werdn halt a weng schimpfa über die Knecht, über die schlecht Strah heuer und übers gringe Gsod. Und nachand aa nennens' halt aa den Nam von dem, der ebba gar sterbn müaßt dös Jahr. Habs wieder net ghört heuer. Nach der Kaffeesuppn und die Leckerl geht's an Pfarrgottsdeanst. Da is nomal recht feierlich und schön. Da singens all Jahr bei der Opferung dös Lied, wo's hoaßt, »... und Josef hält den Hauch zurück, damit er 's Kindl net derschrickt«. – Dös gfallt mir. A so waarn ünsere Zimmerleit kaam. Dia schnupfan und niassn dir fredi' as Gsicht. Da is koan Vergleich mitm Heilign Josef!

Z'Mittag dahoam gibt's a Mordstrumm Schweinsbratn, woazer Knö'l und Kraut dazua und aar a Bier, a Weihnachtsmaß.

Da legt se nachand a jeds gern a Stünderl nieder, und na' is' eh bereits Zeit auf d'Vesper.

Da geht's wieder schwaar lateinisch oba. Wann mar aa net alls versteht, hörn tuat ma's do gern. Und wia feierli' daß zuageht nomal! Bsunders beim Gloria patri et filio! Da macht gar no d'Pfarrersköchin in der erstn Bank vorn die Verneigung mit. Dauern tuat die Vesper guat a Stund, und drum werd's drei, bis man zon Wirt kimmt, wo man nomal a Weihnachtsmaß trinkt. Na' is eh schon wieder Zeit zu der Stallarbet. Man kimmt ja zu süst nix mehr. Und der Bauer sagt, er muaß nomal Saupassn heit nacht, weil sein konn, daß man nomal Facken kriagn und habn man schon neine von der altn Lous.

Guate Nacht, i gehn bald as Bett, weil: morgn is der Stephanitag, da halt ünser Feierwehr sein Christbaumversteigerung. Da werd's wieder drei, viere in der Früah.

Der Muserlkoch

Der Rupertiwinkel ist eine besonders christkindlnahe Gegend, nicht nur daß im österreichischen Laufen in Oberndorf das »Stille Nacht, heilige Nacht« entstanden ist, man hat hier immer schon gern musiziert und Christkindlkumedien aufgeführt. Und das haben wieder die Schiffsleut' getan, die ja im Winter arbeitslos gewesen sind. Der Laufener Chronist Gentner schreibt:

»Solange die Schiffahrt dauert, ist wohl der Unterhalt mehr als gesichert, allein wer sich während dieser Zeit nichts für den Winter zurücklegen will oder kann, wird in derselben Not leiden müssen. Als Erwerbsquellen im Winter wurden von jeher das Singen, Hirtenspiel, Sternsingen sowie das Theaterspielen betrieben. Gegenwärtig spielen zwei Schauspielergesellschaften, ihre Vorstellungen sind natürlich und sittlich. Da es ihnen an Talenten nicht mangelt, sind ihre Leistungen sehr achtenswert.«

Und über den Spielplan, über das Repertoire ihrer Stükke, schreibt Johann Pezzl in seiner »Reise durch den bayerischen Kreis«: »Besondere Spektakel geben den Winter über die Schiffleut von Laufen. Diese Schnurren sind die vollkommensten Kopien von Shakespeares Pyramus und Thisbe. Man sieht die Hans Schnosk, Klaus Zettel etc. leibhaftig vor sich. Sie produzieren Stücke aus der heiligen und profanen Geschichte, Intrigenstücke, Charakterstücke, Lust- und Trauerspiele, in Prosa und Versen. Man sagt, ihr Theaterdichter sei ein Geistlicher, welches mir wahrscheinlich ist, denn es herrscht in ihren Stücken sehr viel Brevier-, Lebenden-, Schule- und Klosterwitz. Was mich besonders frappierte, war, daß viele dieser Matrosen ihre jämmerlichen Rollen nicht bloß mittelmäßig, sondern wirklich gut spielen.«

Und weil die Spielzeiten in den Advent und Winter fielen, ist es geradezu natürlich, daß man Krippenspiele, Weihnachtslieder und dergleichen ganz besonders pflegte. Darum ist denn auch Laufen eine Hochburg des weihnachtlichen Brauchtums geworden.

Salzburg hatte ja schon im 14. Jahrhundert etliche berühmte Weihnachtslieder gehabt. Der dichtende Mönch von Salzburg, ein Pseudonym, unter dem sich, wie erst die jüngste Forschung beweisen konnte, zwei Persönlichkeiten verbergen, nämlich der Abt von St. Peter, Johannes von Rossessing, bei Mühldorf gebürtig, und der Kaplan Martin Kuchlmeister, ebenfalls ein gebürtiger Mühldorfer; sie haben uns mit hoher und inniger mittelhochdeutscher Lyrik beschenkt. Von Abt Johannes stammen vier liebe Marienlieder, und Kuchlmeister schrieb eines der zartesten süddeutschen Weihnachtslieder, das heute noch gern gesungen wird: das »Ach Josef, lieber Josef mein, hilf mir wiegen mein Kindelein ...«

Wie mag so a Christkindlkumedie ausgschaugt habn? Zuerst amal die Herbergsuche mit die bösen Wirt und Hausknecht von Bethlehem, nachand die Engel bei die Hirta und die Hirta am Kripperl, wos' ebbas herschenka. Danach no a ganz lustige Szene mitm heilign Josef beim Muserlkocha. Da hat se der guate Zimmermon oft recht dappig angstellt, hat d'Milli ins Mehl neingschütt, hat rumpatzt und sich andreckelt, hat gar die Schnapsflaschen mit der Milliflaschen verwechselt! Man muß sich wundern, daß diese Exzesse des heiligen Zimmermannes fürsterzbischöflich so stillschweigend geduldet wurden. Im Salzburgischen ist halt der Sepp kein trauriger Heiliger. In einer Stophe eines Hirtenliedes heißt es:

Iatz sama schon dada, gelobt sei Jes' Christ!
Seids aa auf, mein Heiland, weilst no amal da bist!
O wunderschöns Kindl, was müaß ma dir gebn?
A Milli zum Ko', daß d'hast ebbas z'lebn.

Dir, o schöne Jungfrau, gab i gern ebbas Liabs:
Da Most waar für die recht, er is zuckersüaß.
Du Sepp, kriagst an Brandwein, geh trink di no voll!
Und tua mir net gschami' – is a Kerscha, woaßt woihl!

Ihr Kinderlein, kommet

Beim Nialinger in Nialing, dem großten Einödhof in der ganzen Pfarrei Dürling, geht es am Heiligen Abend hoch her. In der Kuchelkammer werkt die Bäuerin mit dem Kuchelmensch. Es werden die Leckerlschüsseln aufgefüllt und für die acht Ehehalten die Geschenke bereitgelegt, einpapierlt und mit Zetterl versehen. Der Bauer putzt mit den Knechten die Schweinsdärme, denn in der Mettennacht gibt es Leber- und Blutwurst. Die Dirnen werken in der Stube und im Hausflez, in Kammern und auf der Stiegen. Im Austragsstüberl erzählt die alte Tante Resl, die ledig gebliebene Schwester des bereits verstorbenen Austragsbauern, dem jüngsten Nialingersohn, dem Miche, das uralte Bauernmärchen vom gefräßigen Knecht und vom starken Fuhrmann.

Zu Mittag gibt es nicht viel, denn der Heilige Abend ist ein Fasttag. Gegen Nachmittag endlich wird die Stimmung anheimelnder. Die Stube wird abgesperrt, und von den Weibspersonen ist keine mehr zum anreden. Die Mannsbilder fangen früh mit der Stallarbeit an, besonders im Roßstall nimmt man es heute genau, weil ja die Rösser in der Heiligen Nacht reden können wie ein Mensch. Die Tante Resl hat es immer schwerer mit dem Miche, denn der Bub möchte schon Weihwasser spritzen und Räuchern gehen durch alle Zimmer des Hauses und durch alle Ställe, wie es der Brauch ist seit wahrscheinlich mehr als 2000 Jahren. Denn nach dem Weihrauchumgang ist jedesmal das Christkindl eingekehrt. Da, plötzlich bellt der Nero. Der Miche sieht durch den angehauchten Fensterfleck einen seltsamen Zug in den Hof einziehen. Voraus stapft ein bärtiger Mann, einen kleinen Knaben von ungefähr fünf Jahren auf seinem Genick reiten lassend. Hinter sich her schleppt er ein Wägelchen, das mit allerlei Hausrat gefüllt zu sein scheint. Eine hagere Frau hinterdrein hilft den kleinen Leiterwagen durch den seichten Schnee schieben, denn es hat pünktlich zu schneien angefangen. Neben der Mutter gehen noch zwei ältere Buben.

»Mein Gott, die armen Leut, heut am Heiligen Abend! Und sie wissen nicht, wo aus und wo ein!« So seufzte voll Mitleid die alte Resl. Der Nialinger, ein herzhafter Bauer, begegnet in der Mitte seines stattlichen Hofes dem Elendszug. Der Mann grüßt und redet mit dem Bauern, und der Nialinger streckt seine Hand aus und weist auf den Kuhstall. Da sei es warm und es sei dort auch Platz genug im Gang. Er werde eigenhändig einige Schab Stroh aufschütten, und warme Roßdecken bekämen sie auch. Die Leute zeigen sich dankbar und ziehen in den Kuhstall. Die Frau nimmt aus dem Wägelchen ein Wickelkiss und legt es an die Brust. Es wird endlich dunkel, und die Zeit des Christkindlkommens ist da. Der Bauer räuchert in jeder Kammer und in dem Stall, und der Miche spritzt aus einer großen Kaffeetasse fleißig hinterdrein den Weihbrunn aus. Auch im Kuhstall auf die armen Leut, die sich gerade hinlegen. Währenddessen steht die ganze Nialingerfamilie betend in der Stube um den Christbaum. Wenn der Bauer mit seinem Jüngsten in die Stube zurückkehrt, greifen der Wastl und der Hiasl in die Zither und stimmen das »Stille Nacht« an. Danach sucht sich ein jedes seinen Teller und sein Packerl. Der Miche ist außer sich vor Freud. Er hat eine kleine Dampfmaschine bekommen und will damit nun gleich eine Dreschmaschine anhängen, eine kleine nur, die er sich selber basteln würde.

Dann wird Punsch aufgetragen, und jeder kann Leckerl essen, soviel er will.

Da sagt die alte Resl: »Die armen Leut im Kuhstall werdn heut nacht kaum guat schlafa kenna. Wolln ma s' net a weng einasitzn lassn in d' Stubn? Sie solln aa merken, daß Weihnachtn is! Und a Schalerl Punsch schadt eahna gwiß net.« Der Bauer nickt und geht in den Kuhstall. Dort ist es stockdunkel und still. Die Kühe schlafen oder wiederkäuen leise. Der Nialinger dreht das Licht an. Im Stroh wird es ruckartig lebendig, und alle fünfe haben sich aufgerichtet. »Gehts weiter, Leut, in der Stubn is no Platz, sollts aar unserne Leckerl versuacha und unsern Punsch!« Alle – sogar der kleine Säugling in den Armen seiner Mutter – nehmen das Angebot sofort an.

Nun wird es merkwürdig stiller in der Christkindlstube des Nialinger. Man schreibt etwa das Jahr 1934/35, und herumziehende, obdachlose, arme Familien sind den Bauern in Ober- und Niederbayern nicht fremd. Solche kommen jede Woche. Trotzdem, am Heiligen Abend ist in Nialing so etwas noch nicht erlebt worden. Die Leut setzen sich schüchtern an den großen Tisch, auf die lange Umlaufbank und starren in den Christbaum. Der Mann fängt zu weinen an. Frau und Kinder greifen zu den Leckerln. Die Nialingerin stellt jedem eine Tasse Punsch hin, auch den Buben. Der Miche hört zu spielen auf und nähert sich neugierig und scheu den gleichaltrigen ernsten Knaben. »Ist zu euch das Christkindl nicht gekommen?« will er fragen, bringt aber keinen Ton heraus. »Ja warum denn net? Warts net brav?« –

Die Tante Resl überbrückt den schüchternen Anfang. »Geh weiter, Miche, zoag dene Buaberln dein Dampfmaschin' und laß aar a wenig mitspuihn!« – Der Nialingersohn nickt verlegen. Die kleinen Obdachlosen erheben sich von der Bank und nähern sich langsam dem Christbaum und der Dampfmaschine. Sie wagen nichts zu berühren. »Dös is as Pfeiferl«, beginnt der Miche die Vorstellung seiner Person und der bereits unter Dampf stehenden Maschine. »Da wenn pfiffa werd, is' zum Essen oder zu der Brotzeit.«

Die Tante Resl hinkt an den Christbaum und zündet einen Sternwerfer an.

Bald tätigt der Christian, der ältere der armen Buben, die Dampfpfeife. Es pfeift himmelschreiend hell durch die gemütliche Bauernstube. Gleich darauf greift der Peter nach dem Hebelchen. Die Mutter der beiden ruft: »Macht dem Herrn Sohn nur nix kaputt!«

Der Nialingermiche ist noch nie mit »Herr Sohn« angeredet worden, und er denkt, die fremde Mutter meint den Sohn Gottes. Der Vater schlürft seine Tasse Punsch und zündet sich dann eine von Nialingers Zigarren an. Auch die Buben verlieren ihre Scheu. Bald läuft die Dampfmaschine auf Hochtouren, dann wieder pfeift sie. Eine Hampelmännermaschine – das einzige Zusatzgerät – wird angeschlossen, und die blechernen Hampelmänner drehen sich scheppernd und geschwind im Kreise. Pfeift der Peter, pfeift auch der Christian. Der Miche kann nur noch zusehen. Auf einmal bleibt die Maschine stehen. Christian klopft seinem Bruder auf die Finger. Dieser fängt zu weinen an. Die fremde arme Mama mit dem Säugling im Arm und der fremde arme Papa mit dem kleinen Thomas auf dem Schoß mischen sich ein, ermahnen, geben Ratschläge und drohen dem Peter gar mit einer Ohrfeige.

Die alte Resl, die gute Haut von jungauf, entzündet einen zweiten Sternwerfer und stimmt das Weihnachtslied an.

»Ihr Kinderlein, kommet, o kommet doch all!« Niemand aber singt ihr jetzt noch mit.

Endlich gelingt es dem Mitterknecht, die Maschine wieder zum Laufen zu bringen. Der Peter pfeift. Der Miche schüttet Spiritus nach. Der kleine Kessel steht unter Volldampf. Da greift der Christian in die sich drehenden Hampelmänner und hält sie fest. Seine Hand blutet leicht, der Riemen wird abgeworfen, und die Hampelmannmaschine ist schwer verbogen. Das erzürnt den Peter. Er läuft zu seinem Vater, der mit dem Nialinger ein politisches Gespräch führt, das auch schon immer lauter geworden ist. Der Vagabund verlangt mehr soziale Gerechtigkeit. Dem Nialinger ist nur die Religion wichtig. Der vagabundierende Vater springt jetzt gleich auf und will seinen Ältesten an den Haaren wegziehen. Christian verkriecht sich hinter den Christbaum, stößt ihn um, und der fallende Christbaum wieder fällt auf die Dampfmaschine. Ein Ästlein fängt Feuer an der Flamme der kleinen Spiritusfeuerung, und es gibt einen Brand. Der Nialinger stellt den Baum wieder auf, und auch das Feuer ist noch leicht zu löschen.

Aber der holde Weihnachtsfriede ist nun doch empfindlich gestört. Die beiden Brüder weinen, der Fünfjährige schreit, dem armen Vater ist der Punsch zu Kopf gestiegen, und die fremde Mama mahnt energisch zum sofortigen Aufbruch in den Kuhstall. »Alle bringt er uns noch um, uns anständige fahrende arme Handwerksleut«, prophezeit der Vagabund. »Na, na«, besänftigt der Nialinger, »so weit kimmt's it. Und a weng an Ordnung schadt net. Und an Arbet für d'Leut, na gibt's koan Elend nimmer.« Der Fremde schüttelt den Kopf, nimmt seine Buben, bedankt sich und geht mit seinem Weib aus der Christbaumstube in den warmen Kuhstall, in dem 19 vollgefressene und auch noch im Winter respektabel gut in der Milch stehende oder hochträchtige Kühe liegen und nicht einmal mehr wiederkäuen.

Der Miche hat keine Freude mehr an seiner lädierten Dampfmaschine. Er schläft auf dem Kanapee ein. Die alte Resl bringt ihn schließlich ins Bett, während die großen Leut sich zum Mettengang richten und sich hernach auf die Mettensuppe freuen.

Die Resl aber singt noch leise, während sie den kleinen Nialinger ins Bett steckt, »und seht, was in dieser hochheiligen Nacht der Vater im Himmel für Freude uns macht«.

Noch zwanzig Jahre später konnte sich der Miche an diesen späten und leisen Gesang seiner Großtante erinnern, obschon er jetzt in einem Gefangenenlager in Sibirien Weihnachten verbringen mußte. Aber das ist das Schicksal der Heiligen Abende: Sie waren von Anfang an schon nicht immer so heilig, wie sie hätten sein wollen.

Die hypostatische Union

Die Roratepredigten der bayerischen Barockprediger »für alle Tage im Advent« lesen sich anheimelnd und strömen eine liebe, fast märchenhafte theologische Gelehrsamkeit aus. – Eine gute halbe Stunde lang ist damals bei jedem frühmorgendlichen Englamt also gepredigt worden. Es sind fast musikalische Kanzelreden, zart und anheimelnd wie ein Adventsingen der Rokokozeit. – Die bayerisch-barocke Theologie der damaligen Prediger hatte einen originellen Schmelz. – Auffällig häufig ist von der »hypostatischen Union« die Rede, von der Vereinigung der göttlichen und menschlichen Natur in dem jungfräulichen Leib Mariens. Das war ein zentrales Thema der Theologen an der Salzburger Benediktineruniversität im 17. Jahrhundert gewesen.

»Von dem nazarenischen Friedenstractat zwischen Himmel und Erden« doziert Professor P. Simon Oberascher. Andere sprechen von dem »paradeisischen Apfel« und fragen, ob der nicht die Kriegsursach gewesen? Oder sie fragen, warum Gott ausgerechnet seinen Sohn hat Mensch werden lassen? Und warum er das Christkindlein nicht als Mädchen, sondern als Knäblein auf die Welt hat kommen lassen? Warum nit der Heilige Geist den Friedenspact geschlossen? Und warum ausgerechnet in Nazareth, im Loretohaus der heiligen Jungfrau, dieser Frieden hat geschlossen werden müssen? – Wo es doch viel berühmtere Städte gäb, z. B. Wien und München, Augsburg und Paris oder Rom?

Eine andere Adventspredigt befaßt sich mit der pfiffigen Frage, warum denn ausgerechnet der Erzengel Gabriel als Gesandter der göttlichen Botschaft zu Maria nach Nazareth ist geschickt worden und nicht der Erzengel Michael, dem das eigentlich zugestanden? – Weil halt die Obristhauptleut' und Generale nicht die besten Friedensdiplomaten sind. – Und warum aber auch nicht die großmächtigen Erzengel

Uriel oder Raphael? – Wo doch der Raphael mit dem Tobias auf die Brautschau gegangen und als himmlischer Progoder und Hochzeitslader sich schon ausgekannt hätte! – Über jeden Erzengel wird etwas Großes, etwas Schönes und etwas Lustiges gesagt. So über den Uriel, daß er der »cherubinische Paradeiswachter sei und auch als eine Art Sturmwind dem Heiligen Geist vorauseile, obwohl man sonst nit viel weiß über ihn. – Sankt Michael wird der »große Teufels-Stößer« genannt, der den »stolzisten Luzifer in den höllischen Abgrund gerennt« habe.

Gabriel ist auserwählt worden. Und warum? – Weil sein Name der richtige ist. Nur seines Namens wegen, denn Gabriel heißt: »fortitudo Dei«, Stärkn Gottes. – Und ein starker Gesandter mit einem imponierenden Namen richte allerwege das Beste aus. – Außerdem sei der Gabriel auch beim Daniel gewesen und habe dem bereits die große Prophezeiung getan von der Menschwerdung Christi. – Er hätte dem Daniel damals freilich auch erzählt, daß er mit dem Erzengel des persischen Reiches vor Gottes Angesicht habe streiten müssen …

Das schönste aber an so einer weitschweifigen barocken Roratepredigt sind immer die tiefgläubigen Antworten, die mit zu Herzen gehender Naivität Unfaßbares aufgliedern und erläutern.

»Auf jedes Warum, geliebte Zuhörer, will ich anjetzo ein klärendes Darum setzen.« Nur diese folgenden Fragestücklein könnten noch immer nicht ganz klar beantwortet werden: »Wie, wann, zu was Zeit und unter was Gestalt und Aufzug die Englische Person als ein Gesandter Gottes zu Maria gekommen sei.« In der Zeit, meinen die Prediger, variierten die hl. Kirchenväter am meisten. Die einen sagen, etwa um Mitternacht sei Christus im Schoße der Jungfrau empfangen worden. Und das sei nit die schlechteste Zeit. Die anderen aber geben als gewiß die Morgenstunde an. Und dritte wieder meinen mit Bedacht, daß der Gabriel zu

Mittag gekommen sei. Und dann ruft Pater Ignatius Ertl aus München, Augustinerbarfüßer, nachdem er alle die drei möglichen Empfängniszeiten aufgezählt hat, mit einleuchtender Gewißheit: »Und weilen man dessen keine Gewißheit hat, also läutet die katholische Kirch in der Früh, zu Mittag und gegen den späten Abend das Ave Maria.« Der Engel des Herrn brachte Maria die Botschaft ...

Wie schlicht und undogmatisch unsterblich! Und dann kommt es noch gläubiger und ergreifend frömmer und fröhlicher. Der Münchner Augustinerpater ruft den frühmorgendlichen Rorateamtgehern zu: »Und was seine Person anlanget, so ist der Erzengel Gabriel nicht in Englischer Gestalt als ein Geist, sondern in einem angenommenen menschlichen Leib, als ein schöner, feuriger Jüngling der Jungfrau Mariae erschienen. Denn, kam Gottes Sohn als ein Mensch zur Welt herab, so mußte sich auch der Engel nicht schämen, die menschliche Leibsgestalt und Form an sich zu nehmen.« »Non est servus major Domino«, der Knecht ist nit mehr als sein Herr. »Und muß sich allezeit der Diener in der gleichen Liberey seines Herrn bekleiden...«

»Wie lange er sich aber bei Maria aufgehalten, ist ungewiß. Etliche Lehrer sagen, Gabriel sei nicht lange bei Maria geblieben und ihm sei immediate der Sohn Gottes nachgefolgt und als ein Mensch in Maria empfangen worden. – Hingegen Cornelius a Lapide wie auch Eusebius Nierenbergius ziehen aus einer Offenbarung, daß sich Gabriel neun Stunden bei der Jungfrau aufgehalten habe ...« (Ignatius Ertl, Roratepredigten, Erstes Adventualis, 8. Predigt)

Wia schön und wia fein, wia liab und wia einfach diese barocke Theologie! Und wie freudig klingt alles. Unsere modernen Theologen sollten die Barockprediger, diese verrufenen Skribenten des 17. und 18. Jahrhunderts, lesen, dann könnten sie sich in der Frage der Menschwerdung des Wortes spitzfindigen Peinlichkeiten derhüten. Man glaubt heut nicht mehr daran, daß der Erzengel Gabriel als ein von

Gott bevollmächtigter »Plenipotentiarius« seine Friedens/-Legation mit dem einzigen Wörtlein »Ave« vorgebracht habe. Daß er in feuriger Jünglingsgestalt mehrere Stunden im »Lustgärtlein der allerseligsten Jungfrau Mariae« zugebracht hätte. Und auch Ertl beschreibt ausführlich das nazarenische Lustgärtlein als »ein Paradeisl und rosenduftendes Pavillon« …

Man philosophiert über das »fiat mihi secundum verbum tuum«. Aber über diese Marianische Antwort gibt's nicht viel zu sagen. Das ist die erlösende Einwilligung in den göttlichen Ratschluß, das kann ein jeder glauben, wissen, erfahren … Ersatzdefinitionen von einem »ontologischen Kraftakt« wetteifern bei manchen Weihnachtstheologen der Gegenwart mit dem Unglauben der Heiden.

Da brauch i nix wissen, da brauch i nix verstehn, dös glaab i a so. Und aa dös bedenk i gern, daß mar an Christkindl a Herberg richtn sollt im Advent. Einwendig drin. »Diversorium paratum«, heißt das große Adventsthema eines Predigermönches aus dem Benediktinerstift Ottobeuren, des Namens Sebastian Textor. – Er weiß in seinem Adventskalender hundert Vorschläge und nennt viele Vorbilder, die dem Herrn täglich einen Strohhalm wenigstens ins Kripplein legen. Er führt Leute vor, die sich im Advent bekehrt haben, die dem neugeborenen Christkindl »in ihrem Herzenskripperl eine schöne Wiegn geschnitzt haben«. Dann erzählt er auch von wunderbaren Bekehrungen, wie z. B. ein uralter boshafter und habgieriger Greis, der sich und den Seinen seiner Lebtag nit die Wassersuppen gegönnt, wie der sich im Advent beim Rorateamt auf wunderbare Weis bekehrt hätte und daraufhin wieder jung und kräftig geworden …

Ja, im Advent werdn die Kerzn onkennt.
Sitz i brav in der Stubn und greif zum Evangelium.
Und liachter werd d'Seel', les i vom Engel Gabriel.

Kaiberl-Heu und Mettensuppn

In Oberbayern wird der Weihnachter auch »Mettensau« genannt. Christlich-menschlicher läßt sich die Volksfrömmigkeit nicht mehr formulieren. Und darf sich nur der Mensch gute Tage antun auf Weihnachtn? Darf nur er sich vollessen mit Gans- und Schweinebraten, mit Stollen und Platzerl.

Soll net aa dös liabe Vieh im Stall a bisserl ebbs gspürn vom Heiligen Christ? – I moan ebban schon.

Und net aa die Obstbaam und 's Holz, die Wiesn und Akker? – Die ganze Welt?

Also muß auch zu den Kühen und Kälbern, zu den Rössern und Schweinen das hl. Christkindl kommen.

Was an alte Bäuerin is, a Stalldirn oder a Schweizerin, die woaß'no, daß man am Hei' Obn aar a weng ans liabe Vieh denkt hat frürer.

Unter der Arbet, derweil man zeitlt und fuattert und mist, summts und klingts in oanm oft schon recht christkindlhafti', und man hat allweil a Liadl im Kopf. Bald summt man, bald brummt man wieder: »Geh weiter, Ochs, steh umi und tua no net gar so stinkfei, als waars schon Mitternacht und du standst bereits im Kripperl drin!«

Und wieder singt mar a Weis. – Und nachm letztn Abfuattern steigt man nachand nomal aufi auf d'Obern an Heustock und wirft a weng a Kaibeheu oba beim Loch. A weng mehrer, wia die Kaiben fressen, weil mas heut die altn Küah zuastecka wuil – als a Christkindl!

No freili, sollns aa was gspürn von der heiligen Zeit, die bravn Kuli. A Bäuscherl Kälberheu kriagt a jeds. Aa der alt Ochs, der drauf bereits gwart hat, i kenns eahm on. Da beißt er mit seinm gschleckigsten Mäui. Und wahrscheinli gfreut 'hn 's Wiederkäin no? So vuil guat is für eahm dös Kaibehäui.

Finster werds, bald allweil naha
Kimmt die Zeit iatz na' zum Raacha.
Schon glüahn d'Kohln im Bügleisen,
Und die Tant singt Hirtenweisen.
D'Mam' hat mir no in Weihbrunn ton
A Zweigerl, daß i spritzn konn.

Nach Weihrauch schmeckts gent überall',
Im ganzn Haus und aa im Stall.
Bei die Ross' und bei die Küah
Schmeckt ma' hn no morgn in der Früah.
Mir raachan, spritzn bei die Säu,
Heut kriagt der Ochs a Kaiberl-Heu.

Aa bei die Hehner habn ma gschwind
As Loch neinblost den hl. Wind.
Die Leggäns ruckan, schnaufar auf,
Die Schaafei bsunders lusn auf!
An Bello in sein alte Hüttn
Muaß i an Weihbrunn einischüttn.

Im Stadl die Heustöck raach ma on,
Im Troadbodn obn as Saamtroad no,
Grad die schwarz Katz, die leckt se d'Pfoten,
Als wisserts nix vom Himmelsboten.
Und kemma zruck – is d' Rauhnacht um,
's Christkindl is drin schon in der Stubn.

Nur ein Wunsch

Die heutign Vagabundn und Bettlleut hoaßn anderst! Und es san net grad die Gammler und die Obdachlosen. – Die armen Leut, dös san die krankn Leut. – Im Advent tuat a jede Armut stürker weh wia unterm Jahr. – Und muaß oaner ausgrechnet die Tag vorm Heilign Abend sterbn, nachand geht oan so a Toud no nahender. – Hat 'hn 's Christkindl ghoilt? – Ja, freili, eahm hats Christkindl ghoilt. – A weng a Trost is' dengascht?

Geh, Christkindl, kimm und bring an jeden dös, was er se wünscht: Warme Füaß und weniger Kreuzweh! Mach mein Bauchspeicheldrüsn wieder roglig und frisch. – Und dein Leberl dazua! – Laß mein Magnkrebserl kleaner und kleaner werdn! – A Gsunder hat tausend Wünsch, a Kranker nur oan: daß er gsund werd!

Is man krank und voller Wehdam, ghört man allerweil zu die arma Leut. Aar a mehrfacher Millionär ghört dazua. Er is arm und wünscht se a Besserung vom Christkindl.

»Na, na! Süst brauchst ma nix bringa als an etli Gramm Gsundheit. Halt a bisserl a Kraft und an Muat!«

Ja Bruaderherz, mit deine Leidn bist du wiar an arma Vagabund im Advent, der se nimmer auskennt vor lauter Wehdam und Gicht. Christkindl, vergiß ihn nicht!

Warum is der Mensch grad im Advent so empfindsam? So wehleidig? – Tuat denn im Advent alls weher? – A jede Wundn, a jeder Schmerz? – Oft aa die altn Wunden? – Sogar der Liebesschmerz! – Jawoihl, grad der Liebeskummer ist im Advent gräußlich zum aushaltn. Wie die Geschichte von der Kramer-Tochter von Wehling beweist. Die hat se net umbracht, is aa net in Wehlinger See ganga, aber sie hat in ihrem Liebeskummer in ihrer Kammer, an der Adventkranz-Kerzn, die schönen Liabsbriaf von ihrem ungetreuen Bräutigam verbrannt; was ein Student der Philosophie gewesen ist und der sehr schöne Liebesbriefe hat schreiben können. – Einen jeden hat sie einzeln verbrannt. In ihrem übergroßen Schmerz hat sie jeden Brief noch einmal gelesen, ehvor sie ihn weinend über die zweite oder dritte Adventkerze gehalten hat. Da haben ihre langen Haare auf einmal Feuer gefangen. Gelassen und trotzig hat sie dieselben einen Augenblick lang schmoren und brennen lassn. – »Seine seidenen Haare«, hat sie dabei gedacht. Sollen sie zugrunde gehn! – Sie ließ es weiterschmoren!

Gottseidank ist in diesem Augenblick die Kramerin, ihre Mutter, in das Zimmer gekommen, weil sie im Laden noch eine Hilf gebraucht hat, obwohl es schon halb elf Uhr gewesen ist. Geistesgegenwärtig ergreift sie die Wolldecke, tunkt dieselbe ins Waschlabor und wirft die feuchte Decke dem Töchterl über den Kopf. Trotzdem hat die unglückliche Kramertochter von Wehling die Weihnachtsfeiertage im Krankenhaus verbringen müssen, wo ihr der Liebeskummer Gottseidank schön langsam vergangen ist. Wenngleich sie den Assistenzarzt niemals wird so gern haben können wie ihren leider ungetreuen Bräutigam. – Denn der Liebeskummer im Advent, der brennt …

Und der Rheuma-Wehdam schmerzt im hl. Advent mehr als im Mai. – Nicht nur wegen der Kälte und dem Schnee. Auch nicht, weil jetzt die Nächte jeden Tag länger werdn.

Der hl. Kirchenvater Basilius hat zwar schon von den »bangen, langen Nächten, in denen die Völker auf die Ankunft des Herrn warten« gesprochen.

Das Wartn ist allerweil langweilig. Net grad für d'Kinder. Ja, bald kanns a gsunds Herz nimmer derwartn. – Und schreit auf: Tauet, Himmel, Wolken, regnet ihn herab!

Finster werds und allweil kälter. A der Wehdam wachst, warum grad i, iatz im Advent? – Wo se a jeder Mensch freut aufs Christkindl? – Und ist die Freud und die Hoffnung das größte Glück. Und grad für mi gaabs koan Hoffnung?

Schnell seufzt mar a so in dene Dezembertag. A Vagabund im Advent, den neamd kennt, den neamd mag, der hat koan guatn Tag, der hat koan Hoffnung, der hat nur die Erinnerung an seine glückliche Kindheit. Der träumt vom Christkindl. Und vom Christkindl träumen können ist auch schon ein Trost.

Warum der Ururgroßvater im Untersberg war

Hats a Kältn und es müassn die kloan Kinder in der Stubn bleibn, na werds aa net langweilig. Spielzeug hat man frühhrer net vuil kennt. Die alt Popananne mit an neuen Gwand. Und wieder der Baukasten mit die neuangstrichan Stöckerl. Es hat aa passiern könna, daß oans koane richtign Schuah net grad ghabt hat. Weil der Störschuaster no net da war und die vorigs jahrigen Stieferl vuil z'kloan warn. – Aa dann hat man dahoambleibn müassn. Und net is a Langweil aufkomma. – Die Großmuatter hat allerweil wieder a Gschicht gwußt. – Deszweng san ja die Wintertäg da, daß man Gschichtn verzählt. Unheimliche und aa wieder schöne, liabe. Manchmal sogar Gspenstergschichtn. So spannende schon, daß man nimmer amal sich ins Bett traut hat. Von dem altn Chorherrn im Pfarrhof von Wang beispielsmäßig. Der heut noch im dortigen Pfarrhof umgeht und jeden Nachfolger aufweckt, wenn in der Pfarrei ein Kranker nach den Sterbesakramenten verlangt. Sodaß also in Wang niemand um den Priester gehn braucht, liegt plötzlich eins einmal im Sterben. – Er kommt von ihm selber. Immer geweckt vom geisternden Chorherr aus dem 17. Jahrhundert. – Mit solchen Geschichten vergehn die längsten Dezembernächte.

Und aa die Gschicht weiß i no, wie wanns die Großmutter gestern verzählt hätt: Wie amal der Ururgroßvater am Heiligen Abend nachmittag sich geweigert hat, das Kripperl aufstellen zu helfen. Er müßt noch mal in den Wald fahren um eine weitere Fuhr Langholz. – Fahr heut nimmer, hat ihm die damalige Ururgroßmutter, seine Bäurin, nachgerufen. Fahr heut nimmer, es is woihl der Tag z'heilig! Und stell liaber 's Kripperl auf! – Weil Christbaum hat man selbigsmal no koan kennt. Nur a Paradeiserl mit etli vier Kerzen. Und 's Kripperl is aber allweil schon d'Hauptsach gwen. Mit schön gschnitzte Hirta und mit der Heiligen Familie.

Aber dersöl Ururgroßvater hat grad 's Stadlbaun im Sinn ghabt und is nomal ins Holz gfahrn. Hat also koan Kripperl net aufgstellt.

Wia er grad die Sagbaam aufglegt ghabt hat. A schwere Arbet. Und wie er schon hoamfahrn wollt. Es hat fürchterlich gschneibt aufamal und plötzlich san von alle Seitn kloane Männlein daherkemma. Mehrer Männlein bald wia Schneeflocken. – Ja, dös is guat! – Christkindl huilf mir, hat iatz der Großvater gsagt, weil er hats glei kennt, was dös ebba für kloanwinzige Männlein gwen san: lauter Schratzn – Waldschratzn oder Weihnachtswichtln aa gnennt um die Zeit. – Schon sans auf sein Fuhrwerk aufgsessn, san auf die Räder ghockt, auf die Roß naufgsprunga, habn se gar in die Ohrwaschl von dene Roß einigschmuckelt und habn dös ganze Fuhrwerk dirigiert.

Holla denkt eahm der Ururgroßvater, wo werds denn iatz hingehn? Auf eahm habn d'Roß nimmer ghört. Wagn und Roß habn dene Wichtln und Schratznmännlein gfolgt. – Und er selm hat eahna aa gehorchen müassn.

Die Schratzn habn dös ganze Fuhrwerk – mitsamt die Kubikmeterbaam – in Sagberg einidirigiert durch a gwöhnlichs Fuchsloch. – Weil so Schratzn könnan alls. Die verzaubern auf oans zwoa drei dös größte Fuhrwerk in a Kinderspuilzeug und den ältesten Ururgroßvatern in a kloans Schratznmanndl. Der Fuchs is an Elefant gwen gega die kloanwinzigen Rösserl, wo die Sagbaam zogn habn. – Und schon warns drin im Sagberg.

Da hat der Großvater gschaut! Wias da drinnet ausgschaugt hat, dös hätt er se net amal im Traam ausmaln könna. Wiar a ganz groușe Kircha hat der Berg einwendig gleucht und glanzt und gfunkelt. Die Felswänd umadum voll Kristall und Edelstein. Und alls hellbeleucht mit ganz vuil Kerzn! Und taused Schratznmännlein habn in hundert Ecken und Winkeln taused Kripperl gschnitzt. –

Und der Ururgroßvater hat seine langa Holzbaam obladen muassn und hat iatz wieder sein Größ ghabt wiar auf der Welt, und die Wichtln san kloanwinzige Menschlein gwen, koana größer wiar a Tannazapfa. – Er hat seine langa Holzbaam abladn müassn und glei san hundert Schratzn her und habn aus die Baam lauter Hirta und Schaafei, Öchsen und Eseln aussergschnitzt. Auf oans zwoa drei, so gschwind. Wias der größte Künstler net schneller kunnt!

Lauter Hirta und Schaafei, grad koan Muattergottes und koan Christkindl. Für die allerheiligsten Kripperlfiguren waarn dem Ururgroßvater seine Holzbaam z'schad, habn die Schratzn gsagt. Und eigentli derfet man aus sölla Schandbaam grad freche Hüaterbuabn und bockstarrige Schafböck ausserschneidn. – Habns an Nialinger direkt as Gsicht gsagt. – Fürs Christkindl nahmens dös feinste Elfeinbein her, habns gsagt – und für der Jungfrau Maria ihra Gsichtl aa. Da hat der holzgagste Bauer gschaugt.

Und er hat aufglust, wiar aufamal die Glockn im Berg drin die Mettnnacht eingläut habn und die Kripperl allsamt lebendig wordn san. Die Schaafei und Hirta! Und die Engeln habn gsunga. Und von all Seitn hats jubiliert. Bsonders die Hirta auf die bethlehemitischn Felder und Almen hat man ausser ghört: Gloria, gloria, in excelsis Deo! Da is eahm 's Herz aufganga, dem sölln Nialinger, deinm Ururgroßvatern! – Und er is auf die Knia niedergfalln.

»Ja und nachand, Groußmuatter? Hat der söl Ururgroßvater sein Langholz nimmer hoambracht?«

»O mein Bua', du werst amal an echter Nialinger! – Natürli nimmer hat er sein Holz hoambracht. Lang nach der Mettnnacht is er erst in Hof einergfahrn – mit dem laarn Wagn. Stoanmüad is er gwen, und die Roß habn gschwitzt. Er hats kaam no in Stall einibracht, hats a weng abgriebn no und is glei ins Bett.

Aber, wer kann so was glaabn? Den andern Tag in der Früah, no vorm Hirtnamt um sechse, is der ganze grouße Nialingerhof voll erstklassige Schnittwar. Bretter und Laadn liegn da – klafterweis! – Da hat der Nialinger, damals no a junger Mon und a deiniger Ururgroßvater, da hat er seine Äugerl, seine sparsamen, aufgrissen, und er hat den Schwur ton, daß er künftighin jeds Jahr a bsonders schöns Kripperl aufstelln werd mitten in der Stubn. – Und heut habn mas no, dös Kripperl. 's Krippei mit Öchsei und Esel, mit Schaafen und Hirta. Und den Engl net vergessen, der 's Gloria singt, daß endlich a Fried hergeht auf der Welt und Feiertag werd!

Der heilige Papst Silvester

Der heilige Papst Silvester, dessen hochheiliges Fest wir heute feiern, weil er am 31. Dezember anno 335 zu Rom gestorben ist und auch an einem 31. Dezember zum Papst gewählt worden ist, anno 314, er ist der erste Papst gewesen, der sich nicht mehr in den Katakomben hat verstecken müssen. Unter seinen Vorgängern haben die Kaiser die Christen allerweil noch gern gemartert. – Sein Zeitgenosse, der Kaiser Konstantin, aber hat den Christen den Frieden gegeben und hat ihre Lehre über Jesus Christus in den Rang einer römischen Staatsreligion gehoben. – Als junger Priester noch hatte sich Silvester in den Höhlen des Gebirges versteckt halten müssen, und als Nachfolger des hl. Petrus ist es ihm in den ersten Jahren auch noch schlecht genug ergangen. Und jetzt darf er die große Zeitenwende erleben, den Sieg über das Heidentum. Aus der Tiefe der Katakomben hat er die Kirche ans Licht geführt. Und auf einmal war er – der zuvor noch wie ein Flüchtiger und polizeilich Gesuchter hat leben müssen – der Träger der Tiara, der große Bischof von Rom, der pontifex maximus.

Das war wohl ein Umschwung! – Da hat aa der Kalender gschnackelt – und drum ist der heutige Tag und die heutige Nacht dem Silvester geweiht. Silvester feiern hoaßt demnach nix anders wiar a guate a bessere Zeit derhoffa. – Heiliger Papst Silvester, laß uns aar an Erfolg verspürn, daß aufwärtsgeht im neua Jahr!

No net die Hoffnung übertreibn! – Dös hat der heilige Silvester nämlich aa net könna. Kaam is von die Christenmenschen neamand mehr umbracht wordn, neamand mehr von die Tiger und Löwen im Zirkus gefressen worden, aa nimmer gekreuzigt, gerädert, gevierteilt oder wie der heilige Laurentius geröstet oder wie andere Heilige gesotten im siedenden Öl! – Na, na, im Gegenteil, die Christen waren jetzt auf einmal anerkannt und für die besten Staatsbürger erklärt; haben sogar hohe und höchste Posten bekommen, sind Tribune und Feldherrn geworden, kaiserliche Minister und Senatoren, und es ist ihnen gutgegangen, haben kaiserliche Gehälter und Diäten bekommen, da ist die Streiterei losgegangen. – Untereinander haben sie sich zerkriagt, und die Herren Irrlehrer sind aufgestanden. Besonders die Herren Arianer haben auf einmal einen falschen Glauben aufbracht: Daß unser Herr Jesus, habn sie gesagt, net der Herrgott selm gwen waar, sondern grad a Mensch.

Da ist aber der heilige Silvester energisch geworden, und auf dem Konzil von Nicäa sind die Ketzer verurteilt worden, und das Nicäische Glaubensbekenntnis wird ja heutzutag noch gebetet, es ist heute noch wortwörtlich das Credo in der Messe. – »Ich glaube an den einen Herrn, gezeugt, nicht geschaffen und eines Wesens mit dem Vater!«

A so hat er's schreibn lassen in Nicäa, der Papst Silvester – wo dreihundert Bischöf bereits zsammakemma san! – Er selber is net dabeigwen, er hat drei Legatn gschickt ghabt – und der Bischof Hosius von Cordoba hat dös Glaubensbekenntnis im Namen des Papstes als erster unterschriebn. – Ja, ja, der Papst Silvester! – Sein Nama kann man net vergessn, weil sein Tag muaß a jeder Mensch feiern. – Silvester, eine neue Zeit fängt an! – Eine bessere, meint man. Und dann kommt doch auch wieder was Schlechtes. – Grad a so is' an Silvester ganga. Er hat sich von der neuen Zeit auch nicht den Himmel auf der Welt versprechen dürfen. – Das hat er auch gewiß nicht getan, der Papst Silvester, weil er hats gewußt und ganz fest geglaubt: Auf dera Welt is no koan Mensch an Himmi kemma, net amal der Brandner Kaspar. – Aa er hat auf d' Letzt doch an Boandlkramer braucht dazu. An »hops drah di' aussi, drah di umi« – in an andere Welt!

Es is ja grad, daß d' Zeit vergeht!

'sJahr geht z' End! –
Schon wieder is' Silvester!
Und hat man 's ganze Jahr kaam kennt
Sein Bruadern und sein Schwester!
Man is grad umanandergrennt,
Und iatz is' z' End!

Was bleibt, is die Vergänglichkeit,
A Stückerl von der Ewigkeit.
Dableibn derf koaner, alls vergeht!
Aa wenn d' Welt lang no weitersteht.
Es is ja grad, daß d' Zeit vergeht!

Es is ja grad, daß d' Zeit vergeht! – Das ist ein Spruch für die heutige Zeit! Dagegen kann man nichts sagen. Ob müd oder lebfrisch, krank oder gesund, traurig oder verliebt, arm oder reich, schön oder grob, groß oder klein, gescheit oder dumm, es ist alles wurscht, »sub specie aeternitatis« – angesichts der Ewigkeit – sind alle Menschen zertretbare Würmer.

Der Spruch stimmt immer: »Es is ja grad, daß d' Zeit vergeht.«

Und er ist bayrisch, steckt voll der Bierruhe und Gefaßtheit auf noch schlimmere Zeiten. Besser werden die Jahre nicht. – Und vergeht dir der Rheumatismus im Dezember, kann im Januar schon der Ischias kommen! – Oder, wie beim Sternecker Blasi, dem ist das vergangene Jahr 's Weib gstorbn, aber im kommenden will er schon wieder heiraten. Ihm ist's auch grad, daß die Zeit vergeht.

Der Oberzauser Beni hat im verflossenen Jahr seine Schuldenlast um die Hälfte verringert, und sein Konto ist nur mehr um fünf Monatsgehälter überzogen – jetzt auf den

Jahresultimo –, aber schon will er sich im kommenden Jahr einen langgehegten Wunsch erfüllen und sich endlich eine Weltreise gönnen.

Und der kraftstrotzende und kerngesunde Dominik wird sich schon am Neujahrstag beim Skifahren gleich zwei Haxen brechen. Der Oberregierungsrat Maiermüller wird auch im kommenden Jahr noch nicht zum Regierungsdirektor befördert werden. Der Claus und die Lisbeth werden auf ihrem Lateinfünfer hocken bleiben und sich um keinen Deut bessern. Der Fritz wird von einem Dreier in der Mathematik auf einen Vierer herabkommen. 's Urlaubswetter werd gräußli werdn, 's Benzin no teuerer und 's Bier kaam billiger. Besser werdn die Zeiten nicht. Aber recht vuil schlechter aa net. – Denn allerweil auf oan Seitn hängts net. – Und es geht schon wieder amal liachter aa her. – Und a Glück is für an jeden vorbereitet. Und wenns auf dera Welt nimmer sein kann, in der andern. Es is ja grad, daß d' Zeit vergeht!

Daß die Zeit vergeht, das merkst du ganz besonders am heutigen Silvestertag, denn heut schnackelt der Kalender. Und der Kalender läßt sich nicht bremsen. Wir Bayern und die meisten christlichen Länder haben seit dem Jahre 1582 den gleichen Kalender. Die Schweiz und Dänemark und die protestantischen Staaten von Deutschland – also auch Preußen – haben erst im Jahre 1700 die Gregorianische Kalenderreform akzeptiert. England 1752, Rußland gar erst unter Lenin.

In der Bulle »inter gravissimas« vom Februar 1582 hat der Papst angeordnet, daß zur besseren Übereinstimmung des Kalenders mit der wirklichen Chronologie eines Erdenjahres die Tage vom 4. mit 14. Oktober 1582 ausfallen müßten, daß man also vom 4. Oktober gleich auf den 15. umblättern soll. Dazu muß alle hundert Jahr ein Schalttag ausfallen. – Jetzt war man der Zeit dann genau auf der Spur. Denn der alte römische Kalender, der Julianische, der noch von Cäsar hergestammt hat, hatte ein Jahr, das um 11 Minuten und 14 Sekunden zu lang gewesen ist.

Durch diese Zeitverzögerung wäre Weihnachten tatsächlich eines Tages – nach 20.000 Jahren – in den Sommer gefallen.

Aber gar so unsympathisch muß das Julianische Kalenderjahr nicht gewesen sein! – Es war immerhin um 11 Minuten und 14 Sekunden länger wie das unsrige, das Gregorianische von 1582. – Gute elf Minuten sind auch nicht zu verachten!

Dös is ja fast a kloane Viertelstund! Und was könnt man oft mit einer so kleinen Viertelstund net alles anfangen! – Langsamer essen, noch mal eine Halbe trinken, mit seinem Bruder telefonieren, geschwind die kranke Nachbarin besuchen, mit einem verkrachen Neidhammel ein paar hinterkünftige Redensarten austauschen, statt hundertvierzig Kilometer in der Stunde nur hundert fahren, noch mal ein bisserl einschlafen, seinen Kindern eine Gutenachtgeschichte erzählen und seinem Weiberl noch mal eine Liebeserklärung machen, eine zuckersüße und ganz mechanisch; auf daß vielleicht doch mittendrin auf einmal ein Gramm ehrliches Gefühl dazukommt? – Dös und no mehrer ließ' sich mit der Viertelstund von anno 1582 machen …

Aber na, kürzer hat ers gmacht, 's Jahr, der Papst Gregor! Weils der hochgstudierte Kardinal Nikolaus Cusanus, einstmals auch Propst zu Indersdorf gewesen, weils der unbedingt a so habn hat wolln. Er und der Kalabreser Doktor Aloisio. – Und heut gehts uns ab, die Viertelstund. Und dös wia! – Weil Zeit kann der Mensch gar net gnuag habn. – Zeit ist Geld! – Und 's Geld werd allweil weniger wert. – Drum aa die Zeiten kürzer und hastiger und lausiger werdn. – Ah was! Es is ja grad, daß d' Zeit vergeht!

Jahresschlußandacht

An Silvester hat man vor dem letzten Krieg noch eher eine unheimliche Stimmung gehabt: eine Ahnung vom Ende der Welt. Vom Wald her hats an Nebe triebn. Es is net amal richtig Tag wordn, vor lauter Fürchtn und Angsthaben auf die Jahresschlußandacht. Da hat nämlich der Herr Pfarrer eine kräftige Predigt gehalten über das Ende der Zeiten. – Und dös hat man se gräußlich vorgstellt, wenn amal die Zeit aufhört und es überhaupt keine Zeit mehr gibt, weil die Ewigkeit angebrochen ist. Und am Anfang von der Ewigkeit steht das Jüngste Gericht.

Estote parati, ihr sollt bereit sein, denn der Menschensohn kommt zu einer Stunde, da ihr es nicht ahnt!

So a Predigt is oan durch und durch ganga. Bsonders wenn der Herr über das Sterben im kommenden Jahr gepredigt hat. Mit der ausgestreckten Hand hat er auf einzelne Andächtige herabgedeutet, auch auf junge Burschen und Mädchen, auf Kinder und Greise. – Und justament an dieser Stelle hat er die Predigt unterbrochen, hat sich auf der Kanzel niedergekniet und hat für diejenigen alle beten lassen, die im kommenden neuen Jahr würden sterben müssen. Ein erschütternder Augenblick in der Jahresschlußandacht!

Da ist man schon nachdenklich geworden. – Und beim Heimgehen, wie es schon ein wenig finster gewesen, da hat man überall Gespenster gesehen und Arme-Seelen-Lichter. Vor dem frischen Grabhügel vom Wirt von Sterneck hat man sich gar nicht recht vorbei getraut. – Da liegt schon einer, der diesen Silvester nicht mehr hat erleben dürfen! – Hat er nicht voriges Jahr über die Todesahnungen des Geistlichen Herrn Rates gespöttelt? »Gspannt bin i, ob i dös 1930 no derleb«, hat er voriges Jahr gedacht, »weil der Pfarrer gar a so herdeut hat auf mi.« – Der weierzt gwiß heut nacht!

Ja, ja, am Silvester gehns um, die ganz andern. Da muß man mit den Peitschen knallen – über die Felder, über die Wiesen und besonders im Obstgarten hinten. Es ist waltern nimmer überalln a Losnacht, die Silvesternacht. – Und dengascht unheimlich!

Allerhand Zaubereien werden in der heutigen Nacht angestellt und ausgeführt. Wer sich vor Eifersucht gar nimmer zu helfen weiß und im neuen Jahr ein ganz ein treuen Dirndl will, der muß in der Silvesternacht eine geweihte Kerze anzünden, noch besser ein Wachsstöckerl von einer verstorbenen glücklichen Verwandten, und muß danach sein Messer in das Wachsstöckerl stechen und dazu dreimal laut sagen: »Liachtl, dir stich i ins Wachs, Liabste, dir stich i ins Herz!« – Nachand kannst dös ganze Jahr ruhig und schön lebn, dein Dirndl wird dir niemals untreu werdn! – Und wenn sie was anstelln sollt, muß sie sterbn – oder sie wird auf den Tod krank.

Der Irzn Hiase, der Mathias Irzl von Irzlham, hat in der Silvesternacht von seiner totn Großmutter ein Wachsstökkerl ankennt und auf die Habernbauern Rosi hin dann dem Wachsstöckl mit dem Messer einen Stich versetzt.

Und was ist geschehen? – Bereits im Frühjahr hat die Habenbauern Rosi den Wetzn-Wastl geheiratet, den Sebastian Wetzinger von Wetzing, aber der Hochzeiter hat die Hochzeit um acht Tage verschieben müssen, weil ihm der Irzn Hiase drei Tage vor dem Hochzeitstag aufgelauert und mit dem Messer am rechten Oberschenkel verletzt hat. Der Hiase aber hat sieben Monate ins Gefängnis müssen.

Der Mensch soll eben nicht hexen und zaubern, besonders nicht in der Silvesternacht. Auf daß er nicht erschrickt, denn in der Silvesternacht kann jeder glauben, da geht es leicht. Es sind zu viele Geister in der Luft. – Besonders das Bleisieden und Kaffeesatz-Lesen kann einen manchmal erschrecken. Ist das nicht ein Schwert? – Ist das nicht eine Lanze, die uns das Herz durchbohren wird? Ein gewaltiger

Haifisch? Man ahnt es, fürchtet es, weiß es, was für Unannehmlichkeiten das kommende Jahr bringen wird. Eine Steuerprüfung, eine Operation, einen schrecklichen Verkehrsunfall oder gar eine Scheidung durch Richter oder Tod. Mariand Josef, dös is ja a Gwehr! – Was bedeut denn dös Gwehr? – Werd i derschossn? – Oder werds schon wieder Kriag?

Man kann nicht vorsichtig genug sein mit dem Hexen und Zaubern in dieser Losnacht. Beten ist wertvoller als Bleigießen. Das Tanzen und Trinken ist noch harmloser. Und was hast du schon von der Neugierd? – Wias kimmt, a so kimmts! – Laß ma's rinna, die Zeit – es is nimmer weit!

Ultimo

Der Heilige Silvester kennt net Bruader, net Schwester, er ist der Jahresultimo, und auf den Datum werden akkurate Rechnungen geschrieben. – Die Schmied und die Wagner, der Schreiner und sogar der Bräu muß auf Neujahr bezahlt werden.

Der Schmied Sepp rechnet schon acht Tag vor Silvester auf seiner großen Schiefertafel die Außenstände zusammen. »Fürn Nialinger: zwölfmal Roß beschlagn, drei Radlreaff aufzogn, macht 23.75.« – Das waren noch Zeiten anno dazumal, in denen das kleine Einmaleins genützt hat. Aber net überall. Der Bräu hat mit der Braugerste abgerechnet und hat manch durstiger Bauer kein Geld mehr bekommen. Heut werden das ganze Jahr hindurch Rechnungen fällig. Der Silvester tut uns nicht mehr weh. Und doch kann bald wieder ein Silvester ein schweres Gewicht bekommen, wenn der Zehner schnackelt oder gar der Hunderter. Alle Heiligen stehn uns bei, der 31. Dezember 1999 steht bald im Kalender, noch ehe der Bub aus der Schul kommt! – Man kann sich ihn gar net vorstelln, diesen Silvester 1999, den letzten Tag des 2. Jahrtausends und den darauffolgenden ersten des neuen Millenariums.

Am Silvester 999 habns gmoant, d'Welt gang zgrund und es kimmt der Jüngste Tag. – Eine eigene Wissenschaft kam damals in Mode, die Komputistik, die Lehre vom Ende der irdischen Zeit. Heut weiß man genau, daß es am 1.1.2000 an die sieben Millionen Leut geben wird. Weiß man's so genau? Und ohne Komputisten? –

D'Leut habn schon Silvesterstimmungen erleben müssen, die waren beängstigend aufregend.

Z. B. die Silvesternacht anno 1805 auf sechse! – Da ist der Reichsherold von Bayern mit zwei Kesselpaukern und einem Trompeter durch die Münchner Stadt geritten und hat am Neujahrstag in der Früh das Königreich Bayern ausgerufen. – Das war ein Tag! Die Glocken haben geläutet, und der Kaiser Napoleon hat unserem Kronprinzen seinen Degen von Austerlitz geschenkt.

Und genau hundert Jahr zuvor haben sie in der Silvesternacht anno 1705 auf sechse die letzten Landesdefensoren gefangen und hingerichtet in der Münchner Stadt. Den Jagerwirt haben sie gar gevierteilt und seinen Kopf aufs Isartor gesteckt.

Silvesternächte hats schon gegeben, die derfan net wahr sein. Aber 's Zruckdenka is' diamaln gsund, seufzt der Großvater. – Da lernt man die Zeiten kennen! – Und jene Mächte und Dämonen, welche die Herrscher der Welt manchmal so grausam sein lassen. – Denn die Zeiten sind immer so wie Verschwendung und Übermut der vieltausend Regierenden größenwahnsinnig sind.

An Silvester anno 1899 z. B. hat sich in Berlin, im Schloß, das nicht mehr besteht, der Kaiser mit seinem gesamten Hofstaat fotografieren lassen, und zwar justament um Mitternacht. Und in dem Augenblick, wo die Hofgeistlichkeit gebetet hat, ist Wilhelm II. spontan in die Knie gesunken. Journalisten haben das damals dann die »Jahrhundertkniebeuge« genannt. »Eine einmalige Silvestergeste!« – Den Leuten damals ist diese kaiserliche Kniebeuge durch und durch gegangen. Daß sogar ein Kaiser hinkniet vor lauter Erwartung und historischer Größe des Augenblicks! – Oder auch schon ein bisserl aus Angst vor dem neuen Jahrhundert?

Am Silvester hörst du's rauschen, die Zeit und die Ewigkeit.

Prost Neujahr, laßts es schnalzn und kracha, daß die bösen Geister verfliagn und dös neue Jahr guat bleibt. Schiaßts es an, verjagts die Teufeln! – Bets man zum Hl. Papst Silvester!

Der Schlittage-Ball

Sehr wichtig beim Schlittenfahren ist der Schnee. Aber auch ohne Schlitten geht es nicht. Und weil man die beiden Güter nicht immer bei der Hand hat, muß der Spruch vom Schlittenfahren und Heiraten, welche alle zwei sehr schnell gehen sollen, seine Richtigkeit haben, denn das schönste Dirndl ist ohne Hochzeiter aufgeschmissen, und die große Kälten und die gache Lieb währen nicht ewig.

Die Froschinger Bauern sind leidenschaftliche Schlittenfahrer. In den kältesten Wintertagen nach Weihnachten ist der alte noble Bauernsport in ganz Ober- und Niederbayern der Brauch. Und es gibt nichts Erfrischenderes als so eine alte Bauernschlittage. Der Brauch stammt von den vornehmen Vergnügungen des königlichen Hofes zu München. Im Marstallmuseum in Nymphenburg stehen noch etliche hochelegante Rokokoschlitten. Mehrere sind gar darunter mit lieben, lustigen und vergoldeten Englein auf den Kufen. Es sind dies echte Barockenglein auf diesen Lust- und Prunkschlitten der Damen und der Kavaliere. Und sie tummeln sich geradeso übermütig wie in den Kirchen.

Wenn also Englein Schlitten fahren, dann sind sie über die Maßen lustig, stupsen und schubsen sich, sitzen vorn auf den hohen Schlittenkufen ganz oben und blasen in ein Jagdhörndl, streuen mitten im Winter Rosen in den Schnee, machen Kopfstände und schlagen Purzelbäume, daß man Angst haben muß, es fällt doch einmal einer vom ohnehin waghalsigen Rand des Schlittenkastens herab. Ja, und was das allerschlimmsten ist, was ich bis jetzt in meinem Leben von Englein gesehen hab, das getrau ich mir gar nicht zu sagen: Im Münchner Königlich-Bayerischen Marstallmuseum haben sie einen kurfürstlichen Rennschlitten aus dem Jahre 1728 – und auf diesem Schlitten, auf dem Fußende des elegant geschwungenen Kastens – da raufen zwei liebe gute Englein gar! Raufen! Der eine liegt schon fast überwältigt mit ausgespreizten und noch Widerstand leistenden Armen nach der Länge auf dem Boden, will sagen auf der schwungvoll eingerollten Schnecke des auslaufenden Fußendes von dem Schlittenkorb, und der andere beugt sich mit beinahe wütendem Gesicht über seinen Widersacher, die eine Hand zum letzten Schlage ausgeholt, mit der andern einen schwachen letzten Gegenstoß abwehrend. Und bei beiden stehen die unschuldigen Engleinsflügelchen hinten hinaus. Das unten liegende Englein hat die Flügerl natürlich leicht auf die Seite gedrückt und zerzaust, das oben wütende streckt seine heiligen Flederwische steif und triumphierend hinten hinaus. Sie ist bestürzend, diese Szene! Englein raufen! Und das auf einem kgl.-bay. Schlitten! Ja derf denn dös sein?

Aber was! Das ist ganz natürlich, denn das Schweben und Gleiten über dem Schnee ist ein himmlischer Genuß. Die Wangen und Nasenspitzen der Leut' röten sich zwar in der Kälte, die da rein und keusch über den Straßen und Plätzen, über der Stadt, über Wiesen, Felder und Wälder klirrt und ruht. Ein klarer, kalter Wintertag, ein Tag zum Schlittenfahren im ganzen Königreich Bayern.

Auf zwei Kufen gleiten wir über den Schnee, auf glatter, fester Bahn, durch das eingemummte Dorf, über den zugefrorenen Mühlbach, an weißgedeckten Feldern vorbei, zwischen den gleichmäßig gesteckten Schneestangen, von denen doch eine jede wieder ein anderes Aussehen hat im glitzernden Rauhreif. Wir schweben durch den tiefverschneiten Wald, ein einfacher Bauernwald, aber verzaubert in einen Märchenwald. Die Pferde traben lautlos, fast lautlos, nur aus ihren Nüstern raucht der Atem, und auf ihren Schellengurten blitzen und klingen die vom Sattlermeister persönlich aufgenähten Glöckchen. – Ein jeder Schlitten klingt anders.

Im Kasten der Schlittengeiß kuscheln sich Bauer und

Bäuerin unter die Decke, daß von dem kostbaren Pelzmuff der jungen Frau, in dem sie die Hände vergraben hat, fast nichts mehr zu sehen ist; denn das Schlittenfahren ist saukalt, und es muß deshalb auch so geschwind gehen wie das Heiraten zweier ganz stark verliebter Personen.

Und außerdem hat früher der Bauernmensch – und achtzig Prozent der Bevölkerung waren ja Bauernmenschen, indem wir fast allesamt von den Bauern herstammen – also hat der Bauernmensch früher nur im Winter zum Heiraten Zeit gehabt: im Spätherbst, die Tag nach Weihnachten und Neujahr bis zum Aschermittwoch. Und da ist die meiste Zeit der Schlitten gegangen. Die Wochen vor der Hochzeit und nach der Hochzeit hat man darum, wenn man ein rarer Bauer war, gern in der eigenen – womöglich neuen oder neuhergerichteten – Schlittengoaß sitzend seine Wege gemacht.

Leicht und freudig glitt man da in den Ehestand. Und wenn man zum Schauen gekommen ist, hat einen der Hochzeiter schon von weitem an der Schellengurt gehört. Und umgekehrt auch. Es sind die strengsten Winter oft die allerkurzweiligsten geworden, auch wenn man schon lang verheiratet war, denn das allerzünftigste vom ganzen Winter, das waren die Schlittagen!

Eine kurzweilige Schlittage hat von der Früh um achte, neune bis auf d' Nacht um elfe, zwölfe gedauert, ganz gleich wie weit man gefahren ist, denn die meiste Zeit ist man eh nicht auf dem Schlitten gehockt mit seiner Bäuerin – sondern in den Wirtshäusern. – »Herrgott, war dös a Lebn!« seufzt der Großvater, und leuchtenden Auges erinnert er sich: Koane Automobiler hat man selbigsmal no net kennt. Die Straßn warn frei für die Bauernschlittn, und die Luft is a so guat gwen, daß man an Mordsdurscht kriagt hat! Ja, d'Weiberleit aa schon! Und es haben an so einem winterlichen Ausflug nur die verheirateten Leut teilnehmen dürfen. Keine Ledigen, es sei denn, sie sind kurz vor der Hochzeit gestanden, und der Herr Pfarrer hatte das Stuhlfest schon gehalten. – Weil aber nur die geldigen Bauern einen protzigen Schlitten gehabt haben, haben die ärmeren Häuslleut bei den größeren Schlittenchaisen oder längeren Reitschlitten aufsitzen dürfen. Das hat erst eine Hetz abgegeben!

Wenn man sich am frühen Vormittag schon beim Wirt getroffen hat, hat die Musikkapelle aufgespielt wie zu einer Hochzeit. Auf einem besonders mit lustigen Bändern geschmückten gewöhnlichen Kotschlitten sind die Musikanten gesessen und sind vorausgefahren. Dahinter dann die Bauern und Bäuerinnen. Und nicht selten hat sich auch der Hochwürden Herr Pfarrer die Freud nicht entgehen lassen und ist mit seiner Köchin in der eigenen Schlittengoaß mitgefahren. Das Ziel war ausgemacht und allgemein bekannt. Man fuhr in den nächsten Marktflecken – oder in die nahegelegene Bezirksstadt. Dort wurde man freudig begrüßt, und die Geschäftsleute wußten schon aus der Tradition: Am heitigen Sebastianitag keman die Froschinger mit eahnana Schlittage. Morgn nachand die Taafkirchner, und gestern san die Egglburger dagwen.

»Schneidig, schneidig! Dös muaß eahna der Neid lassn: Die schönern Schlittn, die schönern Roß und die besser Musi habn do die Froschinger! Dös werd wieder Räusch gebn heut, daß si' die Schlittn-Kufan no ürger aufbiagn! Und diam a Paarl umschmeißt!«

Die Bäuerinnen gehen zum Lebzelter und trinken ein oder zwei Gläschen Met. Hernach suchen sie ihre Bauern in den verschiedenen Wirtshäusern, es gibt noch Würstl und Semmeln – und dann wird's langsam Zeit zum Einspannen. Aus den Stallungen werden die Rösser geführt und an die schönen Schlitten gespannt. Die meisten Schlitten haben ja zwei Anzen, und dazwischen wird ein Pferd gespannt. Etliche Protzenbauern aber sind gar zweispännig gekommen.

Die Bauernschlitten standen auf dem Stadtplatz vor den Wirtshäusern und konnten sich sehen lassen. Da gab es niedrige Reitschlitten mit hochauslaufenden Kufen, die oben zusammenfanden und einen Schwanenhals bildeten. Der Sitz war bemalt wie ein Bauernkasten, die Kufen mit allerlei Zierat versehen, mit eisernen Blumen, mit Bandelhaken, mit schönen Schmiedebeschlägen. Im Isengäu, im Rottal, im Innviertel stehen heute noch auf den Böden mancher Bauernhöfe solche alte Prunkschlitten.

Bei Einbruch der Dunkelheit ist man dann endlich wieder ins heimatliche Pfarrdorf gekommen. Da wurden die Rösser in die Ställe geführt, und nur die weiteren Einödbauern stellten noch mal beim Dorfwirt ein, denn jetzt war Schlittage-Ball. Das waren die allerfeinsten Bälle des ganzen Jahres.

Übrigens hat man beim Heimfahren auch manchmal Bäuerinnen getauscht, geradeso wie bei den höfischen Schlittagen in der Residenzstadt München, wo auf der Heimfahrt von Nymphenburg zur Residenz der Kurfürst die Gräfin Seinsheim zu sich in den Schlitten genommen hat und die Kurfürstin mit dem Obersthofmeister gefahren ist. Es geschah das alles in Ehren. Und man fuhr ja ohnehin einer hinter dem anderen im Trab. Da konnten keine großen Sünden passieren, höchtens ein paar läßliche.

»Ja no, a weng wärmer is oan do' wordn, wenn d'Hauznbäurin neber dir ghockt is und die dein nachand im Hauznschlittn mit ihram Pelzmuff beim Haunz! – Bei der Kältn werd der Mensch erfinderisch! Und es waarmt ja net grad a Glaserl Schnaps oan auf! – Obwoihl ma a sölchas aa trinkt auf ara Schlittage – in der Schnapsschenk bei der Schnapsres auf der Straß, wo man a Fünf-Minuten Rast einlegt und d'Res oft glei drei Liter ausschenkt. Bis halt die Bäuerinna diam 's Mamsn anfangan! Und der Hochwürden Herr Pfarrer zum Aufbruch mahnt.

Da tanzelt man na wieder dahi – voraus d'Musi und dös Glöckerlläutn von die Schellengurtner. Ja, dös is ebbas Schöns! Da gfreit oan 's Lebn und 's Sterbn.«

»Ja freili, Roaterin, es hat der Winter aa seine Freidn! –

Und wenn d' Mannerleut heut auf d'Nacht aufm Schlittage-Ball aa no tanzn könnan, nachand is alls guat und schön gwen!«

»Stecks nur eini, dein Handerl, in dein warma Muff, Hauzin! Waar ja aus der Weis, wenns da's gfrean taatst! Da moan i, is schon wirmer in deiner Muff wia in meine Fäustling!«

Das Leben ist eine Schlittenfahrt, flott und kurz wie ein Traum. Denn es gleiten die Kufen des prächtigen Rennschlittens auf einer vielbefahrenen Bahn von einem Jahr ins andere; nicht zeitlos, nicht endlos. Wenn der Schnee schmilzt und der Schlitten aufgeht auf Steinen und nackter Erde, ist es ein mühseliges Vorwärtskommen. Ach wie bald stößt auch dein Lebensschlitten auf die blanke Erde!

Der Rauschgoldengel

Ein leises Rauschen lüftelt durch die Wohnstuben, heimlich und lieb. Sind das nicht die Englein der diesjährigen Weihnacht? Oder ist es doch nur der goldene Flitter der verzauberten Tanne? Sind es die Sternwerfer und Kerzen, die roten, blauen, silbernen und goldenen Kugeln? Blinkt im verborgenen das Lametta, oder knistert gar das Engelshaar?

Als ob die Engel Gottes Haare hätten! Und wächserne Gesichter? Und einen plissierten, langen und weitauslaufenden Faltenrock aus Goldpapier, samt Mieder oben daran und mit reizvollem Goller? Engel, mit weiten Ärmeln und zwei Kerzen in den englischen Handerln der weitausgestreckten verkündenden Arme! – Nein, so sah er nicht aus, jener erste Weihnachtsengel, der den Hirten auf den bethlehemitischen Feldern erschien und mit tiefer Stimme das Evangelium sang: Ecce evangelizo vobis gaudium magnum! Fürchtet euch nicht, ich verkünde euch eine große Freude! – Das war kein Rauschgoldengel, das war schon eher ein Erzengel!

Kein anderer Engel unter den himmlischen Heerscharen erscheint uns seit Jahrhunderten so anziehend und fröhlich wie dieser bethlehemitische Weihnachtsengel. Er muß als das Urbild des Rauschgoldengels gelten. Auf seinem wächsernen Haupt, dessen Wangen von einem zärtlichen Rouge ein beinah engelreines Damengesichtlein verraten, glänzt das Krönlein der angelischen Heerscharen; und weißes, leuchtendes Haar, aus überaus feiner Kunstglasfaser entwickelt – früher war es nur aus Watte –, wallt in reicher Lockenpracht unter dem Diadem den Rücken hinab, auf dem die zierlichen Flügel aus bester Goldfolie verhältnismäßig massiv befestigt sind. Es rauschen seine güldenen Gewänder, und er ist ein Engel, ein herrlicher Rauschgoldengel.

Etymologisch schwer erklärbar ist sein Name. In alten Bergwerksbüchern wird das giftige rote Arsenik als »Rauschgelb« bezeichnet. Oder steckt doch das gewöhnliche Rauschen in dem geheimnisvollen Namen? Eine lautmalende germanische Bildung ohne indogermanische Beziehung, belegt als »rûscan« und »rûschen«, was krachen, sausen und schwirren heißt. Auch das ordinäre »Rausch« hängt damit eng zusammen.

Mit Verlaub gsagt, am heitigen Tag: I hab an Rausch, die mein is an Engerl, und a Geld hats aa. Also is sie a Rauschgoldengerl. Tschuildigung! – Dös hat nix zu bedeutn!

Im Lexikon für Theologie und Kirche wird der Rauschgoldengel nicht geführt. Weder in dem evangelischen noch in dem katholischen Nachschlagewerk. Und dennoch ist er heutigentags noch der einzige Engel, der uns erscheint. Eine nicht mehr überbietbare kommerzielle Holdseligkeit göttlicher Botschaft! Welch anscheinende Diskrepanz zwischen Rauschgoldenglein und Christkindl und dem Sohn Gottes, den Erzengeln Gabriel, Raphael, Michael, Uriel, den Herrschaften, Thronen und Mächten und den Cherubim und Seraphim!

In den Rundfunknachrichten, in den Zeitungen und in der Tagesschau des Fernsehens ist nicht mehr die Rede von Engelserscheinungen. Gott schickt uns keine echten Engel mehr – scheinbar –, nur noch Rauschgoldengel. Gefertigt von Hunderten von fleißigen Heimarbeiterinnen alle Tage des Jahres, vertrieben von großen Spezial-Versandhäusern mit Direktion, Verkaufsleitung, automatischer Buchhaltung, seriösem Empfang und großem Kundenparkplatz. Ein irdischer Betrieb mit orbitalen Geschäftsverbindungen. Christbaumschmuck und Rauschgoldengel! Jahraus, jahrein weihnachtliche Stimmung! Sind es Zigtausende Engel in allen Größen, oder sind es Hunderttausende, die von dieser Zentrale aus, in Kartons verpackt, der Welt das Weihnachtsevangelium verkünden? Die Produktionszahl wird geheimgehalten. Ein großer Teil des reichhaltigen Rauschgoldengel-Sortiments – es gibt sie in gut einem Dutzend verschiedener Größen – erweist sich als verkaufspsychologische Wunderkinder in dem profanen Weihnachtsgeschäft, sie fallen also den Schaufensterdekorateuren in die Hände. Zusammen mit einem Heer von heiligen Nikoläusen intensivieren sie die Werbung der Saison, zieren sie die Auslagen, mahnen sie die Vorübergehenden zum Einkauf frohmachender Geschenke.

Die Welt ist voller Engel, kein Mensch soll einsam sein. Mit beschneiten Flügeln schweben sie hernieder, tröstend und Freude verheißend, denn es ist ein Kommen und Gehen im Himmel. Und stirbt ein guter Mensch, ein unschuldiges Kind, so geleiten Englein seine Seele in die Herrlichkeit des Himmels. Die Boten Gottes sind immer um uns. Besonders jetzt, in der Saison, in den Tagen des Rauschgoldengels! – Auch er ist ein Archetyp des Boten. Fürchtet euch nicht!

Es gibt gute und schlechte Botschaft, gute und böse Geister. Auch die Dämonen sind engelähnliche Wesen, und Luzifer selbst war vordem der mächtigste Engel. – Die Angelologie, die Lehre von den Engeln, eine früher stark strapazierte theologische Disziplin, wird heutigentags, im nüchternen Zeitalter der nachkonziliaren Epoche, kaum mehr betrieben. In den theologischen Fakultäten all unserer bayerischen Universitäten und Hochschulen gibt es keinen Angelologen mehr. Und in den Sachregistern der Konzilskompendien kommt das Schlagwort Engel nicht vor. – Schämen sich die Wissenschaftler der Engel? Einer der größten Angelologen aller Zeien war der Doktor angelicus, der heilige Thomas von Aquin. Er hat in seiner »Summe der Theologie« einen umfangreichen und scharfsinnigen Traktat über die Engel geschrieben, worin er lehrt, daß die Natur der Engel durch und durch geistig sei. Augustinus hat für die Engel noch einen ätherischen Leib angenommen. Auch der heilige Bernhard von Clairvaux hielt an der ätherischen

Leiblichkeit der Engel fest. Indes, von einem Rauschgoldengel liest man nirgendwo auch nur eine Zeile, auch nicht beim Pseudo-Dionysios, dem Areopagiten, der die Engel in neun Chöre gliedert.

Der Hochwürdige Sebastian Zietzelsberger, Pfarrer von Prüglham, ist derzeit wahrscheinlich der einzige lebende Angelologe. Und das hat seinen analytischen Grund. Er ist eine Seele von Mensch. Seine Pfarrkinder schätzen vor allem seine leutselige Art. Er spielt mit den Bauern im Wirtshaus Karten, ist geschwind im Meßlesen und bündig in der Predigt. Ganz besonders wohltuend wirkt seine Gerechtigkeit. Er vollzieht bei den einfachen Leuten die Zeremonien bei Taufe, Trauung und Beerdigung mit der nämlichen Sorgfalt, Andacht und Feierlichkeit wie bei den angesehenen und wohlhabenden Gläubigen. Dazu ist er ein humoriger Mensch, der auch gelegentlich sich selbst zum Objekt eines Gelächters hergibt. Auf der Hochzeitsfeier des Straßenbediensteten z. B. hat er auf den Brautvater, der als ein geübter und bissiger Gstanzlsänger drei Pfarreien weit bekannt war, ein herausforderndes Trutzgsangl angestimmt. Der Brautvater ist dem Herrn Hochwürden die Antwort nicht schuldig geblieben. Sogar Pfarrersköchin und Zölibat mußten herhalten, und der ganze Saal brüllte vor Lachen. Und Sebastian Zitzelsberger lachte mit. So etwas vergessen die Leut nicht. Brav, sagen sie noch nach Wochen, unser Pfarrer ist ein Mann, der kann einen Spaß vertragen.

Aber eine schlimme Eigenschaft hatte auch dieser Vollkommene. Er war rechthaberisch und angriffslustig in der Disputation mit Akademikern aller Fakultäten. Auf den Sitzungen des Ruralkapitels kam es zu regelrechten Zerwürfnissen. Und waren auch alle gegenteiliger Meinung in einem gelehrten Streit, der Pfarrer von Prüglham wußte es anders. »Nein, niemals hätte Papst Johannes XXIII. ein Konzil einberufen dürfen, denn die Konzilsväter der sechziger Jahre seien alle miteinander, ob Professoren oder Bischöfe und selbst Kardinäle, viel zu altmodisch gebildet gewesen, und sie haben z. B. von der Psychoanalyse und von der vergleichenden Tierpsychologie noch keine Ahnung gehabt. Sie haben sich freilich für modern gehalten, diese gelehrten Väter, aber sind in Wirklichkeit altmodisch modern gewesen, d. h. besonders gefährlich modern, denn sie haben nicht erkannt, daß die Internationalität des Lateinischen das Fundament der Weltkirche ist und daß überhaupt die Liturgie gerade in unserer änderungswütigen Zeit niemals hätte geändert werden dürfen ...« usw.

Der Zitzelsberger redete und schimpfte alle in den Untergang hinein. Und da man ihm schließlich auch widersprach, wurde seine Rede immer heftiger und ketzerischer. Er tobte mit kräftigen Worten gegen die »windfähnchenhafte Unsicherheit«, wie er sich ausdrückte, seines allerhöchsten Oberhirten. Der Dekan schlug ein Kreuzzeichen. Die Mitbrüder verstummten alle. Ja selbst die jungen Kapläne, denen der Bischof nicht wandlungsfähig genug sein konnte, zogen die Köpfe ein. Das feuerte den Prüglhamer Pfarrherrn nur noch mehr an. Er verstieg sich schließlich zu dem krassen Versprechen, daß er diese Wahrheit Seiner Eminenz beim nächsten Firmungsbesuch ins Gesicht schleudern werde. Und da die Mitbrüder Zweifel äußerten, verstieg sich Pfarrer Sebastian zu einem heiligen Schwur.

Der Tag der Firmung kam heran. Schon lag die Einladung zu einem gemeinsamen Mittagessen mit dem Bischof im Dekanatspfarrhof für alle Priester des Kapitels vor. Die Herren Mitbrüder rieten zur Besonnenheit. Es sei besser, der Prüglhamer Pfarrer werde seinen Schwur vergessen oder Gott um eine kleine Unpäßlichkeit bitten. Aber Zitzelsberger winkte ab.

»Meine Herren, ich fürcht' keinen Bischof und Kardinal, ja ich fürchte nicht einmal den Papst. Es ist Zeit, daß die Herren die Wahrheit erfahren, ehe sie unsere Kirche samt den Gemütern der Gläubigen gänzlich ruinieren. Sollen sie doch endlich alte fromme Bauernpfarrer zu Bischöfen weihen! Männer mit einem festen Heimatboden unter den Füßen, Männer, die an Engel glauben und an die Macht der Zeremonien in dieser mobilen und dynamischen Gesellschaft! Keine römischen Jesuiten immer nur! Sollen sie doch endlich wirkliche Reformen anordnen und nicht die Liturgie verderben. Sollen sie den Zölibat abschaffen und die Pille erlauben, aber nicht das Latein verbieten! Denn alle Abschaffungen der Neuerer sind typische Ersatzabschaffungen und eine wahre Freude für Freud.«

Sogar die Haushälterin im Prüglhamer Pfarrhof, die Jungfer Ursula, bekam es mit der Angst zu tun. »Mein Gott, mein' Hochwürden feit's halt an den Nerven.«

Das konnte ja gut werden. Der Firmungstag kam heran. Der Dekan redete noch mal eindringlich auf den jähen Mitbruder ein. Aber da war nichts mehr zu wollen. Das Verhängnis nahm seinen Lauf. Schon bei der Suppe feuerte der Prüglhamer Seelsorger einige kräftige Schüsse auf die Eminenz. Beim Hauptgericht, einem gespickten Hasenrücken mit Preiselbeeren, entfaltete Zitzelsberger die ganze angestaute Gewalt seiner Anklagerede. Der Bischof biß jetzt obendrein gerade auf eine Schrotkugel. Zum Nachtisch ist es daher nicht mehr gekommen. Die Eminenz verließen schwer beleidigt die Tafel und fuhren ungnädig, ja zornig ab. Und da der Zorn eines Oberhirten für einen kleinen Bauernpfarrer nicht ohne Folgen bleibt, trafen im Pfarrhof zu Prüglham bald sehr unangenehme Briefe vom H. H. Generalvikar ein. Zitzelsberger solle sich demütigst entschuldigen und zur Buße um eine Krankenhaus- oder Gefängnisseelsorgestelle in der Großstadt sich schleunigst bewerben.

Zitzelsberger, dem es in Prüglham sehr gut gefiel, dachte aber an keine Veränderung. Er schrieb an den Generalvikar, daß man durchaus auch als Geistlicher mit einem Bischof sich zanken und streiten dürfe, denn auch die Engel im

Himmel würden sich gelegentlich prügeln und abraufen. Und das sogar vor Gottes Angesicht.

Das Ordinariat, in der alten Exegese und ganz besonders in der Angelologie nicht mehr recht flüssig und parat, bezichtigte den Sebastian Zitzelsberger einer neuen Irrlehre und verlangte dessen sofortiges Bittgesuch um Versetzung als Gefängnisgeistlicher. Pfarrer Zitzelsberger wälzte nun die Heilige Schrift und führte die Raufszene des Erzengels Gabriel mit dem Engelfürsten des persischen Weltreiches genau vor. Da erscheine nämlich im Buche jener Gabriel, derselbe, der Maria die Botschaft gebracht, derselbe, der den Menschen den Frieden verkündet, die guten Willens sind, dem auf himmlische Botschaft wartenden Daniel und sagt: Mein lieber Daniel, dein Gebet ist schon vor drei Wochen erhört worden. Verzeih, wenn ich dir die frohe Nachricht mit solchem Verzuge erst jetzt melde! Aber ich war nicht eher abkömmlich im Himmel, denn ich mußte mit dem Engelfürsten des persischen Weltreiches 21 Tage lang vor Gottes Angesichte kämpfen. Und auch jetzt kann ich nicht lange bei dir verweilen, weil ich den Erzengel Michael, der augenblicklich an meiner Stelle ficht, nicht länger warten lassen darf und weil ich, sobald ich den persischen Erzengel besiegt haben werde, mit dem griechischen Schutz-Engelfürsten rankeln muß.

Diese Schriftstelle, die Zitzelsberger in einem weihnachtlichen Aufsatz über Rauschgoldengel in einer berühmten Heimatzeitung veröffentlichte, tat im Ordinariat die nötige Wirkung. Mit seiner Erklärung dieser Stelle im Buch Daniel traf Zitzelsberger nämlich den Nagel auf den Kopf.

Das 10. Kapitel im Buch Daniel, in dem also berichtet wird, daß auch Engel, ja sogar Erzengel mit anderen Engelfürsten streiten und raufen, stelle eine echte Geheimlehre dar und schon deshalb lerne man von diesem Kapitel in den Schulen nichts. Diese Geheimlehre von den balgenden Englein ströme eine besondere Tröstlichkeit aus. Wenn nämlich geistliche Herren, Professoren der Theologie, Domherren, ja gar Bischöfe und Konzilsväter sich einmal in die Haare geraten sollten, wer könnte diese starken Köpfe jemals wieder versöhnen? Und stimmt es nicht auch erschreckend schwermütig und hoffnungslos, wenn einmal gar etwa Bischöfe, Nachfolger der Apostel, dann gegeneinander zanken und raufen? – Wer dann aber jetzt das Buch Daniel kennt und weiß, was der liebe Advents- und Weihnachts-Erzengel Gabriel schon alles angestellt hat – noch dazu vor Gottes Angesicht –, der kann seine Seele trösten. Wenn sogar die Engel raufen dürfen, warum dann nicht auch ein Pfarrer mit seinem Bischof? Oder gar zwei Bischöfe untereinander? – Zwei Rauschgoldenglein, die sich die Flügel verrenken!

Engel sind gute Geister; auch unsere Schutzengel sind es. Und wo immer Engel ringen, fallen bedeutende Entscheidungen. Gute Entscheidungen für die Wege des dahineilenden Rennschlittens des Lebens!

Sebastian Zitzelsberger blieb seinen Pfarrkindern erhalten. Zwei Tage vor Weihnachten brachte ihm der Postbote ein Paket. Der Absender schrieb sich Erzbischöfliches Ordinariat. Und als die Pfarrhaushälterin das Päckchen öffnete, kam ein kleines Rauschgoldengelchen zum Vorschein. Es hatte einen goldenen Faltenrock, zwei verbogene Flügelchen und ein blasses wächsernes Antlitz. Auf einem beigelegten Zettelchen stand zu lesen: »Friedliche Weihnachtsgrüße übersendet Ihrem kräftigen Bauernpfarrer-Schutzengel das schwer abgekämpfte und zerzauste Schutzengelchen Ihres Bischofs.«

Der Engelshauch

Auf Weihnachten ist's überall schön in deutschen Landen, im Gebirg' und im Moos, zwischen den Hügeln und in den Städten. Ein verschneiter Wald freilich, ein zugefrorener Bach, ein Dorfweiher zum Eisschießen und Fellererbäum' in den Auwiesen, stattliche Bauerndörfer, Weiler und Einöden – und die Salzach als Grenzfluß, das ist was Besonderes. Zwar, das Innviertel ist ein Bauernland wie Niederbayern, wie das Rottal drüben: die gleiche Ökonomie, die gleichen Bräuch', und die Leut' reden auch bayerisch, nur halt schon ein wenig weicher, österreichischer. Zwischen Burghausen und Ried, zwischen Braunau und dem Salzburger Land, das ist eine Gegend, die sich das Christkindl hätte aussuchen müssen, wenn es in Europa hätte geboren werden wollen. Liab die Leut und musikalisch hoch begabt. Die meisten bayerischen Weihnachtslieder stammen aus der Gegend; auch das berühmteste Weihnachtslied der ganzen Welt, das »Stille Nacht, heilige Nacht«. Und auch sein Komponist ist ein Innviertler, der Lehrer Franz Xaver Gruber, geboren in dem Bauern-Pfarrdorf Hochburg, Rentamt Burghausen in Kurbaiern. A liabs Liadl, a frumms! Stille Nacht, heilige Nacht. So oft kann's gar net gspuilt werdn, daß oan dös Gsangl nimmer gfalln kannt. –

Stille Nacht, heilige Nacht! Kriagts Salzburger Landl wieder an Fürsterzbischof? Werd's boarisch oder österreichisch?

An unruhige Zeit, damals vor guat 160-170 Jahr. Drum is ja dös Liad aa so fein wordn! – Da steckt a tausendjähriger fürsterzbischöflich-bayerischer Glaubn drin in dem Liad.

»Holder Knabe im lockigen Haar!« – Ein Engerl schwebt in jedem Hauch von dem Liad! Oaner von die bethlehemitischen Hirtenengeln und vom Frieden der Menschen herunt.

Net in einhundert Konzelebrationen heutiger bischöflicher Gnaden ist ein Bruchteil so vuil Liab und Frömmigkeit, so vuil guate Wahrheit und Hoffnung als wia in dem Liadl.

Drum is' aa von eahm selm in der ganzn Welt bekannt wordn, ohne Propaganda und ökumenische Aktionen, ohne Konzil und Papstreisen. Man singt's in Japan und in China, in Rußland, Amerika und Afrika. Ohne Rundfunk singt ma's und ohne Fernsehen. Ganz von eahm selm seit über hundert Jahr. »Stille Nacht, heilige Nacht!«